# 高分
# 经理人
# 如何成为专业的管理者

张烈生 著

人民邮电出版社
北京

**图书在版编目（CIP）数据**

高分经理人：如何成为专业的管理者 / 张烈生著
. -- 北京：人民邮电出版社，2023.3（2023.10重印）
ISBN 978-7-115-60283-1

Ⅰ. ①高… Ⅱ. ①张… Ⅲ. ①企业管理 Ⅳ.
①F272

中国版本图书馆CIP数据核字(2022)第196432号

## 内 容 提 要

本书从基础概念讲起，帮助读者真正理解职业经理人的专业含义。本书全方位介绍了职业经理人的道与术、工作性质和内容，尤其是新晋岗位的前一百天，和成为资深经理人之前，应该做好哪些事情。作者以其亲身 30 多年的外企和初创企业经历为主线，介绍了职业经理人日常工作的整体思路，以及在管理中关于用人做事的真知灼见。

本书非常适合企业管理者阅读学习，相信能给相关读者带来全面的指导与帮助。

◆ 著　　　　　　张烈生
　　责任编辑　　张天怡
　　责任印制　　陈　犇
◆ 人民邮电出版社出版发行　　北京市丰台区成寿寺路 11 号
　　邮编　100164　　电子邮件　315@ptpress.com.cn
　　网址　https://www.ptpress.com.cn
　　天津画中画印刷有限公司印刷
◆ 开本：720×960　　1/16
　　印张：18　　　　　　　　　　　2023 年 3 月第 1 版
　　字数：333 千字　　　　　　　　2023 年 10 月天津第 3 次印刷

定价：69.80 元

读者服务热线：(010)81055410　印装质量热线：(010)81055316
反盗版热线：(010)81055315
广告经营许可证：京东市监广登字 20170147 号

## 管理无疆界，薪火尽相传

这本书写在我的耳顺之年，距离我第一次成为职业经理人已经过去 32 个年头。不承想当年对企业管理一无所知的我，有一天竟会提笔分享有关职业经理人的经验和建议。

开始萌生这个念头时，改革开放刚好走过 40 年，中国经济在高速增长后发展渐趋平稳，成熟企业急于寻找新的增长点，初创企业正迫切追求那梦寐以求的爆发。这时候我已经离开从事半辈子的外企管理工作数年，正在近距离学习和辅导民企的管理。

### 融合西方管理方法

可能是因为在香港长大，又是改革开放后第一代"北漂"的缘故，我对中西方的文化和制度差异尤为敏感。

无论是儒家思想还是法家思想，传统的中国企业管理都离不开"权"，围绕"人"开展"驭人之术"，有时甚至凌驾于"事"之上。但是当我国自改革开放以来从西方引进企业体系（股权制度、治理架构、组织岗位等）后，中西方企业管理模式无可避免地发生了碰撞。

我们对西方企业管理本质和职业经理人工作的认识与理解普遍不够。不难发现纯粹的"中国式"管理在西方的企业制度和框架中总是磕磕碰碰；因一知半解形成的误区和照猫画虎的学习，往往让我们无法从西方企业的管理理念中获得应有的效益和效率。能真正做到"洋为中用"的企业，到今天为止还为数不多。

在不少人眼中职业经理人是地位和权力的象征，很少当它是职业，我国企业要做到真正的"中西融合"，需要先了解西方的企业管理和经理人定位。

### 企业需要更多职业经理人

企业在做大做强的过程中失败，缺的从来不是机会和运气，而是在机会出现时能够合理把握的管理能力。

曾几何时，我国第一批"下海"做企业的老板依靠超强的个人能力和"中国式"管理成功突围而出做到上市。时至今日，不少企业在经历数十年的"一路狂奔"后开始苦思如何转型，有些企业甚至正身处"危急存亡之秋"。

当我们进入改革的深水区，和西方企业展开越来越多的短兵相接时，如果没有过硬和精细的管理，将难以在竞争中胜出。但是意识到需要升级管理能力的老板（包括高管）为数不多，更遑论了解职业经理人角色在实施管理时的作用。将关于职业经理人的重要性和价值的正确观点传达给我国的企业刻不容缓，这样才有可能让供（经理人）求（企业）两方双双提高。

职业经理人，顾名思义是那些以管理为终身职业的人。他们的专业是管理，核心能力必须围绕管理的各个层面锻造。只有不断学习和打磨，他们才能实现一辈子的事业发展。就像任何其他专业一样，职业经理人是一种职业的选择和专注。

## 职业经理人的主要角色价值和能力

在我心目中，无论是什么部门的职业经理人，都有6种共同的角色。

- 策略大脑。不管部门大小，都是方向、目标和策略的最终拍板，责无旁贷；充分收集别人意见，主意自己拿。

- 执行中心。制订计划、指挥调度、纪律执行，对结果负责，能提高效率、重复打胜仗。

- 通信枢纽。企业越大沟通越重要，各种目标、策略和行动信息需要同步、上传下达；做好居中策应，才能里应外合、行动一致。

- 团队领袖。营造组织氛围，赢取团队认同，协调合作分工，保持员工士气，做到无缝执行，是团队的"主心骨"。

- 人才伯乐。发现人才、发挥人才（价值、作用等）、发展人才，做到人尽其才，为企业储备人才，提高组织战斗能力。

- 文化使者。认同、诠释、传承企业价值观和文化，以言行贯彻，吸引志同道合的人才，确保员工永葆初心。

可以看得出来，职业经理人需具备复合型技能，包括学习、思考、分析、洞察、判断、沟通、纪律等内在的能力缺一不可，形之于外的领导力和管理风格也同样重要。但是要成为成功的职业经理人，更重要和根本的是管理原则和动机。原则不定难以服人，也无法做出有质量的决策；动机不纯很容易导致公私不分，甚至因个人原因损害员工利益。

## 一个幸运的职业经理人

在我刚参加工作的那个年代，有机会选择职业经理人工作作为终身职业的我是幸运的，毕竟像我的老东家这么投入地培养职业经理人的企业并不常遇到。从1990年开始，我在它的企业管理理念的熏陶下逐步成长，一线经理人、二线经理人，乃至后来的各种资深企业管理培训和工作，帮助我完善了对企业管理的认识。

我更庆幸的是自己有一个丰富的企业管理生涯。在IBM（International Business Machines，国际商业机器）公司，我从实习生做到副总裁，涉猎从销售、直销、分销、营销、行业管理，到硬件、服务、芯片和地区管理等几乎所有的业务种类。在SAP公司（一家德国企业，在中国称为"思爱普"，是世界上最大的企业管理软件供应商之一），我拼成了在IT行业的最后一块业务拼图——软件业务的管理。在Datacard公司（一家美国企业，在中国称为"缔特卡"，是高科技领域的卡片身份认证解决方案领先者），我又有机会负责研发和制造管理，完成从前端到后端业务管理的过渡。不管是负责个别职能还是整体业务，在过程中我都用上所学到的战略、计划、组织、流程、执行、人力、团队和财务管理知识，过了一把职业经理人全环节的瘾。

或许是我固执又或是运气不好的原因，我从没有从部门内部晋升为负责人的经历，我的每一个管理岗位都是在新建部门（4次）或是从部门/企业外"空降"（7次）。但不论是主动争取还是"临危受命"，它们同样带给我足够新鲜的挑战和满足感。

从入行时正值老东家呼风唤雨到其盛极而衰后又重起，从它中国区业务起步到如今步入不惑之年，我庆幸经历过它中间高速成长的红火时代，也直接数次参与了总部和地区组织的业务变革、并购和剥离（出售），这一切都帮助我成为更全面的职业经理人。

在经历了"圆满"的职业经理人生涯后，我察觉到是时候告别外企，将所学分享给本土企业了。

## 无言感激

感谢IBM，我的老东家，为我（辈）提供庞大的平台，培养我并给我选择的机会，让我发现和顺利完成职业经理人的旅程。

更要感谢施智仁先生（Michael J.Strang），我职业经理人时期的第一位老板，也是我的管理启蒙老师。怀念那两年间他隔三岔五在下班后都"刚好经过"我的办公室，坐下来跟我唠叨当天发生的事情。每当他点起烟斗侃侃而谈时，我的心都会咯噔一下，"今晚又不知要到几点了"（最长一次从下午6点到午夜）。直到多年之后我才意识过来，这些看似漫不经意的聊天实际是他用私人时间给我"开的小灶"，我在潜移默化中"被学习"了许多宝贵的管理经验！

相信他在另一个世界里不会介意我班门弄斧，继续分享他的管理理念。

## 给在职的和有志成为职业经理人的人

当我把这些管理经验沉淀下来的时候，Z世代（网络流行语，通常是指1995—2009年出生的一代人）的职场人即将成为下一代的企业接班人——职业经理人和创业者。他们看到这些从20世纪80年代开始累积的管理知识时可能会不以为然，或许觉得已经过时。与此同时，也会有不少一路"披荆斩棘"走来的老板们觉得这些道理不符合我国国情，不切合实际。

不过我相信10年之后，在经历过市场环境变化和全球化竞争"洗礼"后回头再读这本书时，他们会产生更多共鸣。

时代虽然在变，但管理的本质和职业经理人的工作，能经得起它的推敲。

张烈生

写于2021年1月2日

# 目录 | CONTENTS

# 1

第一部分
管理之道：概念与本质

在改革开放前，我国企业中负责领导和管理的人被称为干部，后来受到西方企业治理架构输入的影响，开始管这些人叫经理（以及资深经理、总监、总经理、副总裁、总裁等）。

虽然名字改了，但是大家对头衔的高低依然关注，延续到今天，"头衔通胀"（Title Inflation）更是我国企业职业经理人（后文一般简称"经理人"，特殊情况例外）的一个"特色"。一线经理人要求"总监"头衔、二线经理人把自己称为"总经理"甚至"副总裁"的例子比比皆是，仿佛头衔"高"了，工作的范围和重要性也会提高。

相比之下，我们的经理人对西方管理工作内涵的接轨和学习，似乎没有体现相同程度的认真，尤其在基本概念和本质方面。我觉得有必要回到基础层面，帮助经理人了解管理是什么。这样，经理人可以做出更好的选择，比如要不要和为什么要成为经理人。就算有一天回想起来时，他们也能够清楚地知道自己曾经的初心是否依然。

在这一部分中，我会通过一些比较重要和经常被人忽略的问题，展开讨论管理工作的概念和本质，帮助大家建立自己的管理原则和观念，思考想成为什么样的经理人。这些内容我确信再优秀的管理培训课程都传授不了，读者只能靠自己总结出来。

这些年我也为自己定下了一些个人管理原则，希望读者们也能找到属于自己的。

> 律己宽人，秉公力行
>
> 疑人莫任，用人为能
>
> 登高望远，居安思危

# 导言　行正路，开启管理的人生之旅

**马加宁**

北京世纪鹏信管理咨询有限公司合伙人，伟事达总裁教练、服务设计创新管理引导师

近30年IBM与GE高管和中美工作经验，曾任GE（中国）副总裁、GE（中国）创新中心总经理、GE医疗集团中国西区总经理等职；在创新变革、数字化转型、服务设计、工业互联网等领域有丰富的实践和研究经验。

欣闻张烈生先生在疫情期间笔耕不辍，新作《高分经理人：如何成为专业的管理者》终功成愿遂。在拜读手稿之后，我被作者为新晋经理人能够健康、顺利地成长为合格的企业管理者而无私奉献的拳拳之心所感动，被作者朴实平和的语言和娓娓道来的切身故事所吸引，不由得回想起我在25年前初任管理岗位的前两年时间里，和时任IBM广州分公司总经理的作者一起共事、服务华南客户时所亲身感受到的其对管理的执念、对团队成长的执着和作为经理人的言传身教。所有的这些，作者都汇集在这本著作里了，特别是第一部分所涉及的管理的概念与本质，相信对从事和热爱管理的读者会有莫大的启发与帮助。

从一个优秀的员工做起，得到晋升的机会成为管理者，是许多年轻人的梦想和追求，也被认为是得到上级和企业认可的具体表现。我也是其中的一分子，也期待着可以拥有一间属于自己的经理办公室（当我成为经理时，所在的公司正好开始实行开放式办公，这一小小的愿望也没能实现）。在成为管理者之后，我依然希望可以继续保持我原有的IT架构师的技术水准，同时能够完成所赋予的新建团队的管理岗位的工作。事实无情地教育了我，在成为经理的6个月后，我就下决心专注于管理方向，因为我已经深刻认识到作为一个管理者，最重要也是必须首先完成的工作是带领团队排除万难达成预定的业务目标，是培养出一支有过硬业务能力、有强执行力的团队，也就是要以结果为导向来实施目标管理。如果对这点还有疑问，可以仔细阅读本书第1章"目标

导向"，也可以给自己设立一个10倍于当下目标的假设目标，看看自己将如何组织和协调资源、通过有效的管理达成这一目标。作为一个管理者，在设定和实现符合企业价值观的目标的过程中，不仅要充分考虑到事（需要完成的任务），而且要用心关注到人（带领的团队和所需的资源），更要对自己的角色、职责和必须坚持的原则（底线和灵活性）有深入的认识。新晋管理者最难拿捏的决定之一，是让团队去做、带领团队去做还是自己亲自做（特别是当这项工作自己十分擅长的时候）。这些内容在第2章、第3章、第7章和第8章有深入浅出的讲解。

中国有句俗语叫"二十年的媳妇熬成婆"。有些新晋管理者也有类似的心理写照，感觉自己终于成为"老板"了，可以吆三喝四了。现实则是当头棒喝，新晋管理者非但不能"摆谱"，反而要摆正自己的位置，用心地为员工、为团队服务，诚心诚意为大家协调资源、解决问题，因势利导地帮助员工成长，激励并带领团队甚至是通过团队协作达成目标；还要学会"向上管理"，真正成为公司和员工之间共享愿景、同心奋进、敢打又能打硬仗的钢铁连长，也是企业管理层中不可或缺的"腰"部力量。第4章～第6章从3个方面进行了生动的阐述和探讨。

正是因为许多新晋管理者是从优秀的员工晋升而来，这些管理者在成为管理者之后，反而容易以己度人，潜意识地用自己的标准来衡量团队成员，忽略了团队成员的个体差异、不同的成长需求。"我以为"是新晋管理者，甚至是所有管理者需要正确面对和解决的现实挑战，是管理者在自我觉察中修炼成长的必经之路。已故的美国GE（General Electric，通用电气）公司前董事长暨首席执行官杰克·韦尔奇（Jack Welch）说过："在你成为领导者之前，你所需要关注的成功就是如何成长你自己；而你一旦成为领导者，你的所有的成功就是如何成长你的团队。"第9章可以帮助你对此有更深入的理解。而作为管理者的你，必将在你的一生中活成你想成为的样子。因此，澄澈思考你的人生目标和管理目标，将帮助你成就你的非凡人生。恭喜你，已经在成长为卓越管理者的道路上了。

# 1　目标导向

## 🎁 企业管理基本概念

20世纪初，美国著名管理学家和经济学家弗雷德里克·泰勒（Frederick W. Taylor）提出将生产工作内容通过科学化地分解后加以标准化，达到人尽其才、物尽其用的效果，以提高执行效率。他的主张为组织管理提出了最初的模型，奠定了管理作为一门科学的基础，因而被誉为"科学管理之父"。

在往后的日子里，管理的定义逐渐演变为"任何组织通过计划、组织、领导、指挥（包括监督、协调）和控制（包括调整）等活动以达成预先制定的目标"。这些管理活动定义了任何组织（企业）的工作性质，也勾勒出管理者（经理人）的工作重点。

1954年，被誉为"现代管理之父"的彼得·德鲁克（Peter Drucker）先生提出目标导向管理（Management by Objective）的思维，进一步将组织目标的重要性提高，用来指引一切管理活动之间的关系。

在1990年成为销售主管之后，每当我需要在各种表格上填写职业时，都会填上"职业经理人"，那时候大部分人会投来异样的眼光。实际上，在我1980年进入商学院之前，我对它也一无所知。年轻时我对管理仅有的片面印象，来自电影中穿西装的人，他们指挥着别人做事情，语气中带着一些威严。我懵懂地认为，经理人的工作真不错，看起来很简单，而且也很威风。

有别于中国传统的"驭人之术"，西方对管理的定义更偏重于对组织工作的过程分解，然后通过经理人的管理活动，包括如何计划任务、组织资源、领导团队，以及临场指挥和控制工作进度，去达成既定的目标和预期的结果。

在商学院学习的几年中，对我影响最深的是这两个观念：管理的强科学属性和目标导向的重要性。

它们将工作过程分解后加以标准化，使工作得以重复，从而提高效率，然后又在"过程导向"的理念之上，加上对目标的专注，以此作为一切管理活动的指南。这两个观念一直影响着我往后数十年的管理理念。

经理人负责管理活动的实施，而员工则负责完成具体工作。早期的经理人把员工当作生产资源，关心的是他们是否偷懒和是否训练了必要的技能。随着经济活动的越加频繁，组织对员工的期望也水涨船高，管理科学领域的学者开始越加重视对人的研究，到了今天他们将人才视为资产，对如何使员工更有效合作和释放员工最大潜能不断探索。

这一点可以从企业部门名称的改变上看出来。从20世纪80年代的人事管理（Personnel Management）、90年代的人力资源管理（Human Resource Management），到今天的人才管理（Talent Management）和组织能力管理（Organization Management），"员工"成为管理科学不可或缺的一门重要学问。

所以简单来说，企业管理包括3个部分（见下图）：目标（业务、预期、结果）、事（内容、过程、任务）和人（团队、人才、技能）。通过把人用好、将事情做好以达到既定目标，便是管理最简单的定义。

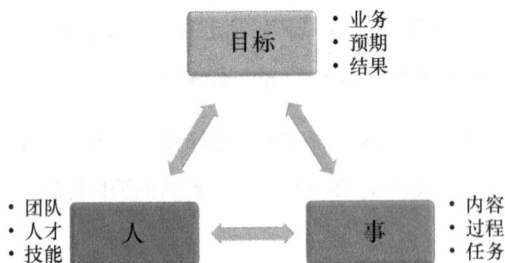

## 🔹 经理人的角色

管理如此简单和科学，为什么今天还有那么多的企业没有做好？这里面原因很多，但绝对不是因为缺乏足够聪明的人，缺的是对管理和经理人工作的系统化理解。

改革开放后我国重新引入西方的企业制度，并且从20世纪八九十年代开始学习西方的企业管理方法，但是经济发展速度实在太快，提供管理人才的速度始终跟不上企业需要［比如1991年才有9家高校开始搞MBA（Masten of Business Administration，工商管理硕士）试点，1997年以后才普及］。不少企业管理者对管理科学和经理人的理解只停留在表面。

在很多企业中（尤其是大型企业中）大量存在的现象，是经理人只是在做"过程管理"，只按照公司的流程和工作方法去做事情，每一步都跟着"操作手册"进行，只关心如何做好自己的"一亩三分地"，不计较最终的结果，也缺乏对达成目标的责任心和使命必达的态度。

我在和经理人（他们也是员工）审视工作进度时经常发现，他们只关心自己是否把分配的任务完成了，而忽略完成任务的成效。在被我问到结果时，他们往往会避重就轻地说"我已经做了什么"，会顾左右而言他。在我继续追问的时候，他们才会勉强承认没有达到预期效果，然后解释如何影响不了别的部门，又或者是环境不在他们的控制范围。

为了避免担责，有些经理人经常会扮演传声筒的角色，把别的部门提出的问题变成自己不作为的理由，回传给自己的部门。还有更甚者，甚至出现"失声""失踪"的现象，让其他部门的声音直接回传，自己默不作声，不表达立场。

在当下的企业中，这些"按本子办事"，以及传声筒和墙头草一样的经理人十分普遍，也是导致员工从心里看不起经理人的原因。

也有一类经理人可能是性格使然，或是在企业里待得太久，不愿意得罪人，无论是对上级、下级还是其他平级部门，他们都过度重视对方的个人感受或影响，将惯性放在比业务更重要的位置上，企业利益只占次要地位。这类经理人在别人眼里是"好好先生"，经常会说"这种处理方法对某某的影响不太好吧"；但对于企业来说是在重要决策上不能依靠的人，更不能够委以重任打硬仗。有些"好好先生"甚至是故意为之，他们会选择对自己来说有用的人，通过各种手段让对方对自己产生好感，然后让对方在业务上有需要时给予自己支持。

更甚者，有些经理人趋炎附势，通过支持（奉承）有力人士上位，向上经营或巩固自己的地位；有些则自成一派，拉拢其他部门或下属，形成在企业内的影响力。无论是哪种情况，他们都只把经理人的角色看作权力的象征，做决策考虑的是对自己是否有利，而非业务本身。这类搞权术的经理人有一个明显特点，就是把管理当作"驭人之术"，整天想着如何去确保身边的下属必须对自己忠心，把公家的"好处"分给自己人，把"硬骨头"分给其他人，企业的目标在不经意间被牺牲掉。

不幸的是，上述经理人在企业中非常普遍，这直接影响到企业的整体运营和竞争水平。近年来企业普遍崇尚扁平化和高度自主的组织发展，但是无论组织层级有多少又或者是企业如何依赖于基层员工的自发性和积极性去工作，企业始终离不开经理人的角色。无论他们的职位名称是什么（有些企业不喜欢经理人的称谓），始终都要肩负企业枢纽的责任，协调各部门、上情下达、指挥执行，是企业"机器"中不可缺少的重要部件。只有经理人做好正确的管理工作，企业才能上下一心为同一目标奋斗，围绕连贯一致的工作过程分工合作，引领员工高效工作，做到人尽其才。

## 目标导向的重要性

企业不是慈善机构，生存自有其目的，无论是寻求利润最大化还是为股东创造价值，都有强烈的目标感，将目标导向和企业管理放在一起，就像水和鱼的关系那么自然。

今天我们所熟悉的KPI（Key Performance Indicator，关键绩效指标）、OKR（Objectives and Key Results，目标与关键成果法）、流程管理、预算管理、数字化运营等，无不是为了使目标、事和人三者能够兼容一致。管理并不是简单地"搞定"员工，也不只是刻板地按工作流程和方法办事，而是必须要有一套清晰且相同的目标，来引领方向，确保员工之间能够各司其职、分工合作。

现代管理围绕着目标、事和人3个方面展开，从中找到最合适的平衡点。无论企业管理者信奉哪种管理理念或模式，都必须先把目标定好，把需要做的关键任务定义和拆分清楚，然后找到合适的人去完成它们。若无清晰可衡量的目标，方向是否正确首先成为疑问，工作是否完成，完成时间、质量和效果都难以判断。管理需要做到"闭环"，目标不单是管理的起点，也是它的终点（见下图）。

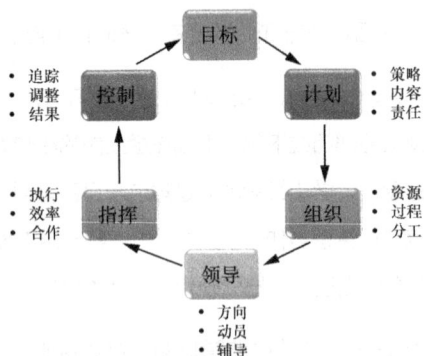

管理必须要"闭环"，起点和终点都是目标

实施管理活动对任何经理人来说怎样看都不是轻松的工作，在充满压力和挑战之余，又要经常日复一日重复同样的事情，相对枯燥。它真正给我的满足感来自于目标的达成，只有当目标达成的时候，经理人才能长舒一口气或露出笑容；只有在复盘为什么成功时发现计划对了、策略对了、用人对了的时候，才会打心底里真正对自己满意。

相反，就算用心了，但目标没有达成，失望的心情也会不断推动负责任的经理人重新振作起来。没有目标的管理，就像人没有灵魂和思想一样。

## 🔷 如何做到目标导向

目标导向听起来简单，但能达到这种状态的企业并不多见，皆因企业由人组成，而这些人既有上下层级和各个职能部门之分，亦要扮演不同角色执行企业主要流程的前后部分。要真正做到目标导向，企业需要在设定目标时对上下层级、不同职能部门、不同角色 3 个维度的目标一致性（Consistent）、关联性（Connected）、互补性（Complementary）和挑战性（Challenging）做整体考量，并且要确保计划（和目标）的兼容性（Compatible），为达成目标提供最佳路径。我称之为 5C 原则，供读者参考。

- 上下一致（Vertically Consistent）

    所谓"上下一致"，是指企业中从 CEO（Chief Executive Officer，首席执行官）开始到基层员工，所有人的目标都应该是一致的。无论从上而下还是由下至上地制定目标，企业目标最终都被分解到各部门和所有员工身上，员工的目标是部门目标的"子集"（员工的目标总和等于或大于部门目标），同样各个部门的目标是企业目标的"子集"。当所有员工和部门都达成目标时，企业目标自然也会达成；相反，假若部分员工和部门拖后腿，企业目标就有可能受到影响。

    无论是做绩效管理的 OKR 设定，还是为某个复杂项目设定目标，做到上下一致是最起码的要求。

- 左右关联（Functionally Connected）

    这里的"左右"指企业的不同职能部门，它们分别负责研发、生产、销售、财务、人才等不同事务的管理工作。它们各司其职，部门目标自然不会一样，但都要为支持企业目标做出自己的贡献。"左右关联"说的是部门的目标之间需要互相关联、彼此衔接。因为一旦出现脱节甚至矛盾时，企业目标将无法达成。

    简单来说，如果销售部门要完成卖出 100 台机器的销售目标，生产部门自然需要有制造 100 台的相应目标。举一个稍微复杂的例子，企业的目标是增加 2% 的毛利率，由于市场销售价格预计下降3%，财务部门在制定预算时要求生产成本降低5%。为了达成毛利率目标，生产部门需要想办法减少10%的物料成本（人工成本预计上升5%），而销售部门则需要多卖3台机器以弥补价格的下滑。如果不同部门之间不以企业的大目标为依归加以"关联"，明显会导致各个部门之间的合作脱节。

● 前后互补（Roles Complementary）

"前后互补"是指企业各种工作流程中，不同人员所承担角色的目标之间的关系。无论是从产品研发到最终生产，抑或是从商机捕捉到现金回款，都需要跨部门人员的无缝对接和合作方能完成，过程中不同角色在不同时间点上前后登场，如果彼此目标不能互补，很有可能在衔接时出现纰漏，轻则延误时间，重则导致任务无法完成。

欲做到良好的目标设定，需要考虑工作流程中不同人员如何最大限度分工合作。

● 同等挑战（Equally Challenging）

企业目标五花八门，有长期/短期、企业级/部门级/个人的，也有关于不同职能部门、流程和人才的等，但无论是哪类目标，在设定时都要能反映企业当时的任务需要；在设定具体目标时应该本着合理而有挑战的原则，既不可遥不可及，也不能唾手可得，皆因两者都会给企业带来不良影响。

要做到真正的目标导向，除了方向一致之外，企业上下和部门之间也必须齐心协力。孔子曰"不患寡而患不均"，设定对大家而言具有"同等"挑战性的目标，直接影响目标导向的成效。这里的"同等"是一个相对的概念，没有一把尺子可以准确衡量出挑战性是否完全一样，也很难想象不同职能部门之间目标的挑战性如何比较。经理人要做的是对"同等挑战"原则的考虑和把控，在制定目标时做到客观和无私，在分派任务时预备好合理的解释。公平、公正、公开是经理人的最核心价值观之一。

即便如此，我还是经常听到不同部门之间互相吐槽自己的目标比别人的难实现。假如没有事先对原则的充分理解和运用，再无私的经理人也会被误解为偏心，时间久了部门间的嫌隙便会出现。

也有些经理人为下属设定超高的目标，却为自己向上级争取较轻松的目标，就算下属不能完成自己也可保无虞。这样将"主动权"留在自己手里的做法虽属人之常情（也经常出现），但是被下级员工看在眼里，他们会逐渐失去对经理人的信任，最终导致人心不齐。

- 计划兼容（Plans Compatible）

  和目标紧紧相连的是计划，无计划的目标像空中楼阁，无目标的计划则是无的放矢，计划中的行动内容必须足以支持（在执行成功的前提下）目标的达成。很多年轻的经理人在初做计划时，最常见的问题便是行动与目标脱节，甚至忘记考虑它们之间的逻辑关系。

  我建议经理人可以利用5W1H（指Why、What、Where、When、Who和How）的方法自上而下将目标分解为不同的行动，然后反向判断行动是否对目标有帮助，这样才能把行动细化，并把目标达成时间和负责人等关键要素定义好，颗粒度视乎目标的大小而定，但绝不能马虎随意。

  任何部门和团队合作最重要的纽带是一致、关联和互补的目标，只有在制订计划时充分考虑各自目标的兼容性，才能确保不同的部门和员工在执行各自的计划时，能够做到合作无间、行动一致。

目标导向在所有商学院的课程中都会谈及，坊间的管理著作也没少提，企业的管理者更是满嘴目标，张口就来，但在我的印象中真正能将目标导向贯彻在大小工作中的人并不多见（有些人会辩解说只要"抓大"就好了）。究其原因，太多的经理人将目标当作"静态"的东西，有时候是个数字，有时候是个结果，很少人会把它看作用来指引计划和行动的思维模式，自然也不会加以锻炼。

知易行难，我把目标导向放在开篇的目的，便是希望读者意识到这貌似老生常谈的管理概念，并不是大家所想的那么简单。

目标导向是现代企业管理最核心的理念之一，但企业想要成功还需要很多其他条件。在后面的篇章中，我会分享自己作为管理者过来人的其他一些原则和实践经验。

# 2　情－理－法与法－理－情

## 🔷 企业的情－理－法

为什么要讨论这3个概念？这是因为在任何人类组织中，大至一个国家，小至一个家族，甚至是两口之家，都有它们的存在，而且也需要它们的存在。常理告诉我们，组织大而关系分散复杂的，需要"法"维持正常运行；组织小而关系紧密的，"情"往往是维系关系的重要元素。而两者之间则要靠"理"来贯通保持平衡。

现代企业有大有小，也有法人和自然人（个体工商户）的性质之分。自然人以人为本，老板想怎样就怎样，重情可以理解，但是企业法人就比较麻烦，一方面既是"法"，另一方面又是"人"。这时情、理和法到底哪个更重要，如何平衡？

## 🎁 何谓"情"

但凡有人的地方就有"情"，这里说的不是男女间的爱情、亲戚间的亲情或朋友间的友情，而是泛指人情，也就是企业中人与人之间的关系和相处之道。

"情"的基本条件是关系，两个人之间没有关系也就没有人情可言。中国人对关系的认知在两千多年前就有了所谓五伦的概括：父子、君臣、夫妇、兄弟、朋友。它们在广义上也覆盖了今天社会上的各种关系。

由于受儒家思想熏陶了2000多年，中国人对五伦中各角色彼此的关系已经形成一定的角色期望。父子关系最为亲密，常以父慈子孝形容；君臣的上下级关系讲究忠义；夫妇关系最为复杂，需要彼此相敬如宾；兄弟关系长幼有序，兄友弟恭；朋友关系则是在社交或工作圈里认识且有共同兴趣的人之间的关系，需以仁和诚信维系。这些代代相传的对角色和行为准则的期望，随着教育和成长被灌输到我们身上。

此外，中国人家庭观念特别重，又会把君臣和朋友这些外部关系中比较要好的人，"升级"到家庭关系层面，把好朋友称为"好兄弟""好姐妹"，甚至把提携过自己的长辈和上级等同于"再生父母"，这一切都反映出我们对关系和人情的重视。

在"情"的影响下，就算只是普通朋友或同事，我们也期望彼此互相关照和帮忙，礼尚往来，在处事时互相留面子，所谓"凡事留一线，日后好相见"，尽量不让人难堪。对于上下级来说，下级对上级忠诚，上级保护下级，也成为彼此默认的期望。如果彼此交集更多，性格和兴趣更为相投的话，关系还能够进一步提升，连"两肋插刀"和"赴汤蹈火"都变得可能。

"情"（源于关系的"默认"期望）能够迅速拉近人与人之间的距离，减少隔阂和沟通成本，它是建立信任的捷径。经常听人说"某某是我的好朋友，办事靠得住"，说的就是信任。

这种信任特别适合用于业务执行，尤其是需要效率、速度和服从性的时候，它可以是很好的催化剂，让人分外带劲儿，额外付出，甚至产生"置之死地而后生"的牺牲精神，这一点在创业企业中尤为常见。

这种信任也对人的业务判断有所影响，无论判断是否正确，但起码能减少花在分析上的时间。因此，"情"能够让两个同样聪明的人，更快做出高质量的判断和决策，并且在优秀的团队中发挥"1+1 > 2"的效果。

"情"的威力如此之大，却鲜少出现在企业的管理规章制度中，唯一出现的地方是企业价值观和文化的宣示中。例如，当年日本企业崇尚家族主义，将家庭伦理观带到上下级和员工的工作关系中，成为日本企业文化的标记。得益于这样的价值观，日本企业在20世纪七八十年代，曾被奉为企业管理的楷模，间接可见到"情"的巨大影响。

但是过度依赖于"情"也会引来反作用，历史上由于误信甚至宠信而带来的灾难不在少数。当忠心和关系比能力重要时，有能力者往往被架空或受打击，企业的决策质量陡然下滑，并且每况愈下，决策执行的效率越高，下滑的速度越快。

有些经理人盲目相信"情"，希望快速与员工建立亲信关系，于是选择通过利益输送，让员工得到好处（职位、薪资等），以致后来对方的胃口变得越来越大，不可收拾，这是一个极其危险的过分用"情"管理员工的副作用。

虽然企业不能以"情"作为业务决策的依归，但它依然是企业中重要的润滑剂和黏合剂（尤其在中国），能促进团队间的合作，提高战斗力。关键是企业要切忌用"情"过度（比如：直接将家族里的亲戚关系带到企业之中，变成"用人唯亲"；又或者将人情当作处事和判断标准），否则将会让决策变得主观，容易使企业偏离目标，带来极大伤害。

## 🔷 何谓"理"

宋明时期的理学，以讨论天道和性命问题为中心，热衷于探讨自然物质的运动规律。对今天的常人来说，"理"就是道理的意思，内藏事情因果的关系、逻辑的顺序。应用在现代管理中，"理"就是企业因应自身发展需要而设计的业务经营逻辑，以及需要遵从的运行规律。

虽然所有企业的经营目的都是逐利，但是企业的"理"最底层的逻辑是，这到底是一家怎样的企业（企业的价值观），从哪里来（基因和能力），往哪里去（使命和愿景），在什么行业，做什么事情（产品和服务），解决客户的什么问题。

在这个最底层逻辑的基础上，企业的短期和长期目标是什么，策略是什么，为什么这样做，也都是"理"的重要组成部分。由于企业不能离开社会而独立存在，所以评判合理性的标准也一定受到更广泛的社会运行规律、法律甚至是约定俗成的做法的影响。所谓合"理"，就是要合乎企业经营逻辑和社会运行规律。

一家优秀的企业一定对"理"进行过深刻思考，并且将其嵌入企业的各个环节，以确保员工对人处事有所适从，不会跑偏。相反企业如果对"理"不重视、认知不清晰的话，员工会变得无"理"可依，企业运行也会变得混乱无序。

"理"的作用极其重要，它让企业员工知道什么是应该与合理，在工作和决策时如何选择。比如：一家重视社会责任的制造企业，会制定控制碳排放的目标，并且在业务决策时"合理"地加入相应的考虑；另一家金融机构会为客户中心制定"合理"的服务流程，然后培训员工按照标准流程工作，满足客户的需求；又或者是对于一直备受争议的"996"常态加班问题，部分企业会在不违反相关法律的前提下，因应自身发展需要而认为自己的做法是"合理"的。

从以上例子不难看出，企业既需要引领发展方向的大"理"，也缺少不了指导日常工作的小"理"。一家企业的运行逻辑，便是由大大小小的、各式各样的"理"交织而成的。有些"理"应用范围较宽泛，会出现在企业使命、愿景、价值观、文化和原则中，广泛告知员工何去何从，有所为有所不为。有些"理"则和中短期工作更为相关，通过业务目标、指标、策略和流程的细致描述，具体告诉员工该如何做好本职工作。

不过，无论这些"理"有多细，都只是告诉员工"应该做什么"、包括"该不该做"，而不会告诉员工"能不能"做。

## 🔷 何谓"法"

中国人和"法"的渊源可以追溯至夏商时期，到了战国时韩非子集法家思想之大成，使法家成为一个极具行动力的学派。法家反对当时儒家的礼制，提倡以法治国，对法制建设高度重视。它提出人性中"好利恶害"的一面，把法律视为"定分止争"（决定所有权/分配和制止纷争）和

"兴功惧暴"（建立功业和震慑暴徒）的重要手段，主张按功劳与才干授予官职。这些思想经过数千年的锤炼和流传，到今天"依法治国、依法办事"的观念已经成为工作和社会生活中不可或缺的一部分。

同样的道理，"法"在企业管理中也扮演着十分重要的角色，它要求员工做事合"法"，告诉员工某些事情"能不能做"和"能做什么"。守"法"不会带给员工任何奖励或荣耀，但在不遵守的时候会产生不良后果，它是员工行为标准的最低要求。

企业的"法"还有几个明显的特征。首先，它的边界通常十分清晰，"非黑即白"不能逾越，即便有时稍微灵活一点，但总的来说一旦逾越就会变成"不合法"。其次，为了尽量应对各种可能适用的环境，"法"的内容尽量做到具体，而且大多数时候会落实到文件中，方便查阅援引，防患于未然。

正如法家思想指出的，人性中有"好利恶害"的一面，"以法治企"的好处是告诉员工能做什么，避免不合法的情况出现，为企业带来良好秩序。它同时也是企业分工合作的基础，让员工觉得公平和平等，为企业打破层级观念提供重要支撑。

"法"在企业中的落地形式比较具体，一是通过工作规则和"红线"等文件对员工的角色和行为进行规范，二是通过财务额度、预算和业务指标等量化范围管控员工的选择，三是通过职能权限文件赋予员工不同的决策权限范围。以上这些"法"都是企业自身设计的，但是它们必须在任何情况下都受到国家法律法规的制约，最终形成企业员工所需要遵守的"法"。

以下是一些企业中常见的不合"法"的例子。

- 员工违规操作，擅自答应客户公司不能接受的商务条款。

- 员工为了个人利益触碰"红线"，收取代理商的回扣。

- 经理人在没有得到批准的情况下突破部门雇人指标，导致费用超出预算。

- 经理人在没有得到授权的情况下批准销售人员的特殊价格申请。

当类似的情况出现时，企业中就存在不合"法"的事情，会给员工带来负面的后果。但是有些情况员工可能是不得已而为之，例如在以上最后两个例子中，有可能是因为经理人寻找到非常稀缺的人才舍不得放弃，又或者是销售人员在客户谈判的最后关头需要做出制胜的让步，这两者均可能有一定的合理性。

企业的"法"源于它的"理"，合"法"的事情一定是合"理"的；但是反过来看，不合"法"的事情则不一定不合"理"。虽然企业的"法"追求通用性高，但它的内容无论如何具体，也很难涵盖所有合"理"的情况，因而可能出现"法"不能解决的情形。在这样的情形下，企业需要通过"例外"对特殊情况进行处理。

"法""理""情"通常在下图所示的载体中出现。

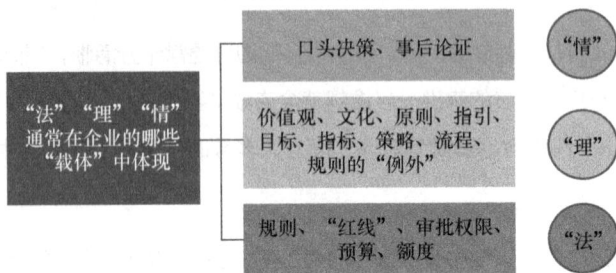

### 当东方遇上西方

"情理"和"法理"都是我们生活中的常用词汇，可以看到无论是"情"还是"法"，都和"理"字沾上边了，都要依托于"理"。没有"理"的"情"，像无根之木；没有"理"的"法"，就是无源之水。从前面的分析中可以看到，企业的治理离不开"情""理"和"法"，这三者以有形与无形的方式影响和引导员工的行为。优秀的经理人要帮助企业建立适合的"情""理"和"法"的组合，要善于利用这三者所创造的环境，推动员工高效地完成工作。

"情""理""法"影响中国社会的各种组织关系已有2000多年，但现代企业这种组织形态在我国只有100多年的历史，而且在改革开放以后才真正迎来大发展。在改革开放的40多年间，我国的企业形态开始丰富起来。随着外企进入中国市场，西方的企业管理理念和企业管理制度也在这片土地上生根。

举个例子，当我们的股票交易所在1990年成立以后，企业的会计标准、业务指标和报表等都要相继靠拢，否则外部的投资人很难看得明白我们的企业经营状况。这套共同"语言"很大程度上受到西方企业的影响，就连相关的治理架构（董事会等制度）、部门和职能组织、目标和指标管理、人事制度等的管理原理和背后逻辑，以及具体的制度、流程和方法等，也是如此。可以说，我国现代企业的管理，是"师从"西方企业的。

"情""理""法"在企业中的存在只是比重多少的问题。在过去20年里我跟许多企业高管讨论过管理问题，不少人认为西方的企业管理和我国的企业管理有一个重大的区别，就是对"情""理"和"法"的看法。在三者之中，西方企业更侧重以"法理情"这个"顺序"管理企业，而中国企业则似乎对"情"的作用更为看重，有"情理法"这样的说法。

这个看法有不少人同意，因为它貌似跟我们的认知契合；但同时也有不同意的声音，因为能举出的反面例子也实在是不少（包括非常重"法"的中国企业，和非常讲"情"的西方企业）。

值得一提的是，西方企业管理的"情"更多建立于对所有员工关怀和公平的基础之上，不是我们眼中的私人关系和个人情谊，这种"私情"只出现在不影响业务的前提底下。从这个角度来看，"情""理""法"在西方企业中的比重各有不同，不能一概而论，这点我们可以从不同企业的价值观和文化中略窥一二。

回到"法"，得益于欧洲发展历史上对法律的研究，西方企业管理在立"法"和执"法"上都比较严谨。"法"被落实了之后连董事长都不能说改就改，再加上对"法"——包括在规则、制度和法规等方面的严格执行，于是西方企业给人的感觉更偏重于"法"。

但是在"法"的背后，西方企业实际上还是埋藏了大量对"理"和"情"的考量。西方企业在"依法治企"的基础上，并不是不讲理、不念情，只是它更主张"把丑话说在前面"，一旦有了"法"，大家便一起遵守。

所以要真正明白西方企业的管理，要先了解西方企业在立"法"的过程中是否考虑周详。将合"情"合"理"的内容植入"法"中，这样在执"法"时，企业便可以放心依从，严格遵守。因此，要想在西方企业中工作时得心应手，一定要理解"法"背后的设计思想和道理，这样才能用好它，不能知其然而不知其所以然。

另外，西方企业就算是以"法"为管理的基础，也会接受合"理"的申诉。西方企业管理中设有例外的机制，例外机制围绕"理"，而不是基于私人或个人的"情"，避免变得主观，失去公信力；而且例外的次数又会被严格限制，防止因例外变成常态而失去原有的意义。

除了"法"，西方企业管理也十分强调"理"的作用，基层工作更多依靠规则与流程，越高级的员工越依赖于原则和方向。但是高级员工同样受到"法"的约束，这时候就容易出现双重标准，出现"宽己"但"律人"的情况。为了杜绝这类问题的出现，西方企业设立董事会，内含不同的小组（审计、道德、合规等）对管理层进行监督。

总的来说，西方企业对"法"重视，会花上不少时间和精力立"法"，过程中把"理"和"情"考虑进去，之后严格执"法"，避免私人关系的干扰。它们又设立各种例外机制，既处理"法"覆盖不到的情况，又确保员工不分上下都是公平办事。

不过，无论在立"法"时考虑了多少"情"的因素，这样的管理对于某些中国企业来说还是会"过于死板和不灵活"，不能完全发挥人际关系（有时候是个人英雄主义）在企业执行过程中的特殊作用。

## 🔲 中国企业管理的"情""理""法"

改革开放让西方企业体系与东方巨龙相遇，带来了不同资本属性和结构的企业形态。从1980年第一家中外合资企业（北京航空食品有限公司）的成立，到1992年第一家外商独资贸易公司（上海伊藤忠商事有限公司）落户上海，西方企业开始成批进入中国市场（IBM在中国成立的外商独资企业也是1992年成立）。也是在同一年，国有企业打破"大锅饭"制度，正式进入现代企业自负盈亏的模式。这时候离中国近代第一家民族工商企业轮船招商局（1872年）的诞生，已经有100多年。在这段时间里西方企业不断发展壮大，而中国企业则经历了一段真空时期。

改革开放让新生的中国企业意识到机会就在眼前，同时也看到了跟西方企业的差距，大家鼓足了干劲，凭借超强的学习意愿和能力，在吸引资本的同时，拼命吸收西方企业管理的经验。事实上在20世纪八九十年代，我国改革开放后的第一批民营企业家往往都将西方"大牛"，如GE、IBM、杜邦、保洁、花旗银行等企业作为学习企业管理的最佳对象。

到了千禧年（指2000年）前后，国企也开始加入深化变革的阵营。2003年我作为老东家的成员之一，就曾陪同数十家央企、国企的领导访问我们总部。CEO亲自接待这些人，并带领各部门主管倾囊相授，解密老东家的管理智慧。

但是由于受深厚传统文化和思想影响之深，我们更看重"驭人之术"。这种"管理"思维经过代代相传，也不可避免地进入我们的企业之中，形成了不少人认知里我国企业"情理法"的特质。

虽然我们学了不少西方企业管理的"法"和"理"，但是在巨大的市场机会面前，"情"的效率最高，能帮助我们以最快的速度占据市场。对外，在市场信息不对称和采购制度不完善的时代，人情和关系快速地将供求双方连接起来；对内，企业主善用人情，"以义聚，以利合"，鼓动员工快速抢占市场。

但是当企业用"情"过度，"情"高于"理"和"法"的时候，就容易产生反效果。上市企业的质量是我国股票市场发展的一个软肋，"ST"（"ST"一词是英文 Special Treatment 的缩写，是"特别处理"的意思，是指上市公司连续两年亏损，或每股净资产低于股票的面值，或有其他状况异常的，被证监会在股票名简称前加上的记号，以向投资人提供警告信息）的股票标签一直陪伴着我国股票 30 年来二级市场的跌宕起伏。不少企业可以很快做大，却成不了伟大的企业，甚至会在一夜之间颓然倒下，这中间管理出现问题几乎是不争的原因之一。

"先做大，后做强"的思想无可厚非，也很好地解释了"野蛮生长"的现象。问题是，企业该如何做强？虽然有不少企业认真思考了这个问题，主动学习西方企业管理理念，并且融合到自身企业文化中，取得了管理上质的飞跃，但中间也有不少企业只学到了形式，继续以擅长的"人治"方式运作。

## 🔷 如何平衡好"情""理""法"

现行的市场经济游戏规则和企业管理模式都是受西方影响建立的，中国企业要在全球化背景下与国际接轨，意味着需要在这些"先天"的框架下运行，法治的基础和标准为中西方企业提供了共同的语言，降低了彼此合作的成本。与此同时，中华人民共和国成立以后，国家也在不断完善立法和执法工作，从未停止"依法治国"理念的落实。

从更高的层次来看，中国共产党第十八次全国代表大会上提出的 24 字社会主义核心价值观——富强、民主、文明、和谐、自由、平等、公正、法治、爱国、敬业、诚信、友善，分别代表国家（富强、民主、文明、和谐）、社会（自由、平等、公正、法治）和公民（爱国、敬业、诚信、友善）层面的价值观要求，其中的爱国、敬业、诚信和友善，定义了个人和国家、职业的基本关系。这个价值观将过去五伦的个人关系的"私情"，扩大为对国家、职业和所有人的"公情"，在自由、平等、公正和法治的环境（"理"和"法"）下展开，也同样适用于企业。

首先，平衡的第一步，是企业要注重自身价值观和文化的塑造，不必依赖于个人关系中的"情"，一样可以打造出有"公情"、有温度的企业，激励员工为企业发展做出最大努力。这老生常谈的管理理论一直是很多企业贴在墙上的海报，很少在日常运营中落实到员工身上，是企业需要努力赶上的地方。

其次，是以"理"为本。建立于理性和科学基础之上的业务判断不容易跑偏，相反建立在主观性强的"情"上的规矩，很容易把科学变成服务于主观的工具。除了价值观之外，企业要对自身的一切和身处的环境做深刻思考，确定一套合乎生存和成长规律的业务运行规律，通过使命、方向、目标、策略、业务模式、组织职能等"理"向员工阐明。

最后，有了"理"作为基础，企业可以进一步通过"法"（规则、守则、"红线"等）说明执行的最低标准，让员工明白行为上的最低要求。

但是，"情"也需要基于"理"，所谓"通情达理"，如果只靠人情，就算有最好的关系，也很难避免错误的决策，又或者会失去人心。"情"是人与人之间的润滑剂，不能成为业务判断的依归，就算在需要酌情处理的时候，也需要合情合"理"。

如果说"法"和"情"属于两个极端，那么"理"就是彼此之间的最佳缓冲。企业管理中的这三方面各有作用，彼此有着密切关系，相对而言"理"是最重要的，因为"理"是立法的基础，也是酌情时的依据。

然而这样的说法并不代表"情"不重要，企业在立"法"时也要充分考虑"情"的因素，比如在规定上班时间时要考虑如何方便员工照顾家庭，在设计工作流程时要考虑如何调动员工的积极性，又或者在制定绩效和升迁制度时要考虑如何衡量员工的勤勉和忠诚，甚至在划定某些企业"红线"时要考虑如何减少让员工迷惘的"灰色地带"等，这一切都说明"情"的重要性。

过去"对事（'法'）不对人（'情'）"在中国伦理人情中并不容易做到，它对人的理性要求很高。要兼顾"法"和"情"，周详的立"法"将企业对"情"的考量最大程度前置，让经理人可以放心地严格执"法"，不必担心是否被看作无"情"。

这样的话，经常出现的"不患寡而患不均"的员工纠纷中对决策的3个"灵魂拷问"——是否公平、公正和公开，经理人也只需要本着无私的态度处理即可，这一来一回让执"法"变得相对简单。

## 🔹 灵活管理例外情况

但是哪怕是再有"理"、再完善的"法"也不可能覆盖所有情况，在商业世界中有很多事情不是非黑即白的，经理人必须要灵活地处理，以免合"法"地做了无用甚至是无"理"的事情，这类例子在企业里比比皆是，例如，某个合同中的折扣条款需要财务负责人审批，但是刚好他不在，以致审批晚了合同被人捷足先登。

所以好的立"法"应当充分考虑可能出现的例外情况（简称例外），并且把它们嵌入"法"内。一流的经理人需要运用良好的判断能力，并善用企业赋予他的"法"之内的例外权力（比如在审批、流程等方面的权力），做出对企业最有利的决策。

一切例外都需要基于"理"，所以经理人首先要了解"法"的背景、内容和原因，才有可能灵活运用，否则随便接受例外，只会让员工看到一个没有原则的上级。同样，任何例外都应该以公平、公正和公开的方式示人，切忌私相授受，否则经理人很容易失去公信力及员工的认同和支持。此外，例外需要经得起推敲，所以经理人在接受例外之前要考虑它是否有足够的特殊性，例如是否是具有历史意义的里程碑或结果，它对业务的影响有多大、再出现的可能性等。例外的出现应该是小概率事件，经常出现的例外等同于常态，经理人需要慎重考虑，避免重复，以免把例外变成不作为或乱作为的借口。最后，接受例外之前经理人一定要考虑到后面的影响，以及是否能够承受得起同样的例外再次发生，又或者说得出为什么"下不为例"，做到逻辑自洽。

优秀的企业深知与时俱进的重要性，再周详的"法"也需要不断优化。它们会通过分析例外去发现不足和漏洞，然后加以完善，会经常跟其他行业和企业比较，寻找"最佳实践"的榜样。它们也会设立各种申诉和让员工发声的制度，鼓励进言。举个例子，我的老东家当年就分别有设"建议邮箱"（Suggestion Box）、"进言计划"（Speak-up Program）和"开门政策"（Open Door Policy）的不同做法，让员工对任何个人或系统性的问题提出意见、建议或进行举报。

年轻的读者们可能会质疑是否有必要花上一整章讨论"情""理""法"的这些"常识"。在我看来，它们虽然无色、无味、无臭，经常被人忽视，却是企业经营和管理的底座。它们通过被嵌入价值观、文化、目标、规章、制度等来指引员工的个人行为，直接影响企业的运营和目标达成情况。

企业纵有美好的愿景和远大的志向，如没有对"情""理""法"的清晰认知和合理运用；经理人就算再聪明再有能力，如不能很好地平衡"情""理""法"，都将无法带领企业成功走向未来。志存高远、一心要做大做强的企业，应当扎根于"理"，行之以"法"，然后辅之以"情"。

"理法情"的"顺序"或许是能够结合中西方文化和管理理念、引领我国企业发展的另一选择。

# 3 捍卫价值观和文化

## ◆ Z世代与企业价值观

有些人奇怪为什么我要写企业价值观，毕竟现在的年轻人（尤其是Z世代）在选择工作时，关心新东家企业价值观的没有多少。企业知名度（大厂）、薪资福利、工作时间、自由度、发展方向等合适的话先去了再说，"反正不喜欢再换呗"——这是如今的很多年轻人的择业心态。

都说Z世代自我意识强烈，强调个人风格，喜欢自由自主，不喜欢被管束，对企业的容错度、忠诚度和稳定性自然更低一些。既然"天长地久"更像"天方夜谭"，又何须介意自己和企业的价值观是否一致？

但问题是，科技行业中近年流行一个说法，人到35岁已经老龄化，随时有被抛弃的可能。若干年以后当第一批Z世代到了这个年纪时，又有多少可以提早获得财务自由，不需要"为五斗米折腰"？在强资本影响的市场经济中，马太效应可能会让企业大的越大，小的生存空间越小，Z世代想要有好的发展而不被岁月淘汰，还免不了需要在大企业中寻找出路。

的确，企业组织和管理理念正在随着Y世代（指1980—1995年出生的人）和Z世代的出现而与时俱进，但无论有多少变化，无论10年后经理人以什么职位称号出现，这个角色将依然存在。那时候Z世代将会成为职场的主力，其中有不少会成为老板或企业的管理者，他们将不得不关心企业价值观的问题。

40多年改革开放的奇迹，为大量企业提供了迅速成长的土壤，但随着经济和需求的逐步成熟，市场博弈的各方实力更为平衡，我国企业将要从"野蛮生长"过渡到"长期主义"。

我进入社会工作时，老东家正如日中天。我还清楚地记得第一天上班时被告知的第一条信息，便是"尊重个人、客户服务、追求卓越"的价值观。短短的3句话（英文）铿锵有力，明示所有员工这是一家怎样的企业，并且企业在所有制度和行为中都深深地烙上它的印记。直到2003年重新修订前，这套价值观已引领老东家发展数十年之久。

同样，杜邦（1802年）、花旗银行（1812年）、西门子（1847年）、GE（1878年）、可口可乐（1886年）、飞利浦（1891年）、壳牌（1890年）、福特汽车（1903年）、松下（1918年）、波音（1916年）等，这些我们耳熟能详的企业有两个共同之处：一是它们的经营都超过百年；二是纵使它们今天不一定能像"年轻力壮"（20岁到50岁）的企业般如日中天，却依旧稳站在《财富》百强之列。百年之中社会、市场、业务、组织和人事早已发生翻天覆地的变化，唯一不变的只有它们的价值观。和这些百年老店相比，我国企业绝大部分不到40岁，不知道当它们活到100岁时会长得怎样，但肯定与现在差别很大。

通往百年老店的路上充满变数：我的老东家开始是做磅秤和打卡机的，没想到会引领科技行业数十年之久；GE从电灯起家，后来发展到多个行业的"第一"或"第二"。而可口可乐凭一款饮料产品，变成最值钱的品牌之一；福特和波音专注于各自产品行业达百年之久，到今天还在跟年轻和新晋的竞争者逐鹿。

企业的"长期主义"需要愿景方向的指引和适应变化的能力，其中员工的前赴后继无疑是成就企业的伟大的核心。但是科技和市场不断在变，百年前的员工，如何能想到他们会传承下来今天的企业？

就好像古时的航海家，当黑夜茫茫、风急浪高，地平线也望不到的时候，是什么给了他们找到陆地的信念？在看不到陆地的日子比看得到的多时，他们只能按照太阳或星辰指引的方向，凭着自身对航海知识的理解，要求船员坚持做自己认为"对"的事情和以"对"的方法做事情，才有机会寻得大陆。

价值观对企业的长期发展影响至深。我是谁？什么是有所为有所不为？为什么？价值观的作用在于吸引有同样看法的人，将他们凝聚在一起，为同一个愿景努力。而经理人既为员工中的一员，又是企业的领导者之一，如果经理人的价值观和企业的不能一致的话，经理人将会被夹在中间，感到无比不适。

## ◆ 价值观文化"代言人"

价值观看不见也摸不着，不能只靠CEO口号般的宣讲、墙壁上的海报、企业介绍册中的描述，又或是通过几次慈善公益活动负上社会责任，便能让员工相信。价值观更像是一幅企业员工共同参与的原创作品，通过所有人平时所作所为的点滴累积，并不断重复展现出来，才能够被员工感受到。

价值观不单是企业介绍中的那寥寥数十字，更重要的是背后的道理和逻辑。企业一方面要想办法将价值观解释清楚让员工明白，另一方面员工会通过观察去自行理解。企业里的每一个员工，会根据身边的人、他们的老板、老板的老板，还有CEO的行为，做出自己的判断。当员工集体"做出来"的行为和CEO所说的不一致的时候，员工一定会相信前者。

有人说企业价值观是CEO的工作，人力资源部负责支援。但是我们从上面看到，要让企业说的价值观和做的价值观一致并不容易，而且企业越大、存在时间越长，难度也会越大。CEO和人力资源部没有可能每天触及每一个员工，要让每一个员工都明白自己在价值观中的角色，而且愿意参与"创作"，中间需要经理人担起两件责任：承上启下和以身作则。

承上启下是指经理人将自己对价值观的理解通过语言让员工明白和认同，当他们表现出来时加以鼓励，在行为不当时及时纠正。以身作则，顾名思义，是指经理人在日常行为之中应贯彻企业价值观，起到榜样作用。换句话说，经理人就是企业的代言人，无时无刻都需要价值观"在线"。

因此，当读者考虑一个新的经理人工作时，一定要弄清楚自己是否喜欢这家企业的价值观和文化，是否愿意担起承上启下和以身作则的责任。过去很多年轻经理人对这个代言人角色不以为然，一直以自我意识和个人习惯去做事，但要想在管理工作中走得更远，恐怕要更认真地考虑这些问题。

## 🎁 平常点滴和关键时刻

企业文化是企业中不成文的行为模式和准则，这些被员工广泛应用的"习惯"，可能是约定俗成的，也可能是竞相模仿的结果。良好的企业文化应该透过好的公序良俗跟价值观相互呼应，但有时候企业受到一些坏风气影响，也很容易习非成是，形成不良的文化。

"物必先腐也，而后虫生之"，很多企业的衰败都源于自身的问题，文化风气也是其中之一。经理人是企业中和员工接触最多的人之一，为了传承企业的价值观，经理人需要从日常的文化做起，遇到好的行为习惯多加鼓励，对不良的行为和风气不能视若无睹，否则久而久之就会形成坏的文化。

企业文化的形成往往从琐事开始，比如时间观念。如果员工经常可以随便找个理由迟到早退，而经理人总是无所谓的话，其他人看在眼里也会对时间观念失去尊重；更甚者，如果总是发生在某一个员工身上，其他人还会觉得经理人偏心（不公平）。

同样的"小事"也会发生在日常的小决策中，比如差旅报销不实或随意，有些经理人对业绩好的员工会"睁一只眼闭一只眼"，以为"多一事不如少一事"，这样的事貌似影响不大，而且一般也不为别人所知，但很容易造成员工价值观的扭曲，对经理人产生错误印象。

也有些经理人打着各种旗号（最常见的是客户至上或业绩），处理事情喜欢走"捷径"，擅自越过工作流程或做一些权力以外的决定，甚至违背道德或做出违法的行为。如果上级管理者也坐视不理（默认甚至表扬），这些事情看在员工眼里，自然有样学样。到员工做出同样的事情时会形成风气，到时候企业要收拾烂摊子麻烦更大。

这些情况尤其容易出现在经理人志得意满、自信心爆棚的时候。自以为"无所不能"的良好感觉，往往正是蒙蔽他们正常判断的因素。要避免这些"陷阱"，经理人需要对日常的一点一滴保持敏感，随时接受工作中对自己文化和价值观的种种考验。

相对而言，经理人将价值观挂在嘴边很容易，但是如果连日常的小事都把持不定，很难想象在困难面前如何能不崩溃。在业务困难或生意不好时坚持价值观体现了优秀经理人的职业素养，是真正能检验出一家企业价值观成色的关键时刻（包括面对危机、生死存亡、短期机会的诱惑时）。

我知道的一些初创企业，在建立的第一天都信誓旦旦对价值观能做到长期坚持，但是很快生存的压力让它们透不过气来，价值观一夜之间成了办公室墙上的口号。不是每一家企业都能通得过价值观的考验。

我的经理人生涯中也无可避免地遇到这样的关键时刻。在季度末最重要的单子中客户提出无理的要求，我是否要"为五斗米而折腰"？最得力的员工触碰了企业"红线"，我是否要牺牲原则出手相救？在选择短期利润最大化和客户价值时，我是否能站在天平正确的一方，做最正确的选择？凡此种种，是任何经理人终其身不可回避的考验。而当他们迷惘和犹豫之时，也正是价值观凸显其作用和重要性的时候。

要想在企业的关键时刻坚持价值观，经理人需要把价值观放进决策标准里，相信价值观背后的道理能够帮助自己做出最正确的决策和选择。也许在某项决策中价值观不是最重要的标准，但保持对它的重视和敏感度，是对每个经理人的最低要求。

一家企业的成功不会单靠价值观，但是没有持续坚持价值观能力的企业一定不会获得长久的成功。优秀的经理人会把企业价值观时刻放在心里，用作最基本的衡量标准，在平常的小事中持续坚守，到关键时刻就能从容自信地应对，显出经理人该有的本色。

# 4  服务员工

## 🔹 管理即服务

一家企业愿意花钱聘请员工，买的是他解决问题和达成某方面工作目标的能力。

一个人愿意加入一家企业，卖的是他基于个人知识、经验和能力所能提供给该企业的服务。有时候这些服务提供的时间会浮动增加（加班），有时候它的"价格"会随服务的结果而改变（报酬和奖金提成）。无论如何，员工向企业提供的是一种有偿服务。

作为企业的员工之一，经理人为企业提供的也是一种有偿服务——管理服务。他受企业委托，代表企业去管理某一个职能或业务的某个部分。和所有其他人提供的服务一样，经理人利用自己在职能和管理两方面的专业知识与技能，为企业完成被赋予的使命和目标。就像医生、律师和教师这样的专业服务提供者一样，经理人隶属于服务行业，而管理本身也是专业服务的一种。

管理既然是服务工作，自然有服务对象。经理人在工作中需要接触的人有4类，分别为团队员工、上级经理人、内部部门同事和外部合作伙伴/客户（见下页图）。经理人要在这些角色关系之中承上启下，居中策应，里外兼顾，分而治之。这4类人都是经理人的服务对象，其中比较有争议的是员工，我在这里分享我的看法。

上级
经理人

内部
部门同事

经理人

外部
伙伴/客户

团队
员工

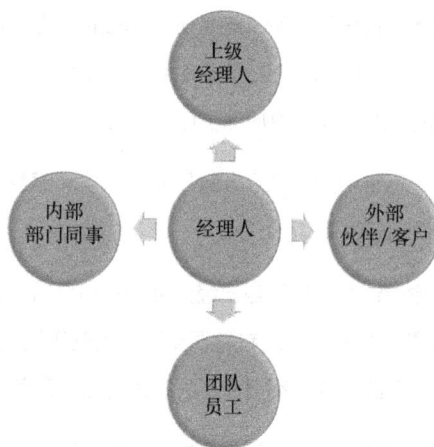

## 🔹 经理人大多没有服务员工的意识

现代服务工作追求客户满意，经理人服务员工，自然也不例外。早在40年前，我的老东家就每年都会做一次员工意见调查，员工的满意度甚至会影响到经理人的绩效评分。调查结果会用于部门横向比较，也会做逐年的纵向趋势分析，不断驱使企业以及每个经理人站在员工的角度思考，不断进步。

然而即便如此，员工的重要性也往往依然被经理人忽视。老板们可能不愿意听到这样的话，毕竟很多企业都有各种员工福利关怀制度甚至是"最佳员工"的奖励，希望留下好员工。但是在我的经验中，能否让好员工留下，更大程度上视乎经理人是否在他们身上花了足够的精力。

说来奇怪，经理人就算没有销售职能，也会心甘情愿为外在的客户服务，但是当我跟他们说，"你的工作之一是服务你的员工"时，很多经理人会看着我不知如何反应。

## 🔹 服务的误区

这种情况不在少数，反映出经理人对自己角色定位的普遍看法，他们认为既然是员工替"我"做事，自然应该是他们服务我，而不是我服务他们。这句话忽略了一个重要的事实，那就是员工是替企业做事，不是替经理人做事。

但是经理人联想到的更多是管理工作带来的身份、地位和权力，这让他们对自己工作的定位产生了偏颇。带有身份象征的光环和地位，往往盖过经理人工作自身的内容和责任，而企业很多时候在不经意间对管理权力的过度渲染，也加深了这个误区。

另外，不少人会带着过去思维中的"三六九等"阶级观念，潜意识中把员工当作另一种"阶级"的人，来看待经理人和员工的关系。

最后，还有部分经理人觉得这个岗位是自己经过努力打拼获得的，自己理应"享受"员工的尊敬和服从（当然客观事实是，企业中管理岗和很多专业岗的级别是一样的），却不明白这只是企业中不同角色的分工而已。凡此种种，都扭曲了经理人对自己角色定位的认知。

有些经理人可能依然不服，会说："难道遇上不好（甚至很坏）的员工，我也要服务他们吗？"我想指出，我们有时候也会碰到非常麻烦的客户，这并不会改变服务客户的本质，我们依旧要想办法解决问题。同样，遇上不好的员工，经理人需要思考为什么会出现这样的情况，如何去改变现状。

## 🔹 正确的经理人和员工关系

在我负责外企业务的那些年里，听到团队中经理人跟我吐槽最多的一句话，就是"我没有（足够/合适的）人，（在这段时间里）做这个有困难"。这句话说明了一个重要的关系，经理人和他团队的员工唇齿相依，在完成任务这个目标上，经理人独力难支，员工不能缺席。

经理人和员工就像电影制片人（或导演）和演员的关系，制片人负责整体策划、剧本统筹、前期准备、组织摄制组（包括演职人员）、预算审核、执行拍摄和后期制作、协助发行等，而演员则在影片中负责扮演某个角色，将电影内容表现出来，彼此都为拍出一部出色的电影而努力，"谁都缺不了谁，谁缺了谁也不行"，而且制片人拿到的报酬，有时还不如演员的多。

实际上经理人和员工是伙伴关系，相互服务对方，关系是平等的。他们彼此互相依赖，同时通过合作各得其所。他们之间所不同的，只是岗位，他们各有各的工作重点和分工，员工并不是经理人的附庸。从企业（尤其是外企）中不少非管理岗专业员工的级别和经理人一样甚至更高可以看出来，经理人和员工在级别上并没有必然的高低之分。在我管理过的团队中，便有专业（技术和销售）员工的级别比我更高，收入比我更多。

经理人要以服务的观念去处理自己和员工的关系，以一个全新的角度去审视管理工作，同时让这个伙伴关系得以发挥最大的效益。要完成共同的任务，经理人要尽力确保员工有足够的能力、工作效率和充分的积极性，而不是通过简单的命令模式。

## 📦 员工服务的付出和回报

当一个客户感到满意的时候，他会不断回来重复购买更多产品；同样，当员工感到满意时，他会愿意为企业和经理人付出更大的努力。经理人的员工服务做得好，绝对是一笔划算的生意。

要做好员工服务，经理人要倾其所有，除了愿意付出时间和注意力在员工身上之外，还需要处处为员工设想。这不单需要经理人职能方面的知识和经验丰富，可以给员工提供业务帮助，也需要他在对待团队人员时尽心尽力。

问题最常出现在好员工身上，有个成语可以用来形容经理人如何对待好员工——鞭打快牛。越是有能力的员工，经理人往往越理所当然地要求他做更多，但是同时又忽略了他的个人需要。这种员工服务意识的缺失，是企业好人才流失的最大原因之一。

员工的个人需要，不外乎薪资获得、能力提升和事业发展几个方面，经理人在服务过程中需要对每个员工（尤其是优秀员工）的需要和动机加以了解，然后通过任务绩效的完成，帮助他们达成。

好的经理人会不断问自己，能为（好）员工做些什么，才能让他们甘心为企业（经理人）出力。这种对自己的要求必须发自经理人的内心，建立在平等的关系和个人尊重的基础上。就算是真金白银，但如果只是假情假意，员工也是能够感受出来的。在留住好员工这件事情上，金钱并不是万能的。

我有几个具体的建议，可以帮助经理人提供好的员工服务。

- 权力与虚荣心无时无刻不在影响着每一个人，经理人需要时刻提醒自己，不要把自己当作上级，而是员工的合作伙伴，不摆架子，不轻易露官威。

- 不要把员工的付出作为经理人提供服务的先决条件，不能理所当然地对员工不断索要却同时忽略他的需要，重复出现鞭打快牛的情况。

- 经理人在提供服务时必须做到公平、公正和公开，尤其是在对待同一团队中类似岗位的人员时。孔子所言的"不患寡而患不均"，用来形容员工的心态非常贴切。

- 员工需要帮助时，经理人需要"在线"，不玩失踪，起码做个聆听者。有些经理人只理会自己喜欢的员工，对不招人待见的员工表现冷漠，这样做会让员工失望，从而影响他们对工作的投入度。无论是什么员工，经理人的最基本责任都是在他们需要的时候提供帮助或指示，也包括建议他们如何提升自己。

- 除了聆听之外，经理人还需要根据员工的具体情况，提供不同程度的帮助，分析问题、指明方向，抑或是出手行动，视乎情况而定。

  在有需要或业务合理的时候，经理人应主动支持员工在上级面前提出不同意见，将自身的个人利益搁置一边，帮助员工协调与别的部门的分工或资源，以及为员工争取合理的权利和条件。

- 主动为员工提供好的赋能、加薪、晋升、学习、发展机会（在一定的绩效和表现的前提下）。

以上这些都是我过去坚持为员工服务所用的方法，它们建立于我对员工平等尊重的原则基础之上，为我赢得员工的尊重之余，也得到了他们付出更多努力的回报。我在本章中强调"服务员工"的目的，是想让更多年轻的经理人摆正心态，重新认识员工在管理中的定位，这个定位将会影响经理人如何进行他的工作。

分享一则个人小故事作为本章的结束。20世纪90年代我在广州任总经理时，一天有位经理人煞有介事地介绍一首歌曲给我听，请我注意歌词。

我像是一颗棋

进退任由你决定

我不是你眼中唯一将领

却是不起眼的小兵

我像是一颗棋子

来去全不由自己

举手无悔你从不曾犹豫

我却受控在你手里

听到这首歌后，我似乎真正了解到了员工对上级的看法，以及他们对得到上级尊重和认同的渴望。

# 5　管理上级

## 🔲 面向企业的忠诚

忠诚是人类社会凝聚力的重要构成元素之一，在古代中国，人民的传统观念中，臣子应尽忠职守，而为君者则以礼相待。在现代企业里，忠诚是评判经理人操守的最低标准；无论你相信什么样的管理理念和崇尚哪种管理风格，你为东家提供服务，你的东家则为你付费，忠诚是你尊重和东家之间契约的最基本体现。若然职业经理人不能以企业目标为己任，便无"职业"可言；反之，企业罔顾经理人的忠诚，"用完即弃"，也肯定会破坏彼此之间的合作和信任关系。

但是忠诚并不等同于愚忠，明知道东家是一棵"枯树"，经理人也不能不为自己谋出路。在现今世界里，对企业忠诚不等于一辈子不离开它。"良禽择木而栖"，再"职业"的经理人出于各种原因（价值观、发展机会、事业选择等），也可能会有离开的一天。忠诚的最终体现，是只要一天在企业服务，都应该为它"站好一天的岗"，以企业的利益和福祉为依归，这样就算最后真的离开，也都能确信无负东家。

就算在工作过程中发现东家有困难或有各种不如意，经理人也应该首先站在东家角度加以帮助，不轻易失去信心或"混日子"，更不能落井下石、结党营私。经理人的基本能力之一，是要能慧眼识珠找到对的东家，如果连这个都做不到，那只能怨自己学艺不精。不能以"混日子"和结党营私这些方式为自己的能力缺失埋单，破坏掉忠诚这一经理人最基本的操守。

我们都明白忠诚以企业为对象，但做起来并不容易。任何人都至少属于3种群体，包括家庭、社交和工作，其中工作的群体一般最为复杂。尤其在现代企业世界里，员工既有组织部门的正式群体，也有因工作需要而加入的跨部门/临时的群体。在这些工作群体中，会有个别同事因为性格相近、志趣相投成为社交朋友，还会有因为共同利益而走在一起的非正式群体，让本来就复杂的工作关系更为复杂。

职场中人隶属的正式和非正式的群体众多，当动机和利益不一致时会发生矛盾，而当矛盾激化时，忠诚之心也随之受到考验。"到底应该对谁更忠诚"这个问题经常让员工烦恼，他们要对上级主管负责，也需要彼此之间合作，其中自然也有谈得来的朋友，他们不同程度上都期望在责任或道义上"你对他更好"，在决策时有更多倾向性考虑。

无论经理人向哪个群体过于倾斜，都很容易跟企业目标和利益发生矛盾。特别是在传统文化的加持下，我们对上级的服从性往往比其他群体更高，唯命是从的态度时有出现，一不小心有些人会误以为对上级忠诚等同于对企业忠诚，结党营私的问题便会由此而生。

由于经理人比一般员工更接近企业的核心，企业要求经理人对忠诚的理解和实践水平更高。

经理人是否能够做到"分级"对待，在任何时候都以企业为本，优先于上级、某个部门或某个人，这至关重要。如何看待自己跟上级的关系，避免将自己对上级的态度与企业忠诚混淆，是经理人需要掌握好的本质问题。

## 🎁 看清经理人和上级的关系

错综复杂的群体和人际关系容易混淆经理人的忠诚观念，也直接影响企业中上下级的关系。

经理人和他的上级同是企业员工，都应以企业利益为重，秉持同一套管理原则，只是上级的权力和责任比经理人更大，在管理方法和风格上与经理人或许有所不同而已。

上级受命于企业以完成业务目标，他们将被分配到的资源组织起来，通过下属各部门分工合作，执行相应的计划，上级对经理人的依赖不言而喻。另外，经理人要完成既定目标，也需要上级提供清晰的业务方向和得到相关的资源（人、钱、人脉、信息等）支持，才能水到渠成。

说得直接一点，上级与经理人彼此互为对方的资源，他们的成功互为因果，有着相互依存的关系，只要彼此的目标都能达到，他们之间的关系就相对融洽。要明白这一点：经理人与上级更像是为着共同目标一起奋斗的同事。在对企业忠诚的前提下，上级是经理人的最重要的合作伙伴。

经理人和上级还有另一种关系，那就是上级对经理人的个人绩效评级和事业发展的支持。表面上看，上级主管在这个问题上拥有"生杀"大权，但是实际上只要经理人的业务做得好，不愁个人成绩不被认可。

绩效和发展问题固然牵动着个人利益，但只要经理人明白它和业务的关系，将精力放在对的地方，便不必为了"得到老板欢心"而做出曲意逢迎的行为。假如经理人要天天思考如何取悦于上级，真正的问题很可能是自己的能力不足以胜任工作，否则多半便是上级不是一个值得追随的老板。

## 管理上级

在工作上，经理人没有上级的支持有时候很难成事。要成事，经理人要对自己和上级的关系有清晰的理解，这样才有机会通过适当的沟通和合作方式增进彼此的信任，并将这种信任转化为上级对自己业务和个人发展的支持。上级的资源、时间和注意力有限，如何得到他们的支持，是经理人管理上级需要掌握的重要技能。

经理人管理上级首先要以获取上级在业务上的支持为目的，而当业务做好了，上级对经理人个人发展的支持自然会随之而来。一般来说，经理人依赖于上级批准和支持的事项包括（但不限于）如下几种。

- 部门人员和费用/成本预算。

- 业务/项目目标、策略和计划。

- 业务流程的审批和管控。

- 对外或和其他部门合作。

- 对外或和其他部门的人脉分享。

- 重要业务信息的分享（比如高层策略或机密）。

无论是人员、费用、目标、策略、计划、审批、合作、人脉还是重要业务信息，都是经理人业务成功所需，而上级往往是掌握这些资源的那个人。如果只是等待或请求上级帮助，经理人的成功之路也会变得被动。

由于上级的地位特殊，以及传统上经理人更习惯于管理下属，因此经理人要想获得这些支持需要格外小心，如何拿捏和平衡更要谨慎摸索，他们自然也不会往管理上级那方面去想了。

也有朋友跟我说，管理需要被赋予权力，下级在没有相应的权力时要管理上级并不切合现实。

对此我的回答是，管理上级只是一种思维和工作态度，它能帮助经理人打开视野，从另外一个角度去处理跟上级的合作关系。

和管理员工一样，经理人只有了解上级的管理风格，才能找到跟他相处的最佳方法。有些上级喜欢下属听话好使、指哪儿打哪儿，有些关心团队和谐、民主决策，有些则更愿意辅导员工、发挥潜力，当然也不能排除那些心术不正或纯以自己的利益为出发点的人。

所以，经理人也要了解上级的个人素质、动机、能力和价值观，这样才能判断他是不是那个对的人，是否值得追随。如果结论是不能（或不值得）和上级合作的话，那么经理人也应该像管理员工一样，果断与他分离（上级或企业）。

## 🎁 "靠谱" 与 "醒目"

我最常听到的上级对下属经理人的两点共同要求，一是"靠谱"，二是"醒目"（广东民间俗语，"聪明"的意思），这两点也是上级信任下属的最重要前提条件。

"靠谱"很容易理解。业务目标要通过各种大大小小的任务产生结果方能达到，"靠谱"的意思是做事可靠有交代、重承诺、说到做到、结果导向，最重要的是值得上级信赖和让上级放心。上级最渴望"你办事、我放心"的经理人。经理人必须拥有过硬的业务能力和执行纪律，才能做到使命必达。

"醒目"不是传统意义上"聪明"的意思。大部分上级主管是"贪心"的人，他们一方面希望下属认同自己的意见，能够和自己快速达成一致思路；另一方面又喜欢下属有不同的声音，避免"一言堂"的缺陷。虽然他们通常希望下属能坚持合理的立场，不盲目附和，但是有时候也会担心下属过分固执而引起无止境的纠缠，甚至威胁到自己的"面子"。这种"贪心"的想法没有任何上级主管会说出口，"贪心"的程度有多高也只能下属自己领悟。只有平庸或极度以自我为中心的上级才会只喜欢"听话"的人，也只有那些纯粹的"直男"或极度理性的上级才会享受无尽的辩论。

所谓"醒目"，便是知道如何在适当的时候做适当的事情（包括说适当的话）。这句话听起来理所当然，却极难做到，"知道"相对简单，关键在于"如何"。它既要求经理人具备清晰客观的立场和独立思考的能力（包括智慧、逻辑思维、业务知识等），也要求经理人有强大的同理心和极强的沟通/合作能力。只有具备这些能力，经理人才能做到在上级面前进退有据，恰到好处。

- 客观立场和思考能力

大多数上级希望看到有立场的下属，但是有些经理人不愿冒险，而是选择"安全"，能不表态时尽量不说话，以为这最能明哲保身，却正是犯了上级的大忌。事实上，我见过的所有优秀的经理人，对大部分问题能进行思考分析，立场鲜明，而且视合理表达意见为工作的一部分。

当然表达立场前必须经过个人思考而不是人云亦云，纵是考虑不周也可以从错误中学习；逻辑要能经得起推敲，不能凭空猜测，这样就算结果有偏差也不至于一无是处，否则盲目的坚持会被上级看成性格上的偏执，错误的逻辑只会暴露经理人业务上的无能。

无论是不假思索的"应声虫"，还是永不表态或模棱两可的"墙头草"，在有经验的上级手下，都不会有很好的生存机会。至于能否做到惊艳上级、举一反三，就要看经理人对业务有多熟悉、头脑有多清晰了。

要敢于在上级面前表达立场、出谋划策，要赢得上级的信任和支持，业务知识和逻辑推理一样都不能缺少。

- 同理心

同理心不等于"说老板喜欢听的话"，而是试着站得更高，从上级的角度去看事情，经理人要把自己的需要和上级的更好地联结在一起。

上级经常要做困难的决策选择题。举个例子来说，在做年度预算时上级被董事会要求在人力成本与去年持平的情况下收入增加50%，而经理人作为下属却希望增加人手。经理人该如何看待这种几乎每年都发生的矛盾？是坚持自己的计划要求增加人手，还是被动地执行？

具备同理心的经理人能看到上级的处境，同时想办法找出双赢的最佳方案。

在这个例子中，经理人首先要思考的是在不增加人手的情况下能做到收入增加50%的策略和可能性。另一个是在按计划增加人手的同时，有什么策略可以使增加的收入大于50%。无论经理人的结论如何，同理心都会引导他考虑上级的现实情况，然后加以配合，也只有这样他的最终计划才有机会获得上级的支持。

同理心不足的经理人往往受自己的固有逻辑影响，狭隘的视野让他很难从对方和整体的处境去考虑问题，自然不会通过妥协找到解决双方问题的方法。这样的经理人很难获得上级的真心信任，也难以在困难的选择中得到无条件的支持。

- 沟通／合作能力

  同理心除了能帮助经理人开阔视野之外，也是沟通／合作的基本条件。管理上级本来就是为了获得对方在业务上的支持，经理人自然要在工作方式上对上级予以配合。以下3个沟通／合作方面的建议，是我过去从经理人身上观察所得。

  ✓ 配合上级的工作习惯

    一般人说起"管理"，或多或少会觉得应该是"他听我的"，尤其是更崇尚平等的年轻一代经理人，他们会问"为什么要配合上级"。

    有一定工龄的职场中人都会养成个人工作习惯：有人上午打瞌睡，下午精力十足；有人喜欢开早会，有人喜欢下午汇报；有人喜欢发电子邮件和写报告，有人喜欢面对面沟通；有人喜欢从细节入手，有人喜欢宏观说重点；有人喜欢拿主意说一不二，有人喜欢不表态，"让子弹飞"。

    上级的工作习惯是他的指挥系统（会议、报告、决策、传达等）、管理节奏（快慢缓急）和管理风格的表现形式，经理人很难找到不配合的理由，这也意味着自己要改变某些不适配的工作习惯。为别人改变虽然不易，不过这里说的是非原则性的问题。虽然经理人和上级的关系是互相依存，但毕竟上级的职责范围更广，要操心的事情更多，而且经理人需要他在业务上的支持，这点"成本"可以算是经理人最低的付出。

    相比之下，与其被动应付上级的要求，倒不如主动配合更好，这种同理心的表现能帮助经理人赢得上级的信任，降低和上级的沟通成本，让上级能更直接清晰地接收到经理人的信息。

    万一遇到节奏较慢的上级怎么办？以我为例，我的工作速度比许多上级都快，配合上级节奏不等于经理人要拖慢自己，我会按自己的节奏完成工作，然后礼貌地让他知道"球又回到他的半场"了，需要他的行动或决策。在大部分情况里，上级会反过来加速配合我的节奏，或者给我更多的授权处理下一步工作。

    在配合上级节奏的同时，我也会主动定期安排时间和上级见面，哪怕只有半小时甚至15分钟。我会以简洁的方式汇报或讨论业务情况，关键是这些必须是值得上级关心的问题，否则上级不会给你第二次机会。

    总而言之，经理人要管理好上级，需要充分配合上级的工作习惯和节奏，再加以磨合，以达到最高效率。

✓　对上级信息透明

有些经理人可能缺乏安全感和自信，害怕上级对自己的业务情况太清楚，总是藏着掖着。试想如果你的下属对你总是表现得神秘兮兮，你是不会对他放心的。

如果上级不了解经理人的想法，很难想象他会放心地为其提供业务支持。对上级透明是经理人信任上级的表现，换回来的很可能是上级对等的信任和支持。当然，上级关心的更多是方向和策略，在大部分情况下他们对执行细节并不感兴趣。

机会永远留给有准备的人，所以经理人一定要熟悉业务情况，随时做好向上级分享信息的准备，做到只有上级想不到的问题，没有经理人不知道的答案，也不要因为答案不"漂亮"便藏着掖着。

聪明的经理人会制造适当的机会，按照上级的工作节奏和详细程度主动分享有用的业务信息，在进展顺利时让对方放心，在需要帮助时让自己及时得到关注。对上级信息透明，能促进经理人和上级之间的信任关系，是管理上级的重要手段。

✓　比上级工作细致

在企业里，宏观策略被逐步分解成具体任务以便于执行，下属员工的职责一定比上级的细节更多，就算是管理工作也不例外。但是在现实中不少经理人对业务的了解情况还不如上级，经常被问得哑口无言或错漏百出。究其原因，这种本末倒置现象的出现，竟然是因为"老板平时不过问"，于是"我也不需要管那么细了"。

越是不问细节的上级，越要求经理人的细致程度更高，因为没有其他人能代替经理人把关，如果经理人对业务情况掌握不足，很容易出现纰漏。上级不过问细节不等于不关心，实际上他只是把责任交托于经理人代行其事而已，不能成为经理人懈怠的理由。同样，当经理人将具体工作交给下属时，他也会期望下属比他更细致，能够随时告诉他准确情况和关键信息。

一个合格的经理人，在任何时候都要比上级考虑得更周到（包括事实、预见/判断、策略/选择），计划和执行方案更详细（包括行动、跟进）。比上级熟悉自己的业务是经理人的本分，为上级在需要时提供业务细节是经理人的最基本价值。

这样做的好处是，不但能让上级更为放心，而且在经理人为上级决策时上级能提供及时的信息，从而间接让上级对经理人提供更好的支持，助人助己。

从上述可以看到，要成为上级心目中"靠谱"和"醒目"的下属，经理人要在个人能力和基本功上不断磨炼，同时在摸索了解上级的特点后进行磨合。至于具体如何拿捏这些关键因素，则要视乎经理人碰到什么样的上级。随着时间的推移和阅历的增加，经理人要让自己的经验逐步丰富起来。

一般来说，我建议经理人尽量在合理范围里配合上级。但是世事难料，经理人难免会遇到"不对"的上级（例如只顾自己利益，与企业背道而驰；业务能力不强，但又恋栈权位）。这时候经理人只能为自己设想，在企业中另觅明主。只要自己足够优秀，企业里总有容下自己的空间。若实在不行的话，便应果断在企业外另寻出路。

赢得上级在工作和个人发展上的支持是经理人管理上级的目的。一个备受上级支持的经理人不仅在业务上会得到帮助，在个人方面也会成为企业人才库中的"高潜"人才，甚至成为上级的继承者的候选人之一。

管理上级的好处，除了让经理人能时刻了解上级的情况、无论在公在私都更有主动权之外，还能让经理人的个人能力在这个过程中得到有效打磨，也更容易让企业中的其他"伯乐"发现他的存在。

哪怕是将来成为CEO后，经理人也还需要得到董事会的支持，所以，说管理上级是所有经理人一辈子都要打磨的技能也不为过。

# 6　融合多元团队

## 🔹 企业人才多元化（Workforce Diversity）——偏见与难题

常听说企业发展需要人才多元化，该海纳百川，让百花齐放，不同背景的人都能为企业带来贡献，而员工发展也不应受个人背景的差异所限制。这句话说得不错，但它有一个隐藏的前提，那就是这些人才需要对企业价值观和业务方向认可，而且具备能满足企业所需的技能和能力。

人才多元化的真正目的和意义，是为企业聚拢更多志同道合、能力匹配的人才，同时为背景不一的人才提供一个能够发挥所长的发展平台。企业需要竭尽所能让员工认同自己的价值观和业务方向，因为缺乏"主心骨"的多元化只会像无根之木；而如果员工技能和能力不满足业务需要，企业再多元化也难以在竞争中立足。没有这两个前提原则加持，人才多元化只是一句口号。

前提搞清楚了，我们再来看看多元化的两大类个人背景。第一类是因个人特征而归属的群体，可以称为人口类（Demographics），个人特征包括性别、年龄、种族、国籍、地区等；第二类是由个人学习和工作经验所获得的资格划分，包括学科、学校、特殊技能、专业资质、企业、行业等，我统称为资历类（Qualifications）。

从理论上来说，如果企业无差异地接受多元化，背景根本无须分类，但是人性的弱点往往促使人们对某些背景的人产生偏见甚至歧视，尤其是一些少数和/或被标签化的弱势群体。这样的偏见和歧视带出各种直接和间接的就业不公平现象，让人才多元化说起来容易，成功做起来的不多。我把多元化中比较值得关注的背景列出分享如下。

- 人口类

  《中华人民共和国劳动法》第十二条规定，劳动者就业，不因民族、种族、性别、宗教信仰不同而受歧视。虽然我国法规不允许歧视，但是偏见和灰色行为还是偶尔存在于少数和弱势群体，影响多元化发展的步伐。

  ✓ 性别

    我国社会早已认同"男女半边天"，然而在企业世界中女性地位依然普遍低于男性，尤其在高级别的管理行列中。直到今天，性别依然是企业人才多元化中最基本的课题。

  ✓ 民族、种族、宗教

    西方国家禁止对民族、种族和宗教歧视的法律由来已久，却未曾达到真正平等。同样，虽然我国也有立法，但在职场中并没有完全杜绝少数人的偏见，在企业用人上还依然存在不公平的问题，不利于人才多元化的发展。

  ✓ 残疾

    《中华人民共和国残疾人保障法》第三十八条规定，在职工的招用、转正、晋级、职称评定、劳动报酬、生活福利、休息休假、社会保险等方面，不得歧视残疾人。但是即便如此，企业对残疾人士就业时的歧视还是不少，在岗位上的偏见就更多了。

  除了以上法律明令禁止歧视的个人背景之外，还有其他没有（完整）法律支撑的人口类问题。以下这几种个人背景虽然显性歧视情况相对较少，但是偏见肯定存在，特别是其中的年龄问题，近来有不断加剧的趋势，不容忽视。

✓ 年龄

人口类中一个容易被人忽视的问题是年龄，原因有两个。一是过去假设年龄和工作能力（工种）强相关，"太小和太老的都不行"是普遍的看法；二是过去不同年龄段的人对工作的态度和看法差异不大，主要都是养家活口或出人头地。

但是随着科技和社会的快速发展，（"太小的"）年轻人的知识和能力越来越强，（"太老的"）上年纪的身体素质和体力也比过去提高不少，而不同年龄段的人［X世代（指1965—1980年出生的人、Y世代、Z世代］在价值观、视野、生活/工作态度和方式等多方面也出现重大区别，这些改变为不同年龄的人在就业时带来新的挑战，也为企业用人时带来新的课题。

以成年人工作年龄从18到60岁计算，当不同年龄的人同时在企业服务时，他们不应该受到任何差异化对待。在人才多元化中，只要在适合工作的年龄段，所有人都应该享受同等机会，按能力分配工作，以表现获取报酬。

但是对不同年龄的歧视或偏见还是存在的，虽然在一些工种中（如高科技含量的工作）对年龄"太小的"人的偏见有所减少，但是有些企业还是通过"要招有经验的"，将经验代替能力变成硬性标准变相把年轻人排除在外；也有不少企业在晋升员工时，依旧论资排辈，以年头资历作为选择条件并凌驾于绩效之上。

相比之下，对"太老的"人的偏见近年来好像有所恶化，不知道是为了降低成本（年纪大的员工平均职位和工资相对高），还是想提高活力的缘故，一些企业鼓励老员工提早退休，另一些甚至直接提出用人政策"年轻化"（例如某些互联网企业提出35岁的"上限"），主动淘汰年龄范围以外的人。

事实上，我们要明白的是不同年龄段的人共同掌握着企业成功的钥匙。韧性、抗压能力、忠诚、专注、执行力、独立性、自主、冒险精神、创新能力、视野、学习能力等是我们所有人都应珍惜的，也是现代企业得以生存乃至传承不可或缺的良好品质。但是细心一看，这些品质的标签分别落在X、Y和Z 3个不同世代的人群中，只有在他们真正多元共处、发挥各自优势时，企业才有机会成功。

✓ 国籍/地区

随着我国对外开放政策的施行和全球化的发展，本土员工有越来越多的机会和不同国籍/地区的人共事，其中一小部分人免不了给其他国籍/地区的人打上不同的标签。这一点说来并不奇怪，因为我们本来就喜欢给国内来自不同省份或地区的人打上标签。

虽然这些标签不是企业行为，但是存在于个人层面一样可能带来对工作的影响，很容易误导我们对员工能力的不必要怀疑，比如"XX国家/地区来的人工作就是不行"这样的偏见，对人才多元化只有害而无益。

✓ 体貌特征

同样发生在个人层面的另一种偏见是体貌特征。虽然我们从小都被教育不应该以貌取人，但是大多数人还是对漂亮的人和物更容易产生好感。在职场中这种与生俱来的偏见也在潜移默化地影响我们对员工的判断，需要被努力遏止。

西方企业最早提出人才多元化，主要是为了帮助因肤色、种族、国籍、宗教信仰、残疾等而受到歧视或偏见的少数弱势人群在职场中获得平等的机会。我国企业起步较晚，但总的来说在基本的平等上相对做得不错。

但是随着社会的进一步发展，企业人才多元化的视角将会从单纯的提供平等机会，转移到如何有机融合，通过用好不同背景的人发挥企业最大的战斗能力。

● 资历类

和人口类的个人背景不一样，资历类的个人背景并非与生俱来，而是通过后天个人的学习和工作经验所获得的。大学在哪儿上、是哪个专业、在哪些企业工作过、从事过哪些行业、有没有专业资质等，这些来自于知识和经验的个人背景，一方面会给员工带来不一样的知识储备、思考方式、态度、观点和做事方法，另一方面也很容易因被过度标签化而产生不必要的偏见，甚至被"不同类"的人排挤或排挤"不同类"的人。现实中很多企业过分依赖于资历类的个人背景，甚至将其作为用人和晋升的标准，因而扼杀了这方面多元化能带来的好处。

当然部分资历类的个人背景（如大学主修专业、行业背景或专业资质等）被用在招聘中无可厚非，因为毕竟在应聘者投入实际工作前，这是判断他们硬技能的最有效的手段。但是一旦员工进入企业之后，企业和经理人应该通过实际观察员工的工作表现，而不是依赖这些资历去认定他们的能力。

我们必须清楚地认识到，再亮丽的资历也不能保证能力一定强，所有资历类的个人背景都只是帮助企业判断员工能力和技能的工具。经理人在招聘时要用心和应聘者交流，在管理团队时应抛弃给员工个人背景打标签的做法，以能力和表现说话。

只有这样，不同背景的员工才会更愿意分享他们的知识、思维、态度、观点和方法，让多元化的碰撞擦出火花，加速不同经验背景的员工有机融合到企业之中。在我国经济高速发展的大环境下，企业的成长和大量并购活动将最大程度挑战多元化人才的融合能力。

我把资历类个人背景中最影响融合的问题分享如下。

✓ 前任雇主

每逢有新员工加入，老员工最感兴趣的通常是他在哪里工作过。尽管这跟他未来的工作没有半毛钱关系，老员工还总是很乐意去"八卦"新员工的前任雇主。

不少人心里都有一个"大厂（知名企业、行业领头羊）情结"。有些人对行业中的"大厂"特别崇拜，有些人则特别反感；有些人以某"大厂"自居，排斥其他人；也有些人唯"大厂"马首是瞻，对其他不见经传的小企业嗤之以鼻。无论是哪种取向，这些员工都在潜意识中将其他新员工分为不同类别或等级，仿佛他们的工作能力就是不一样。

我国的企业近些年求才若渴，往往愿意花重金从"大厂"挖掘人才，这些人才带着原来的企业文化、做法和光环，本来就很容易在新单位水土不服，再遇到这样的老员工，要想顺利融合，问题可想而知。另外，来自小企业的人融合也不见得简单，尤其是遇上喜欢用"大厂"员工的企业，他们作为"弱势"群体的日子不会好过。

企业人才来源越广，这类矛盾发生的机会也会越多；如果不抛弃这方面的标签，企业将很难做到真正的人才多元化。

✓ 学校

类似的问题也出现在员工的学校背景上，学校的名声和实力未必能代表个别员工的能力。相反，接受学校背景的多元化，可能为企业带来更多不同的视角和观点，也让融合来得更容易些。

✓ 企业并购

近年来越发增加的企业并购活动为多元化带来新的挑战，尤其在规模平等的"强强联手"合并中，被并入的企业员工不可避免地会带来原有企业的文化、管理方法和足以让他们骄傲的业务能力。这些东西很可能会与并购企业发生碰撞，而且往往会被处在强势的新东家所排斥，假如并购方没有充分考虑如何跟对方融合的话，合并的优势将难以发挥，双方的矛盾甚至可能使并购以失败告终。

✓ 职能文化

企业拥有强大文化固然是好，但是经验告诉我，无论是"销售文化"还是"工程师文化"，做"to B"（面向企业）还是"to C"（面向消费者）的业务，在企业文化中过分强调某些职能有可能会让彼此看不起对方，导致内部合作产生矛盾。

企业成功不能靠单兵作战，需要多个职能部门的员工各司其职一起贡献。避免过度强调或标签化某个职能，能减少不同职能员工间不必要的排斥，也有利于吸引不同类型的人才，加强融合，发挥多元化的优势。

无论是人口类还是资历类的人才背景，多元化能同时为员工和企业带来更多成功的机会，但是在我国企业发展数十年后，偏见和歧视依然存在，为员工获得平等权利和企业的人才融合制造了障碍，是企业管理的一大难题。

## 📦 接受企业必须人才多元化的现实

只要人在便有主观（偏见），但凡人聚自以群分（标签），但是不管我们更喜欢哪一类人，都要接受人才多元化的趋势和现实。

现实之一是职场中千人千面，除个人背景以外，性格、兴趣、动机、目标和待人处世也是各有不同，就算最强大的企业文化，都不可能将所有人变成一样的。不同的人做事有不同的视角、风格和方法，本就是正常现象，没有必要在共同价值观和工作能力/技能以外过度奢求统一，否则反而会遏制创意、创新和解决问题的能力。

现实之二是国家的宏观政策全面推动着社会进步，经济高速发展使不同社会阶层国民的向上移动能力（Upward Mobility）迅速提高；再加上教育的快速普及，过去人才过于集中的问题（地区、学校等）正在被缓解，各行各业的人才来源自然更加多元化，"老一代"的人才观需要被改写。

现实之三是我国地广人多，企业组织本来就相对复杂，近年来又有外企不断涌入，海外人员来华寻找发展机遇，人才类别越加丰富。近年来企业为了做大做强，本土并购和全球化的策略快速兴起，这又进一步推动不同文化和背景的人才进行交融。

现实之四是在后经济高速成长时代，企业面临着更严峻的业务挑战和市场竞争，成功不能只依靠单一的能力，需要各个职能同时发挥作用。在这样的环境下，企业不能再存有人才偏见，只有多元化才能在技能的多样性、人才的数量和质量上为企业提供足够"对的人"。

人才多元化是必然趋势，但同时阻碍它发展的偏见也广泛存在。事实上，西方企业管理一直提倡人才多元化的原因，正好证明它还有很多改善空间，做好了对企业和员工都是共赢。企业如何能专注于以价值观和能力/技能聚拢人才，鼓励个人背景的多元化，是现代企业必须正视的管理课题。

## 🔹 包容与融合——经理人的责任

很多企业招聘的初心特别好，广告上经常提出人才多元化的口号，但是在真正执行时则无法贯彻。无论是什么最终导致人才的偏见和排斥，最起码企业中的沟通难度和成本因此增加在所难免，这给本来管理成熟度就不是特别高的我国企业带来了更重的担子和挑战。

人才多元化真正落地需要两个条件，一是企业要有能包容多元化的政策（Policy Inclusion），二是需要经理人做好融合每个员工的工作（Employee Integration）。

企业在制定人才政策和制度时包容范围应该越广越好。

- 价值观。企业要做到海纳百川，需要强大而统一的价值观，以此来吸引和聚合人才。没有价值观的人才多元化，只能说聚拢的是乌合之众，就算成功也只是短暂的。和企业价值观一样，人才多元化是需要CEO亲自领军的事情。

- 人才政策。有了CEO的背书，企业要开宗明义阐明其多元化，包容不同背景的立场，形成正式的人才政策，吸引拥有共同目标、价值观和有能力的人才加入。

- 人事制度。人事制度要强调以功计得、绩效管理、人才管理等理念，将企业用人和晋升等的条件跟能力和表现挂钩，跟员工的背景脱钩，屏蔽一切偏见带来的影响，体现多元化的精神。

但是"魔鬼存在于细节之中"，经理人要见微知著，通过细致的工作，将每个员工融合到团队之中。融合的本质，便是将企业的多元化政策在日常工作中落到实处，让员工感受到公平和平等，个人的背景不会成为他们发展和成功的障碍。

偏见人人有，经理人也不免受它影响。要把持得住，经理人要先对员工有正确而且发自内心的认同，才能够拥抱和推动多元化的落地。以下一些建议用来时刻提醒读者。

- 建立基本认知。企业对人才多元化的理解正逐步深入，相比之下经理人的认知水平仍有不足。作为企业的"代言人"，经理人要正确认识人才多元化的趋势和需要，以及传统和个人偏见只会窒碍企业发展的基本道理（也是本章的写作目的）。

- 尊重和接受不同背景。在建立认知之后，经理人就算不能一下子完全改变惯性的偏见，也应该尊重和接受别人的背景，不应拿它来开玩笑。最佳的方法不是每次提醒自己，而是检讨自己待人处世的基本礼貌标准，把别人的背景排除在玩笑之外，只专注于别人的能力、表现和业务问题。

- 加强同理心。训练自己从对方的视角去看问题，能帮助理解对方。多元化是现代经理人必须具备的一种态度和真实想法，也是一种能力。越是具备这样能力的经理人，越能从内心出发，接受让不同背景的人各自贡献所长。

- 认识员工。受背景和经验影响，员工的习惯、兴趣和动机各有差异，经理人需要采取不同方法对待，不能一成不变。比如说，成长于不同年代的员工想法不一样，甚至是比你年长或年轻几年的人也与你的不一样，认识每一个员工，是经理人的基本工作。

- 做好人才多元化的"代言人"。宣扬和贯彻企业人才多元化政策，以身作则领导团队接受。

- 贯彻高绩效文化。做好绩效管理和人才管理工作，通过结果、能力、经验去评价员工，而非他的背景。

- 提高个人敏感度。时刻提醒自己，避免标签化某些背景的员工。听取别人的反馈，以免无意之中伤害别人（言者无心听者有意）。不纵容别人的偏见，在看到或听到某些违反多元化文化的做法时，不视而不见、听而不闻，须以公平、公正、公开的态度及时处理有关问题，视而不见或听而不闻只会被看成默许、接受或纵容。

以我为例，我的老东家是家跨国企业，很早便在我们心中树立了人才多元化的观念。经过多年的坚持，我们学会了跟来自不同背景的人才合作，虽然在管理时不免要花些心血，但是它带给企业和我个人无论在创新、策略、执行还是解决问题上的不同视角和益处，都远远多于管理的投入。

当所有经理人都能从上而下做到真正融合，多元化会真正得到落地，企业的组织和竞争能力也将获得质的提升。试想一家能真正让志同道合、能力匹配但是不同背景的人走在一起合作的企业将会是何等强大。

# 7  权力与责任

## 🎁 经理人的权力

"经理"（或"总监"之类）是企业里最被滥用的头衔，明明是销售人员硬要叫作销售经理，明明是客户服务人员却要称为客户成功经理，大概人们（包括企业员工和客户）普遍认为加了"经理"两个字后，岗位会变得更"高大上"，给人以有决策权、更专业的感觉。

的确，经理人的角色通常附有某些权力，而权力是身份和地位的象征，但是有时候这种地位光环会盖过这份工作的内容和责任，让当事人迷失方向。在经营不善的企业里，甚至出现了本末倒置的现象——人们沉醉于权力的游戏中。

年轻的经理人如果对权力认识不正确，很容易"误入歧途"。在记忆中，我也曾经因成为经理人后"突如其来"的业务权（合同折扣、费用预算等）和决定下属命运的人事权（绩效评分、加薪晋升等）感到"飘飘然"，觉得"终于轮到我了"，幸好被我的老板及时叫醒，才意识到权力的另一面有多危险。

事实上，管理的权力不是王子公主一般与生俱来的特权，它唯一的存在意义是要帮助经理人完成业务目标。说得直接一点，经理人的权力不是白给的，更不是随岗位而来的"福利"。任何管理权力的授予一定伴随着相应的责任，经理人先要接受企业要求的业务责任，然后才有匹配的管理权力。任何经理人在不明白自己的责任之前拥有权力是一件危险的事情，就像一个3岁小孩拿枪玩耍一样。

在企业中权力和责任需要平衡，一旦失衡就会出现问题。各种以权谋私的狗血桥段在职场电视剧中屡见不鲜，这剧情貌似突出了人性的复杂，实际上更多反映了现代经理人对自己权力和责任的不理解。

企业管理层的权力来自股东的授予，在上市企业里由董事会代表授权。经营完善的企业通常会有正式文件，详列各级职能经理人的权限（范围和大小），不定期更新。经理人的权力简单来说可以分为以下两类。

- 人事权

  经理人的所有跟团队中员工个人有关的权力，包括任命、监督、绩效评分、涨薪、晋升、辞退等，其根本目的是为企业建立组织和管理能力。显而易见，这些权力直接主宰员工在企业的发展命运，一旦被错误利用，会带来组织问题，因此企业需要对人事的权限加以控制和平衡。

- 业务权

  这是有关经理人在完成职能任务时所需要的权力，牵涉到各种对内对外的业务行为，包括计划、部门预算、采购、产品、定价/折扣、客户承诺、财务等的各种审批，定义"谁能够做什么"。

在企业运营中，大部分时间需要部门合作共同完成企业的任务。举个例子，某企业需要为工厂购买零部件，通常涉及生产、供应链和财务等部门才能成事。这时候各部门被授予的权力不仅会对自己部门发生作用，而且对其他部门也产生制衡，以避免彼此的权力过大而带来不可控的结果。

认清经理人权力的真正意义和内容后，我们还要理解它和责任的关系。

## 🎁 经理人的责任

正如前文所说，经理人的工作责任包括3个部分：目标、事和人。在第1章中介绍过目标导向之后，这里探讨一下经理人在业务和团队方面的责任，以帮助他们不断完善以上3个部分的能力。就我而言，我的"大拇指法则"（Rule of Thumb）就是在目标策略、业务执行、团队发展上各花上三分之一的精力，不落下任何一环。顾此失彼是我年轻时经常出现的问题，也许是脑筋不好使的缘故，我需要不断提醒自己。

## 🎲 业务管理——建立闭环系统

业务管理（Business Management）的目的是完成业务目标，以下内容是我总结的经验。我把业务管理分为以下3个"阶段"。

（1）在事前和上级共同确定目标（可行且富有挑战），制订相应的策略、工作方法和流程（有效且高效），组织和分配各种资源（人力、费用、资产）用以支援策略落地，然后针对目标和策略，制订具体计划和明确的KPI。

（2）在事中指挥团队确认各岗位的绩效目标和计划，按照流程协调跨部门执行，监控和跟踪进度，并且随时调整计划（或策略）。

（3）在事后比对业务目标和结果，利用各环节KPI表现进行复盘，检讨过失，论功行赏，提出改良方法，同时设定新的目标，再接再厉。

一流的业务管理是一个追求高效、可重复优化的闭环系统（Closed-loop System）。

像其他大部分系统一样，它具备输入（Input）、过程（Process）和输出（Output）3个要素。这些要素需要逻辑相通、因果相连，所输入的资源、策略和计划等才有机会通过合理的预设方法、流程、监控、调整等过程，产生预期的业务结果输出。

业务管理要支持企业的永续经营，光有系统属性还不够，它的方法、流程和制度等必须是可重复的，否则效率就会很低；另外，它又必须能被改良优化，否则就不能与时俱进、适应市场变化并保持高效。

没有规矩不成方圆，要做到可重复和可优化，没有标准不行。标准化能提高使用（Utilization）和复用次数，使人尽其才、物尽其用，也能为进一步优化提供比较基准（Benchmark），是业务管理中的重要元素。

除此之外，业务管理也必须是闭环的。策略和执行只有通过检讨、复盘，累积转化成为经验和知识，才能用来调整目标和策略，改良方法、流程和弥补执行的不足，甚至对整个业务体系模式做出重构。

业务管理还有一个特点，就是需要处理好企业中全方位的关系。经理人要做到以下几点。

- 承上启下，才能做到员工上下一心、利出一孔。

- 里外兼顾，才能让客户满意、供应商愿意合作。

- 分而治之，才能将工作分界，让不同部门各司其职、分工合作。

- 居中策应，才能指挥若定，为属下员工提供最强支援，临危不乱。

正如前面所说，经理人就像电影制片人，所有关于影片的事情几乎事无大小，都落入他的"雷达网"上。"承上启下、里外兼顾、分而治之、居中策应"，经理人在业务管理过程中，不但要向上级经理人（股东）负责，还要处理好跟自家员工、其他部门员工的关系，以及和各类外部企业（包括客户、供应商和合作伙伴等）打好交道，可谓非常复杂，需要极强的专业操守、知识、方法和技巧，才能驾驭得来。

依据现代企业管理策略，企业被分成销售、营销、运营、物流、供应链、生产、研发、产品、财务、法务、人力资源等各个职能部门，一般经理人负责某个部门（或部门内）的职能工作，资深经理人会负责多个部门，而CEO则对企业内的所有职能部门负责。

因此，经理人的头衔前面通常有一个形容词，用来描绘他所负责的业务职能（销售、市场、生产、供应链、IT等）。无论是销售副总裁、市场总监还是首席财务官，职位名称中最后的名词首先反映的是这是一个经理人的工作，前面的词用来描述经理人的类别。

一个很多经理人和企业负责人都有的误区是"演而优则导"，他们认为优秀的技术大拿一定是好的CTO（Chief Technology Officer，首席技术官），金牌销售一定是好的销售主管。事实上，经理人除了要懂得所负责的职能之外，还一定要对管理有足够的认识，然后才能根据业务职能的特点进行管理。对于经理人而言，职能和管理两方面的能力缺一不可，既不能对职能完全不懂，也不能只懂职能不懂管理。就好像优秀的演员不一定能成为好的制片人一样，制片人也需要经过专业学习和实践才能胜任。


## 管理团队——提高组织能力

经理人在推进业务管理的活动时，需要通过团队人员去完成具体的业务工作，因此，人是企业的最重要资产。但是由于人不同于机器设备或生产物料，不能被计算机程序或产品配方所控制，还会提出问题和想法，因此经理人需要对人员进行额外管理。

对团队进行管理的目的，是在每次完成任务的过程中，尽量减少因为人的差异带来的变数，使这个生产要素发挥出最大的效用。企业把这个能力沉淀下来，就会形成强大的组织能力（Organization Capabilities），事半功倍。

组织能力代表企业中各个员工的能力叠加起来形成的整体作战能力，是实现企业业务发展必不可少的元素，因此它必须是企业从业务目标和策略出发，在衍生出对员工技能的需要之后，通过员工的供应去满足的。良好的组织能力是员工技能供需之间平衡的结果。

企业要做到整体组织能力强大，人力资源部门起到流程和制度上的支撑作用，但它无法代替经理人的角色。CEO作为最高级别的经理人固然责无旁贷，其他各级经理人也必须为各自部门的组织能力建设负责，从下而上、从端到端。然而，许多经理人错误地把管理团队人员的责任加于人力资源部门身上，将本来自己应该做好的事情交给别人去做，无异于把经理人最重要的功能之一交给别人代为完成。

建设组织能力是一个周而复始的过程（见下图），企业目标不断更新，组织能力自然要相应调整，它永远都会吸引经理人的注意力。简单来说组织能力分为两个层面，一是员工，二是团队。建设组织能力的起点是团队。

建设组织能力：经理人的责任

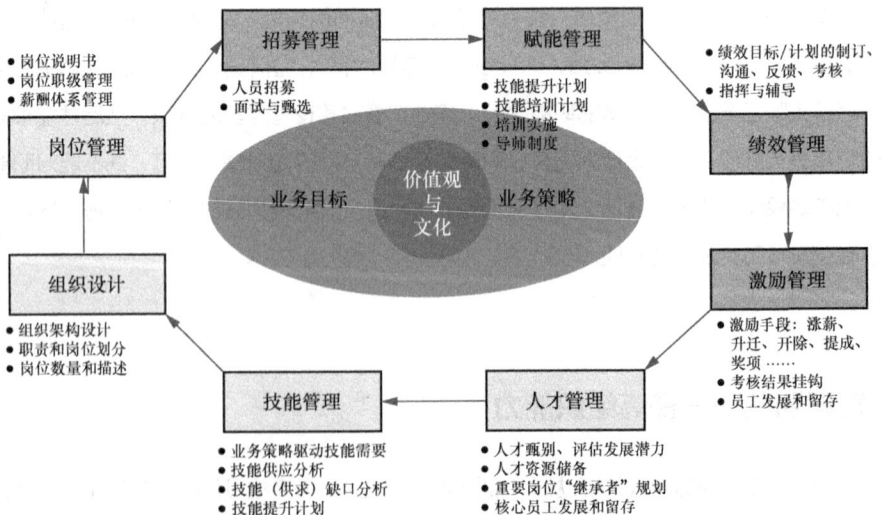

- 团队管理（Team Management）

为了满足业务发展需要，应对部门团队整体能力输出进行规划和落实。以下4项管理工作，经常会以一定的次序交错进行，互为影响。

（1）人才管理。对现有的人才进行甄别，起码围绕目前贡献和发展潜力两方面进行评估，形成人才储备"库存"，也是重点留存对象。另外，针对部门重要岗位制订"继承者"（Succession）或"板凳"(Bench)规划，也属于人才管理的范畴。

（2）技能管理。将业务发展要做的工作分解到所需的技能（包括种类和数量）层面，技能的定义（包括颗粒度大小）根据对业务影响的重要性来决定。另外，经理人将团队现有人员的技能加以梳理，形成技能"库存"（Skills Inventory），通过供求之间的比较分析，得出技能缺口（Skills Gap），重点跟进。

（3）组织设计。为了对业务进行有效管理，促进员工高效执行，经理人需要设计好部门内不同岗位之间的责任关系，将岗位和职责进行划分并加以描述，同时做出数量上的计划，引领人工预算制订和现有人员的角色分配。组织设计不一定每次从头做起，更多是周期性（如年度）进行调整。

（4）岗位管理。组织设计中出现人才缺口是常见的事，为了找到对的人，经理人需要对新的部门岗位进行详细描述（或更新），包括工作职责、内容，个人品质、技能、经验，以及岗位在企业内部的级别，确保反映出岗位在企业内部的合理位置。对于现有的岗位，经理人也需要做出周期性评估，以免出现相对不平等的情况，影响该岗位招募的竞争力和员工的士气。由于这部分工作涉及企业的所有岗位级别，通常需要人力资源部门参与。

- 员工管理（People Management）

在部门团队层面完成了"宏观"安排后，经理人要把如何让每个员工个人贡献最大化落到实处，在"选、用、育、留"等多方面进行管理。

（1）招募管理。在确定岗位之后，找到对的人是经理人最重要的工作。人力资源部门可以帮助筛选潜在的候选人，但是经理人用心的面试和甄选，会让后面的管理工作变得相对容易。

（2）赋能管理。企业很难期望员工一进公司就具备了所有需要的技能，况且在不断进步的企业里，员工的技能也不可能永远适配企业的发展需要，因此给员工赋能是一项长期的工作。有些赋能发生在企业层面，比如公司的整体运作或产品知识；也有些赋能是针对部门自身的职能需要，比如财务流程或者程序开发工具等。经理人需要分别统筹和协调好赋能计划，让相关员工参与。虽然赋能的目的是希望部门员工都达到同一水平，但由于每个员工的经验和能力都不一样，这就需要经理人对每个员工都加以留心。不重视赋能的经理人不会成为好的经理人。

（3）绩效管理。为了确保每个员工在执行任务时尽心尽力，又同时不跑偏方向，经理人需要跟每个员工定期"约法三章"，制订业务目标、重点工作内容/计划，以及考核标准，然后通过期望和结果的比对，对员工工作表现予以判定，判定的绩效将会影响员工从企业获得的激励和发展机会。绩效管理是经理人和员工之间一对一的承诺，也是彼此信任的基础。

（4）激励管理。和绩效管理紧密相关的是激励管理，西方管理崇尚"以功绩论英雄"（Merit System），绩效越好的会获得越多激励，相反绩效不佳的除了得不到激励外，还可能面临淘汰的可能。企业拥有的正向激励手段包括涨薪、升迁、奖赏、提成和更多发展机会，经理人的工作就是要善用这些手段刺激绩效，把每个员工的当前贡献最大化，让他们的潜力更好地被企业所用。它和绩效管理一起，是经理人直接影响员工输出的最有力"工具"。

优秀的经理人会想办法将团队每个员工的贡献和潜力最大化，同时在这个基础上，把所有人尽力拧成一股绳，发挥团队的最大能力为企业目标的实现做出贡献。当这种能力随着环境和目标的改变，依然不断重复出现时，就是一个经理人建设组织能力的最好体现。有关组织能力、团队和员工管理的题目，将会在后面展开更多讨论。

我建议年轻人在考虑是否踏上经理人的发展道路时，看清它的工作本质，明了权力与责任的关系。只看到经理人的权力光环而不了解它的责任重担，就像凭着照片去相亲一样，容易希望越大失望越大。年轻人在进入职场前要明白"演而优则导"不是唯一的职业选择，在越来越多的企业里，专家型的职业发展路径同样可行，年轻人应当按照自己的兴趣和能力进行选择。

遗憾的是，对经理人工作的一知半解并不是只出现在刚进入职场的年轻人身上，就算是职场"老鸟"也屡见不鲜。我在辅导初创企业的数年里，跟很多来自"大厂"的创业者合作过，发现不少曾经是二三线经理人的高管，管理水平着实不敢恭维。他们对管理内容和权责的认知缺陷，也侧面反映出经理人作为重要资源在我国企业中的稀缺性，经理人的能力亟待提高。

# 8　分工与合作

## 分工与合作水平是优秀管理的标杆

教科书上对管理的定义是"任何组织通过计划、组织、领导、指挥（监督和协调）和控制（调整）等活动，去达成预先制定的目标"。很多人看了之后会问，企业要如何才能做好这段学术味道浓厚的定义中的各种活动，有没有什么秘密要诀可依循？优秀的企业管理背后又有什么共同特点？

有人说是人才，如果每个岗位都有"高手"的话，这些活动自然能办成；有人说是领导力，这样我们便能在活动过程中克服困难、挑战不可能；有人说是创新，因为它能让员工更有想象力，寻找活动的新方法，突破旧边界；有人说是高标准，因为活动要求越高，越有机会做出超越别人期望的东西；也有人说是执行力，因为再高明的策略也要通过高速高效的行动才能产生活动期望的结果；还有人说是企业价值观、文化氛围、专注（"长期主义"），甚至聚焦到CEO的个人魅力身上。

固然以上要素都分别成就过不同的优秀企业，比如IBM和惠普等曾经人才辈出（成为其他企业的领军人物），苹果、谷歌和美国西南航空公司等当年是创新的代名词，GE的"行业非一即二"的高标准被很多企业奉为管理的最重要原则之一，富士康和华为等则以强大的执行力硬生生地做成行业第一。这些企业也无一例外拥有适配的价值观和文化，长期专注于自己认为对的事情，也在不同的时代中出现过出色的CEO。

这些要素长期占据着各种管理文章的标题和经管类书目，但是有一个极其重要的要素，则很少得到大家的注意——"分工与合作"，这听起来更像是团建时的一个口号，或许是因为这个词有点过于平凡，毕竟它已经存在了数千年，可能像空气一样被人忽略了，不过假如你仔细想想它背后的道理，就会知道分工与合作和企业成功的关系密不可分。

人类是群居动物，从最早的打猎活动开始，分工与合作存在了数十万年，是人类为生存目的而发展出来的最重要的核心能力之一。今天，社会组织的分工更为精细，所需要的合作程度自然水涨船高。

依据现代企业管理策略，企业被分成若干组织和/或职能，包括财务、人力、销售、营销、运营、物流、供应链、生产、研发、产品等，目的是把具有共性的事情通过重复"想清做精"，从而达到"多快好省"的结果。无论是怎样的企业价值观和文化，都需要将企业的任务分解或分工。不管是谷歌、苹果、奈飞、微软、华为、阿里巴巴还是富士康，虽然它们的企业文化和工作风格各有不同，但都是为了让员工最大程度发挥自己所长，贡献自身的力量。

但是在分工之后我们会发现另一个问题，在企业内部没有一个部门能够独立完成目标。销售部门不能没有产品或交付支持，研发部门不能和市场脱钩，财务报表（好不好看）需要各部门通力配合，运营部门不可能跟售后部门老死不相往来。

事实上，企业中各个部门和岗位之间都存在着互相依赖的关系，各个职能之间需要合作起来才有机会把事情做完：越是合作无间，完成效率越高；越是我中有你，完成效果越佳。无论是什么样的组织管理方法（像最近流行的"阿米巴"和"部落"制），还是研发部门喜欢的"敏捷"方法，抑或是严格的"军事化"和传统的"层次式"管理等，目的都是通过不同理念让员工们更好地合作起来。

这貌似谁都明白的道理在现实中出问题却是屡见不鲜，就在我写这段文字时，我辅导的一家互联网大厂刚推出一款面向企业的营销软件，客户成功部门发现客户使用情况很不理想，却无法有效地得到销售（渠道管理）部门协同去解决问题。另一家"独角兽"企业的销售和交付团队，则总是在埋怨对方"没有好的产品"和"不会卖东西"，而不是一起寻找自身不足的地方加以改进。

企业的成功30%在于策略的优越性，70%在于执行的速度与效果。策略做到80分已然不错，但是执行必须要做到100分。无论身处哪一个部门，企业的执行都由两部分组成：一是本部门把自身的工作妥善完成；二是各个部门一定要学会彼此合作，否则企业目标无从达到，就算能达到也一定是低效或到处是"坑"。

要判断一家企业是否成功和管理水平是否够高，固然是要看它的业绩能否持续向好，以及部门的各项运营指标是否"靓丽"，但是在背后支撑着这个"成绩单"的，一定是企业分工与合作能力。就算企业能网罗天下人才，如果只分工不合作，事情也无法办成，演变下去可能是互相推诿，又或者是各做各的，形成重复劳动，这些都是企业经常出现的问题。

有些企业为了减少对部门合作的依赖，奉行"端到端"的事业部（或"阿米巴"）制，从产品到市场都由"一个团队"负责，实际上只是把需要合作的层次推到部门之内而已，需要合作的本质并未改变。相反，一家企业拥有清晰合理的分工，而不同部门之间又能够无间合作的话，质量和速度都会有所保证。

简单来说，企业的管理水平越高，代表它的分工与合作能力越发成熟可靠。

## 分工与合作为什么那么困难

在我的管理生涯里以及最近的企业辅导中，都有一个奇怪的现象，就是在策略上企业都想和行业所在的生态圈进行合作，优势互补，甚至专门设立高级管理岗位负责此事。但是当这些同事回到企业想要落实对合作伙伴的承诺时，则遇到内部的各种阻力，部门之间配合起来费尽九牛二虎之力，甚至半途而废。

试想一下企业连"自己人"之间的合作都没有做好，又如何能够跟"外面的人"（本质上是各为其主的）成为真正的伙伴？这些企业愿意为生态圈合作设立专职负责，却往往忽略了自身部门间的合作并非与生俱来；在打着重视管理的旗号的同时，不少经理人将团队的分工与合作看作理所当然，以为会自动发生。分工与合作之所以难实施，最主要的原因是经理人忽略了它们内在的难度，没有花足够的精力去克服它们。

首先，轻视分工与合作的难度是问题的表征，不理解它们的本质才是硬伤。很少人注意到一个简单的事实，分工和合作其实是两件截然不同的事情，甚至有时候会"对着干"。一方面，分工越细，要办成事情的中间环节越多，需要花在合作上的精力自然越多；另一方面，端到端的"一条龙"工作方式固然可以节省合作的无形成本（解释、说服、配合等），但也会损失因分工带来重复专注的好处（效率和效果提升）。因此，分工跟合作必须相辅相成，需要先分工各司其职，后合作无缝衔接。

如何避免过度分工导致难以负荷的合作成本？如何在减少合作成本的同时保留分工带来的好处？在合作成本和因分工而损失的效率/效益之间实现平衡，是管理的关键所在，也是经理人最重要的工作之一。

其次，分工与合作是人的问题。企业的事情都由人完成，分工要求员工专注自身业务，发挥工匠精神，合作是在这个基础上把别人的工作成果跟自己的分工部分对接产出下一阶段（或最后）的成果。然而人是高度个别化而复杂的动物，性格、经验、动机、情绪、风格和能力，最少这6个方面的因素都能够直接影响到人与人之间沟通的质量和效率。当这些个人特点在分工和合作过程中的任何一个环节出现问题时，便需要额外的精力去解决。假如双方都没有意识到这些差异而各持己见的话，更可能以不欢而散告终。

这些因素大多没有对错之分，只有"合适"与否。有些人只对业务精通但不重视合作，有些人很会协同但是业务能力不行，甚至是两者皆缺，都不是"合适"的人，而"合适"的人无论在自身分工的专注度上还是和别人合作的质量上水平都会很高。

由于人的多样性，企业需要以各种方法帮助部门和员工分工与合作。合适的企业价值观和文化在最大程度上将同类人聚在一起。除此之外，企业还需要其他的"法"和"理"去指导人与人、部门与部门之间的协同，这就是企业的使命、愿景、目标、方法、规则、原则和流程等十分重要的原因。

使命、愿景和目标给企业中的所有人赋予存在和参与的意义，将所有人凝聚在一起，并且在部门和整体出现不协调，或在短期和长期之间出现矛盾时，引领大家朝同一方向前进。方法和规则指导企业人员如何合规和高质高效地完成分工的职能，做到各司其职，站好自己的岗。原则和流程则通过业务运作的全盘考虑，从端到端勾画出各部门和人员间如何对接，做到合作无间，输出最终的业务价值。从另一角度来看，企业管理实际上是用来指导我们如何分工与合作的手段。

经常看到一个现象，在企业业绩不好时，销售人员会吐槽研发的产品不行，研发人员则认为销售人员在工作中只靠关系，没能突出产品价值。在大多数的情况下他们各有不足，各自都有提升空间，他们将合作没有产生应有业绩的原因归咎于对方的不力，而不是先从自身寻找原因，没有真正做到各司其职。

分工过细有时候也会让各司其职变得困难，尤其是在庞大和臃肿的组织中，参与的部门和人太多，往往会导致责任不分明，员工容易"隐身"，选择性做些对自己有利的事情，避开容易"背锅"的工作，这些都是分工与合作困难的常见原因。

流程的作用前面已经说过，流程是指导分工与合作的必然手段。流程的精细度没有绝对的要求，需要配合企业的规模大小、业务复杂度和发展需要制订。有些人认为企业最重要的是人，应当赋予他们最大的自由度，因此流程并不重要，觉得流程会拖慢人的脚步，甚至影响人的积极性。

这些人认为流程是官僚做派的元凶，但是实际上官僚做派是人和流程错误交汇的产物（见下图）。官僚做派确实是企业成功的常见阻碍，它为什么会出现，如何认识它的存在并打败它，我们可以通过以下3种情况来分析。

| | 缺乏流程 | 适当流程 | 过度流程 |
|---|---|---|---|
| 合适的人 | 匹夫之勇 | 高效合作 | 官僚做派 |
| 不合适的人 | 一盘散沙 | 官僚做派 | 极度官僚做派 |

（1）在缺乏流程或流程缺失的情形下，就算有最合适的人，都可能事倍功半，变成匹夫之勇。万一碰到不合适的人，企业轻则变成一盘散沙，重则被自私之人绑架，结党营私，牟取个人私利。

（2）当适当的流程碰到不"合适"的人时企业会出现官僚做派，有些人会利用管理制度和规章来方便自己，而不是成就企业，这本质上是人的问题。不"合适"的人怕担责任，会保护自己的利益，甚至捞好处，最坏的是弄权（不随我就不合作），无论是哪一种情况都是把自己的利益置于企业和团队之上，结果往往是制造了"部门墙"。

（3）企业将管理制度和规章过分细抠，超过企业经营所需或能承受的颗粒度也是常见问题，比如没有那么多的人手却把事情做得过于精细，还有过分的控制和没有合理的授权等，都会造成官僚做派，就算是合适的人遇上了也会因过度的流程而窒息，发挥不了自身的作用。和缺乏流程一样，过度的流程也很容易被不"合适"的人利用，变成不作为的最佳工具。

企业还有一个经常出现的管理误区，就是盲目追求速度。"天下武功唯快不破"这句话备受吹捧。速度固然重要，但是何谓企业速度？学理科的同学都知道，物理学上有标量和矢量之分，标量只有大小，矢量除了大小之外还有方向。速度在物理学中属于矢量，是带方向的，没有方向的只能称为速率。所以当企业在追求速度的时候，方向一定要正确，否则跑得越快离目标将会越远。

有些企业管理者为了追求速度，错误地将漏洞当作速度，轻率地跳过一些"对"（必须做）的工作，以为可以节省时间，实际上为企业留下不少的"坑"。有些人为了短期成功甚至是故意为之，以为打着"不拘小节"的速度旗号就没有人会注意。但是"出来混早晚都要还的"，到头来东窗事发，企业既要"补锅"，赔上更多时间和精力，又会让精诚合作的人心灰意冷，在关键时候打击团队士气。

## 🔶 如何做好分工与合作

要明白这个道理，企业在快之余还要注意做"对"的事情，包括方向和内容，不能只是简单粗暴地满足某些数字、KPI和时间要求。有质量的速度不应该给企业留下将来要填的"坑"，真正的速度是企业各种能力（技术、产品、销售等）并发出来的合成结果，这些能力只能通过分工后的精细化和工多艺熟，加上合作时的互补力和快速响应，不断打磨而成。

真正的分工与合作是要以最快的速度做"对"的事情，做到"多快好省"。无论你是统领三军的CEO还是某个部门的经理人，你都要想尽办法让你的成员和其他团队做好分工与合作，做那个"合适"的人。以下几条是我作为过来人的经验，跟大家分享一下。

● 客户为本

企业赖以生存的手段，一定和满足目标客户有关。满足外部客户很容易理解，但是就算是后勤职能部门，也要明白你的工作结果最终会影响到外部客户。

为了将企业里的所有部门连成一体，所有部门的业务目标都需要跟外部客户关联在一起，每个部门的员工都需要明白他的工作如何通过其他部门最终影响到外部客户。如何服务好其他部门，使其他部门能够服务好他们的其他部门，并最终满足外部客户，是一种需要贯彻整个企业的客户为本思想。

无论什么部门，经理人都需要明白内部客户与外部客户的关系，认清自己的内部客户是谁，其又是谁的外部客户（见下图）。

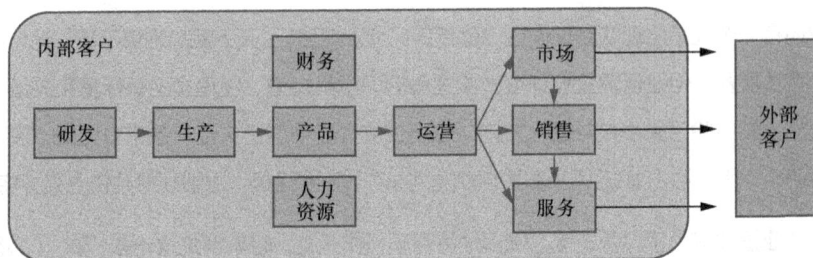

将你的合作部门当成内部客户之后，你会突然发现自己变得更有耐心、态度更好，你的同理心会让你试着去理解他们的职责和期望，并且努力去满足。你的输出不会止于工作流程的要求，也不会那么介意职权的边界。最重要的是，你会对你所产出结果的质量更为关心。

我的经验告诉我，一旦经理人开始"客户"的思维，会看到一个不一样的世界。以不同的方式跟内部客户进行合作，是打破官僚做派的好方法。

● 反省自身问题

自省是一个特别好的工作习惯，能帮助我们发现自身的问题，然后加以纠正。不过自我保护和懒惰这些常见的人性弱点，在一个需要合作的环境里很容易不自觉地渗入工作中，让我们无法看清问题所在，无法找到提升合作水平的关键。在失败时我们的第一反应往往是更喜欢在别人身上找理由，下意识地把责任推给其他人。

我常常在检讨工作（任何大小事情）时听到员工抱怨"某个部门不合作"或者"我已经

做了这些和那些……"，暗示失败的原因跟自己无关。我会通过反复提问题去剖析谁该做什么，有没有做到和做得好不好，从中寻找不完善的地方。在绝大多数情况里，我的盘问会揭示出大家各有责任，只是轻重不一而已。

如果团队和个人没有自我检讨的能力，动辄要依赖其他人寻找问题，管理和合作成本将无限提高。相反，能够养成主动自我反省的习惯，不先入为主地断定自己是"对"的而别人是"错"的，以道理和事实为判断标准，将会大大提升团队和个人的合作水平。

● **合理分工、各司其职**

分工是管理者的一项重要工作，它把企业完成目标所需要的各种任务按照不同的逻辑（职能、技能、流程顺序等）分开，通过重复专注以达到高效。除了为了专注之外，企业分工的另一作用是部门或角色之间的互相制衡，再通过流程和制度（审批、预算等）避免重大错误发生。

以部门划分责任是最显而易见的分工方式，但其实两者没有必然关系。比如在小企业里可能根本没有人事部门，但是人力资源管理作为一项重要任务还是需要有专人负责，这时候这个岗位可能会放在行政或者财务部门里面，所以部门不是分工的先决条件。分工的原则是任务的重要性，要确定什么任务重要，需要什么岗位，而这些岗位又应该设置在什么部门之中最为合理。

企业分工可粗可细，需按环境和自身条件来制订，平衡好颗粒度和执行速度。但是无论颗粒度如何，都需要包括"对的"和重要的事情。合理的分工既要支持企业目标的完成，又不能留下漏洞。就像拍摄新闻照片一样，专业相机和手机虽有像素与摄影效果的差别，但只要摄影师使用得当，也足以捕捉到最真实的画面。摄影师唯一不能做的，是利用后期技术处理改变原来的场面去达到更好的"人造"影像效果。

合理分工之后便是各司其职。顾名思义，各司其职就是每个部门的人员都要守住自己的岗位，尽自己应有的本分，但是这并不足够。在优秀的企业里，经理人和团队不能一成不变，需要时刻对部门外和企业外的环境保持高度敏感，不断寻求进步，精益求精，否则会成为"拖后腿"的人，妨碍企业发展。

● **方向一致、目标导向**

企业为目标而生，合作是把企业中的所有人串联起来为企业的目标服务，所以企业的整体目标是指导部门和团队如何合作的重要指南。我们都知道企业的整体目标需要被分解为各个部门的小目标，但有时候部门之间的小目标未必完全兼容。为了完成整体目标，合作需要部门在某些场合牺牲自己的小目标，这说起来理所当然，做起来却非常困难。

举个例子，某企业的销售主要KPI和OKR是业绩营收最大化，为了签单，销售人员愿意顺从客户把价格压低因而影响了毛利，而产品部门可能是该企业的利润中心，毛利是第一KPI和OKR。这时候我们经常会看到销售和产品部门为一个单子的价格闹得不可开交。

企业为了解决这个问题可谓绞尽脑汁，最常见的方法是尽量把部门的小目标做到彼此兼容，"你中有我、我中有你"。以上面的例子来说明，管理者可能将销售目标定为两层，首先是营收，其次是毛利；相反，产品部门的目标则定为先是毛利，然后是营收。这样做的目的是希望各部门既专注于自己的小目标，又尽可能保持彼此之间目标的一致性。

但是即便如此，再完善细致的部门小目标，彼此之间都不可能（也不应该）做到完全一致，否则就会失去部门分工的意义。在出现分歧的时候我们需要部门经理人和员工站得更高，以企业的整体目标作为彼此的共同目标，以及行动和决策的依归。

这句话说起来容易做起来困难，毕竟"盯好自己的一亩三分地"是很多职场中人的座右铭，但是如果在有需要时能够在"各家自扫门前雪"之上，把"公家的雪也扫清"，则会在强化合作的同时，为团队和个人争取到更多信任，对合作有百利而无一害。

- 流程高效、善用原则

管理的目的除了达成目标，还要达到一定的效果和效率。销售人员签单拿提成不能代表什么，能够在既定时间内获得高毛利的收入才最有用；研发人员能做出产品没什么了不起，能够在市场风口来临前交出优秀的产品才对竞争有益。

为了减少人为因素影响，让对的人在对的时间做对的事情，企业需要更系统化运作，于是管理流程应运而生。好的流程覆盖企业运作大部分情况的需要，可让合作标准化，减少错误和缩短完成时间。

系统化运作就是将所有事情看成不同系统，每个系统都由输入、过程和输出三部分组成，通过清晰稳定的输入，标准高效可重复的过程，输出可以预期的结果。

企业管理流程就是一个由多个子系统组成的大系统，是以科学和标准方式，将各种完成目标所需的分工任务（子系统）串联起来。每个子系统的输出会成为下一个子系统的输入，如此类推，直到整个流程的大系统最后输出为止。

好的流程不一定复杂，但一定是一个好系统。流程虽有部门内和部门外之分，但同样重要，其中输入的标准、过程顺序、过程范围和具体行动、输出的期望结果、负责人、时间等都需要被定义清楚，这样有利于员工遵守和执行，有助于培训和演练，能做到熟能生巧、功多艺熟。

但即便如此，流程的执行还是充满挑战。分工和合作本来就是矛盾的，分工再细致、流程再完善都不足以满足所有场景，也解决不了所有异常情况的合作问题；分工太粗则难免出现混乱、无人（愿意）负责的"真空"地带（见下图）。无论是哪种问题出现，都可能导致合作的各方陷入"死循环"，来回不断的讨论（或推诿）会让流程停滞不前。

管理的基础——一致导向、分工与合作

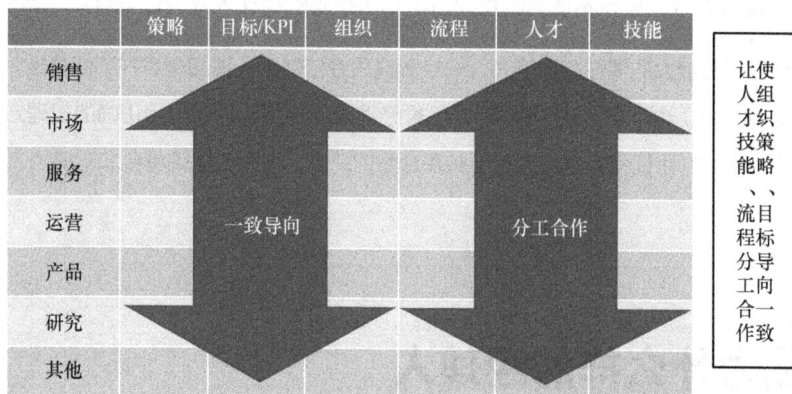

再加上个体的差异性、人性的弱点，以及不"合适"的人伺机而动这些人为因素，就会产生更大杀伤力的官僚做派了。所以，流程的执行不能一成不变、墨守成规，经理人和团队需要善用原则（道理），以事实为基础，再加上一定的灵活性，去做出最佳的例外判断。

● 经理人负责协调和串联

经理人在管理分工与合作上的作用尤为重要，直接影响到团队乃至整个企业的"作战"能力。对外，经理人要和其他部门共同设计合理的流程和分工；对内（自己的团队），经理人要解释整体流程的作用和部门流程的角色，主导部门内岗位分工。

成熟的团队具备自行化解问题的能力，但不是每个团队都是成熟的。在遇到流程的异常例外、责任不清和停滞不前时，经理人要善于观察，懂得挺身而出，责成或帮助团队做出正确判断，协调部门内外的各合作方，及时解决问题，避免事情被拖延。更重要的是要凝聚团队氛围，唤醒合作精神，否则时间久了容易产生官僚做派。

## 🔧 为管理平反——勿把管理当官僚做派，却将漏洞视为速度

经常听到有人埋怨自己东家管理过于官僚化，久而久之对管理产生了偏见，视之如同官僚做派，否定了管理的本意和作用。一些人为了追求高效，往往把管理上应该把控的地方放过，因而形成了漏洞，却忽略了通过正确的管理方法（例如流程设计、分工与合作、客观决策、团队激励等）去提速。

事实上管理只是一门应用科学，是帮助企业完成任务的"工具"。一家企业管理的好坏，很大程度上跟经理人（包括CEO）对管理的认知、重视程度和自身能力有关，经理人越强则管理越好，所以每当我们听到经理人吐槽自家企业的管理水平时，其实是在"打自己的脸"。管理不等于官僚做派，只有不适当的管理方法和水平差的经理人才会让官僚做派落地生根。

官僚做派具有很大的惯性和影响力，一旦形成后会依附于人性的弱点并不断蔓延，就连初创企业（那么有活力）也难逃它的"魔掌"。优秀经理人的责任，除了运用正确的管理方法，还有应时刻观察，及时制止任何官僚做派的苗头在企业内萌生，否则要摆脱将会非常痛苦。

# 9 成为什么样的经理人

## 🔧 职业经理人

我们经常听到某些称谓被冠上"职业"的前缀（职业×××），但是在更多的其他工作上又没有"职业"两字，究竟是什么原因？我发现这很可能和其职业属性是否明显有关，医生、教师、律师、会计员、保险员等职业，很少有业余性质，不需要"职业医生"或"职业教师"这样的称谓；相反，作家、运动员、演员等类似职业，由于有不少业余"爱好者"，我们往往会在前面加上"职业"两字，以凸显这些从业人员以此谋生的职业性质。

在英文里，职业作家（Professional Writer）、职业运动员（Professional Athlete）、职业演员（Professional Actor）等的第一个词是"Professional"，含有除职业以外专业的意思。而

其他如职业外交官（Career Diplomat）等的第一个词则是"Career"，代表长期的事业。所以"职业"一词除了用来反映赚钱谋生的工作技能之外，还有两个很重要的特性：长期性和专业度。

回到企业管理范畴，我们也肯定听过"职业经理人"（Career 或 Professional Manager）这种说法。运用上面的同一个逻辑，职业经理人应当是一个能用来赚钱的专业工作和长期事业。但是话又说回来，职业经理人这一说法在我国还不流行，它到底是不是一个"可行"的职业？它的技能是否能够用来长期赚钱，以作为谋生的工具？它又是不是一种专业？

看看职业外交官的例子，无论出使到哪一个国家，国情有何不同，他外交的工作性质和方法始终不变。同样，职业经理人无论被调派到哪个部门，职能虽有不一，他所从事的管理工作的性质和方法实际上是一致的。管理中的计划、组织、领导、指挥（监督和协调）和控制（调整）等活动所需要的技能，都需要在不同部门中使用。

所以对于以上问题我的答案是肯定的，但是我国很多职场中人对此并不肯定，他们对职业经理人的工作本质的看法并不一致，有的把它看作一个更"高级"的头衔，有的看到的是它带来的权力，只有一小部分人认同它的职业和专业性质。

举个例子，某企业的财务部总经理，应该是个总经理级别（权力很大）的专业财务人员，还是负责财务部门工作的专业经理人？如果你选择的是前者的话，财务专家才是这个岗位真正但隐形的名词，名片上的"总经理"实际上更像是描述"权力大"这个属性的形容词。而在后者中，"财务部"是个形容词，"总经理"是个名词。同一个头衔，不同企业和不同人会有不同的看法。

不同意职业经理人说法的会提出，不同部门需要不同的技能知识，尤其是像技术、财务、生产等一些专业性较强的职能，甚至需要资质认证上岗，所以这些部门的经理人应该先具备专业知识才能胜任，管理是次要的。在这样的情形下，我们要问的是，到底是职能知识、还是管理知识更为重要？

对我来说，部门经理人的职能和管理方面的知识与能力同样重要，但是级别越高的岗位对管理的要求越高，所以职业经理人被"空降"到另外一个部门是可能的，尤其是负责范围越广的岗位。

职场中人如何定位自己的事业方向自然有其自由，专家型的经理人事业发展方向主要集中于职能线上，而职业经理人的可能性更多，原因是他们有机会接触到更多的业务职能，得到企业各个方面的历练和表现机会，这两者的发展路径并不一样。在许多大企业中，不同职能部门的轮换制度，是培养高级经理人常见的做法。

著名的蒂姆·库克（Tim Cook）就曾经在不同企业〔IBM（国际商业机器）、Intelligent

Electronics（智能电子）、Compaq（康柏）和苹果］分别管理过PC（个人计算机）制造、分销、材料采购、产品库存等职能部门，还担任过COO（Chief Operating Officer，首席运营官），最后才登上苹果的CEO位置。曾被誉为"最受尊敬CEO"的杰克·韦尔奇（Jack Welch）则在GE分别从事过塑胶事业部和化学与冶金事业部的工作，凭借其出色的管理能力最终获得董事会的青睐。我国民企职业经理人中的佼佼者还不多，阿里巴巴的张勇是一个很好的例子。他从普华永道的审计和企业咨询工作起步，做过游戏运营商（上海盛大网络发展有限公司）和淘宝网的CFO（首席财务官），继而成为COO并且扶摇直上，集阿里巴巴董事局主席、CEO与创始合伙人于一身。这些成功的CEO无一不是职业经理人事业发展路径的最佳范例。

职业经理人能做到的最高级别就是CEO或董事长了（之后就是从小企业做到大企业、转行投资、著书立说），但是就算是CFO、COO、CIO（首席信息官）、CTO（首席技术官）、CMO（首席媒体官）、CHRO（首席人力资源官）、CPO（首席产品官、首席流程官）或其他现今流行的各种CXO，首先都是个经理人，然后才是该职能的"专家"。

当然，如同一些国家的职业外交官在去一个新的国家上任之前要熟悉（学习）该国的事务一样，职业经理人在被派到一个新的部门时（除非它需要某些职业资质才能被委任），也需要尽快学习该职能的相关工作知识，快速掌握部门业务，所以优秀的职业经理人必须具备好学不倦的精神和超强的学习能力。

职业经理人这个概念是行得通的，能走多远视个人的目标、兴趣和能力而定，前提是你在管理上要做得够精够专业，并抱着长期耕耘、不断打磨的工匠精神。

任何专业都有4个维度，分别为操守、知识、方法和技巧。

操守代表专业的最低道德标准，它表示专业最基本的存在意义，比如医生的救死扶伤、律师的匡扶正义、运动员的公平竞争。同样，职业经理人存在的意义，在于通过管理为所在企业带来合理的价值，在企业承担相应社会责任的同时保护企业的名声，同时吸引更多人加入。而支撑它的存在意义的最低道德标准，在我心目中是忠诚、诚信和公平。

任何专业都建立于多种相关的专门知识之上，而这些知识体系大都需要通过正式培训（或学习）获得，职业经理人亦然。在被接受成为专业人士之前，职业经理人需要摄取大量相关知识作为支撑，才能在工作中输出预期的结果，为企业解决问题。在服务老东家的20多年中，我做过8个不同的业务和职能部门的管理工作，接受过从初级到最资深经理人的各种培训，一边学习一边贡献我的力量，不断复盘、不断打磨我的管理知识。

但是专业不只是种态度，操守和知识也不足以成就专业，还需要专业的方法和个人技巧。

为了每一次都能得到质量相当的预期结果，专业需要具备高度的可靠性和可重复性，不能像武侠小说中的"六脉神剑"，时有时无。要做到这点，专业都有属于自身领域的一套科学、规范和细致的工作方法，用以解决该专业领域中的业务问题。在职业经理人专业中，工作方法包括制订达成业务目标的策略，将业务过程分解成相对标准的流程，对团队成员的选、用、育、留等机制，等等。不断打磨和提升这些方法，为企业业务结果的质量提供最大程度的保障，也有利于培训和传承。

即便有了最好的方法，职业经理人遇到的每个业务场景和每个员工也都有特殊性，会需要一些特别的个人技巧，帮助从业者更有效地完成工作过程。和律师的说话逻辑、医生的手术窍门、老师的辅导方式，以及演员的表情运用等一样，职业经理人也需要懂得如何沟通，凝聚团队和激励个人，还要发展出个人的管理节奏，这些都能在工作过程中起到润滑作用。职业经理人要掌握的工作技巧有很多，纵然有培训或过来人分享，但真正能运用自如还需要依靠自身不断揣摩、演练和累积经验才行。

同样的业务问题（比如说达成收入目标）对于不同的部门而言有不同的重点（销售和生产从不同角色角度为企业增加收入做贡献），同样的人事问题（比如薪资和人员去留）对于不同的员工有不同的处理方式，处理这些问题时既要有原则，同时在方法和技巧上也需要有变化。企业的规则不可能覆盖大大小小所有事情，不同企业之间也有差异，要做到面对各种问题游刃有余和处变不惊，不能单从理论出发，必须结合实际情形，不断打磨和重复演练。这意味着职业经理人要经历足够多的场景，因此管理是一个做到老、学到老的职业。

长期主义和工匠精神是职业经理人这个专业必不可少的基本素质。如果你对待工作不认真、也不喜欢长期专注某个事情，职业经理人这项工作也会让你难受。既然是一辈子的事业，职业经理人便需要对角色有自己的定位和判断，发展出自己的个人管理理念和风格，帮助自己在不同环境与情境中做出最正确的决定和行动。

说得直白一点，职业经理人需要想清楚自己要成为什么样的经理人。


## 📦 建立个人管理理念

什么是个人理念？它是人类对要描绘的事物的综合思考，是在总结多种经验和观念（主观＋客观）的基础之上形成的个人理论框架。任何个人理念在脑子里都有一系列具体鲜明的形象，它不是模糊的概念，而个人会以此作为衡量对错、好坏与优劣的标准和行为准则。

放在职业经理人身上，它包含了个人对管理工作的本质、任务、权责等的理解，对自身价值观和人性的看法，再结合当前所服务企业的实际情况（包括价值观、文化、使命、原则、规矩等），形成的对管理活动的看法和做法，可称为个人管理理念。这中间包括一套个人认为"正确"的待人处世的原则和逻辑，用来帮助决策，决定有所为有所不为，是职业经理人言行的指南（见下图）。

个人管理理念的形成

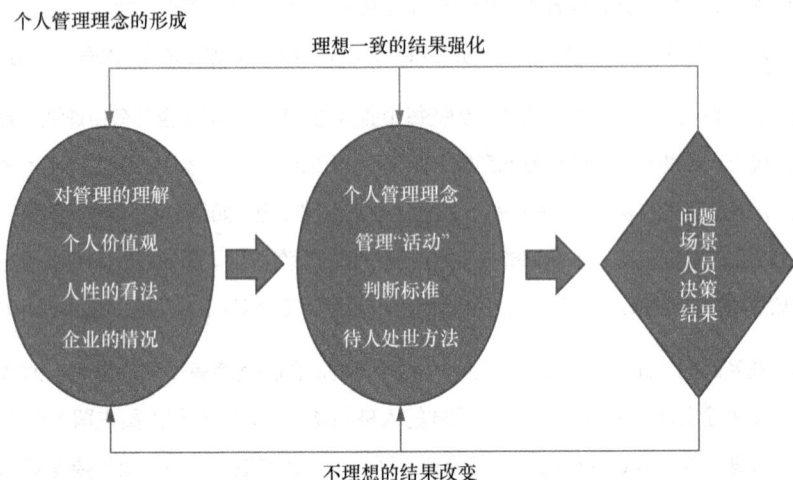

理想一致的结果强化

对管理的理解
个人价值观
人性的看法
企业的情况

个人管理理念
管理"活动"
判断标准
待人处世方法

问题
场景
人员
决策
结果

不理想的结果改变

个人管理理念形成以后，会被应用到各种问题的处理上，获得的结果会被吸收，进而强化或者改变原来的理念。管理理念形成得早，哪怕个人对某部分的看法不完善，它也可以通过个人不同的经历得到提升，当中的前提是个人愿意学习进取。到了后来个人经历越多、工作时间越长，管理理念会越发完整，应用的结果也会越来越理想。而当经理人从一家企业或一个部门离开去往别处时，他只需要对新企业或部门的情形加以了解分析，便能将管理理念适配于新的环境之中，周而复始。

本书前面几章讲的管理的目标导向、法理情与情理法、服务员工、权力和责任、分工与合作等，正是为了帮助读者加深对管理的理解。经理人对管理理解的程度如何，会决定他如何更好地帮助企业达成目标，如何行使岗位赋予的权责，如何处理和员工的关系，还有如何做出最"正确"的判断和决定。

这方面的理解再结合个人价值观、对人性的看法和所在企业的情况，并经过自己思考归纳，便会形成个人管理理念。个人管理理念必须包括这4个部分的融合，才能做到适合自己、企业和员工。

经理人的管理理念虽然是脑子里的东西，但是形之于外时会通过两方面让其他人"看见"，一个是经理人的能量来源，另一个是他的管理风格。

# 能量来源（Source of Power）

这里说的能量不是指经理人的生理或身体的能量，而是指他动员团队、驱动业务时所需要的自信和能量。试想一下，如果经理人在做事时缺乏自信和能量，很难赢得同事的信任和尊重，也很难驾驭自己的团队，更遑论推动业务的有序进行。

一个优秀的经理人总是能够表现出对自己专业的自信，在其背后一定有一个能量的来源，能支撑起经理人这个角色；而这个自信和能量的来源，也一定和自己相信的管理理念密不可分。管理理念越是扎实清晰，经理人的自信心也越发强大。

不同的管理理念，会让经理人产生对不同能量来源的倚重，一般来说经理人的能量来源有以下4种。

- 以权服人

这是传统概念中经理人最基本的能量来源，但凡提起管理的时候最容易联想到的就是岗位的权力。事实上每一个管理岗位确实都被赋予相应的权力，用来帮助经理人更好地完成工作，不过这些权力只能用在岗位之上，而且与责任匹配不多不少。当然，经理人的级别越高，他的岗位权力会越大，但是这种权力的特点更多是用来限制员工（和别的部门），确保他们不会"越轨"或依从经理人的想法行事，而不能够发挥员工最大的能动性。在极端情况下，使用权力有时候会出现矫枉过正，甚至是以权谋私的情形，对经理人的理念是一种考验。

- 以恩服人

有些经理人喜欢以奖励的方式去吸引员工，赢取他们的信任和跟从。固然现代企业十分重视对员工的激励，为此提供了包括和绩效捆绑的薪资奖金（和销售提成）及事业升迁等在内的相应措施，去达到"以恩服人"的效果。这种方法有一个不足之处，那便是只对自己的员工有效，很难用在别的团队身上。

有些经理人会在企业提供的手段之上加上例如"只要你跟我好好干，有好机会会照顾你"，又或是"我会帮助你事业走得更远"之类的个人"恩典"，引导员工为自己效劳。这样的方法对不少员工是很有吸引力的，只是需要谨慎使用，不能用在所有员工（尤其是那些表现不好的）身上，更不可以把话说满了，以免到时候兑现不了。过分或随意使用这种方法，很容易出现"一碗水端不平"和"偏心"的情况，导致失去效果。

- 以理服人

  "理"是道理的意思，要以道理让别人信服，取决于说道理的人是否有权威性，道理是否有逻辑信服力。在企业管理中，道理来自于几个方面，包括职能专业的知识、企业的原则与规矩，还有通用的商业管理原则的运用，这些道理必须通过一套合理的逻辑呈现在人前，因此要"以理服人"的经理人除了需要具备以上的所有能力之外，还要学会如何沟通和表达，才能够建立其权威性。

  很多职能岗位（比如技术、研发和财务等），专业知识特别受重视，不管你职位高低，只要在专业方面足够强，你都能获得尊重，不少部门的经理人也以此赢得员工和其他部门的信任。但是除了扮演专家角色外，经理人还需要在业务和团队管理上，以及处理问题时，展现出同样的说道理能力，这需要强大的逻辑思维和表达能力作为支撑，而往往没有足够经验和年资（对企业和管理熟悉）的经理人，很难做到这一点。

  而有时候当"秀才遇到兵"时，"有理说不清"的情况也经常出现，所以"以理服人"表面上看来理所当然，在实际工作中还是有其不足。

- 以德服人

  在中国的文化中，"德"代表高尚的品质和行为。在管理中，"以德服人"就是以个人优良的待人处世方法赢得别人的尊重，经理人以身作则——"我都这样做了，难道你们不应该服从"，尝试得到员工的认同和效法。这些个人品行在员工和同事眼中通常属于高标准，不是一般人能做到或者持之以恒的（比如长期专注于某些困难任务，又或者坚持某些企业认为重要的事情）。"以德服人"超越部门界限，也超越岗位所赋予的权力，因它的本质而得到别人的支持和信服。

  但是"以德服人"同样有其缺点，那就是企业里总有那么一些人在混，他们并不想认同高标准的品行，因为会凸显他们的不济，所以当经理人遇到这样的人时，往往会被嫉妒，甚至出现冷嘲热讽的情形。

这4种经理人能量的来源分属4个层次，"权"相对最容易获得和使用、"恩"次之、"理"又次之，最难的是"德"。需要小心的是，这些能量来源在面对企业中的各式人等时各有利弊，过于依赖某一个，很容易剑走偏锋钻进牛角尖去，出现极端情况而不受控制。

过度迷恋权力，喜欢"做大哥"和"听话"员工的，轻则让团队失去自主能力，重则会演变为以权谋私；过分"施恩"的可能会发现有一天员工"胃口"过大难以满足；只讲道理不讲情面的又会被认为过于冷酷无情，不知"民间疾苦"，导致人心疏离；树立过高标准的行为，有时候又会使员工因为难以企及而放弃，自己成了"虎爸"或"虎妈"也不自知。

事实上，真正优秀的经理人不能"单核作战"，需要建立多种自信和能量储备：善用岗位赋予的权力和激励手段，恩威并济；打磨专业和管理逻辑，通过自身的高标准言行，德理兼备。经理人如果只想着其中一种能量来源，那就应该从现在开始锻炼和打磨全部4种能量来源，在应对不同时间、场合和对象时交叉使用，才能驾驭团队、协同部门合作、取信于自己的上级。

经理人一路走来实属不易，每个人根据自身经验会形成不同的理念，从中获取自信也属正常，只是每个经理人要明白企业中千人千面，选择适合自己的和成功概率最高的理念至关重要，前提是无论在什么情况下，都不违背社会与企业的价值观和国家的法律法规。

## 🎁 管理风格（Managerial Style）

经理人的理念，会通过他自身的言行呈现在别人面前，这些言行被工作上有接触的人看在眼里，形成经理人在他们眼里的形象——管理风格。每个经理人总有一到两种最自然（习惯）的风格，有时候连他自己也察觉不到，但是周围的人都被深深影响到。

但是，管理风格不应该是经理人"无心插柳"的结果，如果员工与同事看到的和你以为的出现落差，你的工作效率和效果必然大打折扣，所以经理人应该清楚地认识自己的管理风格，因为只有在认识之后才有机会塑造、改变和提升。换句话说，管理风格也需要被管理。

举个例子，如果经理人心里希望员工直接按照他的指令办事，但是嘴巴上又过于"民主"，结果很可能事倍功半。又或者如果他希望团队各司其职，但是在方向和策略上含糊其词说不清楚，员工们可能会变成各自为战。这类的例子在企业管理中屡见不鲜，其原因有不少（虽然不是唯一的）跟经理人管理风格（和当时情况）的错配有关。

我在老东家时参加过多次针对资深经理人的管理风格评估，里面提到了6种管理风格，每种风格都有一个直观的名字，但是我们要小心，这些名字只是为了方便我们记住，背后的内容远比名字更为深刻，千万不能以偏概全。过去多年我反复应用这套方法论打磨我的管理风格，发现它对我的帮助很大，在这里把我的理解和经验分享给读者。

- 强制型（Coercive）

  强制型的经理人最不讲情面，心里只有目标和任务，经常以具体（细致）指令甚至命令的方式，要求员工执行指定任务。他很少聆听和接受不同意见，员工的服从和快速而准确的行动是经理人的主要期望。为了达到预期效果，经理人会"盯得很紧"，要求员工及时汇报进度，并强调不服从的后果（甚至威吓），而不是服从的奖励或好处。

  在危机和紧急情况发生时（比如在火灾或交通意外现场），不服从可能带来巨大的后果，这时候强制性的风格可以迅速控制或扭转局面，前提是经理人对当时的情况有相对充分的掌握。此外，当经理人在处理相对短期、简单（常态）的任务或在管理表现不佳的员工时，这种风格也能够更快速地获得员工的注意力，从而达到他的要求。

  但是如果经理人面对的是资深或自我驱动能力强的员工，又或者要完成的任务相对复杂，一些员工很可能会表面上服从或消极抵制，容易因此产生敌对情绪。因此强制型的风格不适用于需要员工长期合作的环境，毕竟很少人能够在一个高压而"冷酷无情"的环境下"生存"很久。

- 权威型（Authoritative）

  权威型的经理人会听取员工的意见，但是会主动以自身的知识和前瞻观念，为员工分析/指明方向和策略，向对方说明按照自己的方向行事对个人和部门的好处。权威型的经理人通常有远大目标和高标准，不拘泥于具体的行动计划，可由员工根据自身理解制订计划，但是在过程中随时会提供反馈。

  在员工眼里，权威型经理人拥有他们不具备的知识和权力。当新员工入职时，又或者当企业在变革时，权威型的经理人会以他的"专家"形象出现，为员工指明新的方向和做事标准，为成功奠定良好的基础。

  而资深或有着同样丰富知识与经验的员工，可能对这样的管理风格不尽认同，尤其是当他们觉得经理人的方向和知识并不正确时。因此对于新来乍到（尤其是空降）的经理人来说，他们可能需要先观察和了解员工的情况，谋定后动。

- 领跑型（Pacesetting）

  领跑型的经理人大多有高标准的要求，以及不服输和追求卓越的精神。为了完成任务，他们喜欢身先士卒，以身作则去证明策略的正确性和任务的可行性。他们对员工低水平的表现没有多少耐性，在对员工能力产生怀疑时会毫不犹豫地将任务接手过来，而在任务紧急时又会以具体的指令试图改变事态发展。领跑型经理人专注于高效完成任务，对帮助员工发展和部门间协调的人事工作并不热衷。

如果员工本身对工作比较熟悉，个人能力和自我驱动力较强的话，会喜欢在领跑型经理人身边工作，因为他们会得到更多的自由度和很少的干预，而经理人也会在"示范"之后很快得到员工的响应。这样的风格特别适合用在管理"专业"人员上，尤其当团队需要立竿见影般的任务结果时。

但是如果员工的能力一般，又或者任务需要部门间大量协调的话，领跑型经理人会失去耐性，而且当组织不断成长壮大的时候，他还会发现个人影响范围有限，很难做到所有的事情都身先士卒，因而必须考虑更多通过授权和其他方法完成任务。

● 辅导型（Coaching）

辅导型的经理人重视员工的长期发展，鼓励员工建立自己的发展目标和计划，会帮助员工分析自身的优缺点，指出问题并建议如何改进，通过与员工持续的沟通和反馈去提升员工的表现。在这个过程中经理人扮演教练的角色，和员工建立互动关系，"手把手"为员工提供帮助，但更多是从原理和道理的角度出发，让员工充分思考和领悟。辅导型风格对经理人的施教能力要求特别高，除了对员工工作要十分了解外，经理人还要处处为员工打气，甚至在员工短期表现不佳时，为了能长期提升，被迫做出（绩效方面的）取舍和平衡。

对于有志向上、不断寻求进步的员工来说，遇到这样风格的经理人是一种福气，当然前提是员工自己要能够坦诚面对自己的不足，愿意改变自己的认知和行为，接受"高人"指点。

而经理人也需要有一定的自知之明，否则在不具备教练资质的情况下试图充当教练角色，可能会弄巧成拙；经理人也不应该把有限的精力置于潜力不高的员工身上，否则也会落得劳而无功。辅导型的风格适用于组织能力的发展，是所有经理人都应当具备的，它的唯一缺点是需要时间，因此不适合紧急或需要快速见效的业务场景。

● 民主型（Democratic）

民主型风格的经理人相信员工（在有关的任务上）有足够的能力制订有效的计划和决策（甚至比经理人自己制订的更适合），会安排员工在讨论中充分表达意见后才达成决定。

由于是共识，决定属于共同责任，经理人反馈也多以鼓励为主，除非在决策过程中已经定义了"罚则"。

成熟的企业和团队经常要面对各种问题，需要部门内外协同合作，共同商量策略和最佳实践才能克服解决，这时候民主型风格最能发挥它的作用。当民主型的经理人了解到员工的能力和经验足以倚重时，他的角色更多是协调彼此之间的分歧，尽可能让决策在满足目标的同时，也满足团队和员工的自我价值需要。

从原理上讲，民主型风格能激发员工设立自己的目标、工作和决策方式，鼓励团队合作和相互承诺，从而达到最优表现，这几乎就是教科书般的管理风格。现实中这种风格不一定像它的名字所投射出的那样美好，因为在不成熟的团队和员工面前，它很容易造成方向混乱、议而不决和决而不行的情况。此外，在紧急情况发生时，企业也往往容忍不了相对较长的决策过程。

- 亲和型（Affiliative）

在所有管理风格中，最关心员工身心健康和情绪波动的是亲和型。这种风格的经理人重视团队之间和谐共处，有时甚于任务的方向、目标、标准和结果。为了避免和员工冲突，亲和型经理人喜欢使用正面的个人鼓励，（故意或下意识）回避和任务有关的讨论，尤其是对员工表现不良的反馈，往往都是一带而过。

这样的风格对于从事重复性高的工作和成熟富有经验的员工来说，是一个不错的选择。员工一般都能驾驭工作的需要，经理人可以把更多的时间和精力用在协调团队里的不同声音、维持和谐的氛围上。

很难想象亲和型的经理人会严厉批评他的员工，即便是任务出现问题或是员工表现不佳时。这样的风格非常不利于帮助员工提升，因为员工很难听到真正到位的反馈，尤其是对那些只重视工作、对人际关系不关心的员工而言，亲和型经理人更像是一个啰唆和有时候偏心（跟其他人关系更好）的长辈。可以想象这种风格不适合用于处理危机或复杂任务，因为准确的方向和快速的执行是亲和型风格所提供不了的。

这6种管理风格有的更注重任务的完成和结果，有的则更关心员工的意见和感受。我把它们按照任务和员工两个维度分类（见下页图），发现从任务（纵向）出发大致可以分为两组——"高任务"和"低任务"的管理风格；而从员工（横向）出发则可以分为3组——"高员工""中员工""低员工"的管理风格。

因应环境、任务和员工（团队）运用不同管理风格

| | 强制型（Coercive） | 领跑型（Pacesetting） | 民主型（Democratic） |
|---|---|---|---|
| 注重任务结果 ↑ 高 | • 处理危机、紧急情况<br>• 失败风险高<br>• 员工能力不高（新）<br>• 强势领导<br>• 服从指令，不服惩罚<br>• 短期效果 | • 任务要求高、快<br>• 团队协调需要少<br>• 员工高能、自驱力强<br>• 示范式领导<br>• 高标准、使命必达<br>• 短、中期结果 | • 任务方向、方法不清晰<br>• 员工能力强（专业）<br>• 团队协调意见多<br>• 领导建立共识承诺<br>• 鼓励参与<br>• 短、中期结果 |
| 低 ↓ | 权威型（Authoritative）<br>• 立新方向、订新标准<br>• 凝聚新团队<br>• 员工能力高（专业）<br>• 专家领导<br>• 引领员工、勾画未来<br>• 中期结果 | 辅导型（Coaching）<br>• 员工愿意接受帮助<br>• 员工长期潜力发展<br>• 组织能力提升<br>• 教练式领导<br>• 分析问题、指导原理<br>• 中、长期结果 | 亲和型（Affiliative）<br>• 成熟环境<br>• 重复性工作、有经验员工<br>• 多元团队合作<br>• 领导照顾情绪避免冲突<br>• 以人为本和谐共处<br>• 中、长期结果 |

低 ———— 关心员工意见 ———— 高

"高任务"组包括强制型、领跑型和民主型，它们的共同之处是都是为了任务和目标的完成，不同的是对员工（普遍来说对人）的关心程度。相反"低任务"组中权威型、辅导型和亲和型的风格，对具体任务明显没有那么关注，其中又以亲和型最为明显（对员工感受更重视）。

如果从员工维度去看，"低员工"组包括强制型和权威型，同是"对员工不关心"，强制型比起权威型更强调任务的严格执行。"高员工"组包括民主型和亲和型，同是"对员工关心"，亲和型会更关心与员工的和谐相处，相比之下民主型还是更偏向处理好手上的任务。至于领跑型和辅导型也很有意思，一种属于"身教"，另一种属于"言传"，两者相加恰好就是"言传身教"，跟中国传统理念暗合。

可以看到，没有哪一种风格的管理绝对比另一种好，也没有哪一种风格的管理在所有情况下都行之有效。不同风格的管理有效与否，视乎当时的环境（天时、地利、人和）、任务（复杂性、目标、时间、风险）和员工（经验、能力、特点、合作性）而定。

因此职业经理人要清楚自己最自然和习惯的是哪种（或两种）风格，适用在哪些场合，然后再选择、学习并养成一到两种其他风格，以应付更多不同场面。虽然管理风格不是一朝一夕就能改变的，但是只要下决心为自己制订计划，同时不断在工作中打磨，最终都会做到游刃有余。

# 🔷 主人翁意识（"It is my business"）

如果说责任感是经理人的基本素质的话，主人翁意识便是它的"加强版"。不少管理学者都

不约而同地提到它对经理人的重要性，以及它如何影响他们对管理工作的看法。当他们戴上"老板的帽子"时，会感受到企业生存时刻受到的考验和煎熬。主人翁意识能改变很多经理人习惯于"差不多就好"的惰性，提高他们做事的紧迫感和标准，不断推动经理人进步。它甚至还会让经理人把自己的部门当作一个"外包"公司，为公司的生存更充分考虑到客户、员工、财务、技能等各个方面的问题。

一旦经理人把自己当成企业管理者，这个"上帝视角"会让他看到不同的东西，就像照相机广角镜头和长焦镜头的差别。经理人会发现自己更具全局观，凡事不光盯着自己部门的"一亩三分地"，还会考虑对企业的影响。试问这样的经理人有哪个老板会不喜欢？

拥抱主人翁意识，学习老板的思考方式永远都不会太早，因为说不定哪一天你就会成为那个CEO。这种思维意识对我的职业生涯影响很大，无论我负责的部门是销售、市场、区域还是产品，我一直把自己当作CEO来做事，也因此走得比别人快些。

## 🔲 成为自己心中的那个经理人

经理人在自己的职业生涯当中，会面对不同的目标、部门、场景、人物和各种"烧脑"的问题，它们考验着经理人对管理的理解。世间事千百万种，不可能单靠规则百事百灵，也不可以毫无章法每件事都个别处理，经理人需要发展一套适合自己的管理理念和做事方法。

但凡是对一件事情长期专注，必然会犯错，也一定会累积经验；但凡是将一件事情做到极致，也一定能萃取出来一些观点和看法。这些固然可以通过经验慢慢累积和打磨而成，反正经理人工作是一辈子的事情，需有足够的经历磨炼，急也急不来，但是如果能够在事业发展初期及早形成雏形，经理人将有更多的时间和机会去思考与调整，越走到后面（更大的责任范围）理念越是清晰，人也变得越有信心、越发从容。

在坚持专业的前提下成为什么样的经理人完全是个人选择，在现今管理水平还不够高的企业里，随波逐流的人很容易被带入"歧途"。我建议有志成为经理人的年轻人尽早为自己建立一套管理理念，让"一万小时"定律有更多时间达成；同时把经理人当作一项事业来专注，以不懈的主人翁意识，把每一个部门都当作自己的生意来经营。

# 2

## 第二部分
## 管理之术：如何做事情

企业管理以目标为导向，以结果论英雄，在成为经理人之后，目标和责任都更重了。虽然经理人手上的员工、资源多了，但是执行重心由"亲力亲为"转向"假手于人"，经理人该如何确保过程高效可靠、能交出更多成果？

管理活动的闭环（确立目标、计划、组织、领导、指挥、控制）为经理人如何做事情提供了指引，在这个伴随我数十年的简单框架中，我体会到有3件最需要做好的事情。

目标导向的道理谁都明白，但是真到临场时经常被人们忘记。我经常提醒经理人做事要有目的性，不能被主观或客观的因素影响而偏离目标。如果员工忘记了目标，经理人还可以及时纠正；如果经理人自己忘记了，那团队肯定也找不到北，工作会杂乱无章。

无论是新建组织时还是执行"空降"的任务时，我发现经理人的大量时间不是花在解决问题上，就是花在去（替员工）解决问题的路上。经理人如果没有过硬的解决问题的能力，很容易被弄得焦头烂额。经理人要训练自己对商业常识和业务目标因果关系的宏观理解，以及对事实与细节（包括数据）敏锐洞察和微观分析的能力，再加上一套解决问题的逻辑，才能化繁为简，做一个"有招"的经理人。

经理人的另一大挑战是协调别人的资源，在适当的时候为己所用。部门间的流程分工和责任虽然有所定义，但不会解决谁先谁后的问题。通过沟通去获得别人的支持从而完成目标，是经理人技能包中不可或缺的东西。

成为经理人是另一个学习旅程的开始，在第二部分中，我选择了经理人日常工作中最实际但又经常被忽视的事情进行分享，帮助经理人建立更强的目标导向，训练经理人解决问题和协调资源的能力。

# 导言　渡己渡人：经理人的无悔选择

**夏志红（Jennifer）**

现任IBM大中华区首席数字官，从事IT B2B及消费品B2C行业营销、销售和咨询领域工作近30年。在IBM 20多年的职业经理人生涯中边学边练、渡己渡人，认为人生就是体验，无悲无喜亦陶然。

德鲁克曾经说过，管理的本质是激发每一个人的善意，领导力就是提升人的境界。这是管理的道与术的高度提炼。管理要合"道"，就是要符合人性、习惯，充分考虑到别人的需求，"先做人后做事"。管理之术要从人性出发，以人为本、识人之美、用人之长。要充分调动人的积极性，发挥潜能；让员工真正感受到"付出会有回报"，而不是忽悠员工。道是河、术是舟。无河无以载舟、无舟难于渡河。新上任的经理人往往更多关注如何做事情、急于提升业绩和绩效，而对团队建设和员工的思想动态关注不够。学习与应用管理之术，可以让经理人在管理实践中少走弯路。然而，真正能走出来的经理人仍是少数，原因在哪里呢？

Tim（本书作者笔名）曾是我在IBM的二线经理，更是我多年的良师益友。他在分享自己基于多年积淀写成的针对新经理人的管理新书时，我才发现有些地方作为一名老经理人也未必能做到和做好。回想成为经理人以来，公司有体系化的经理人阶段培训，还有不少相关的管理学知识和经验可供学习，但仍然只有少数新经理人真正完成了角色、心态和工作的改变并持续进阶。究其原因，这就像成为人之父母的改变，即便社会赋予了你诸多使命与责任，也集合了人类代代传承和与时俱进的智慧与经验，最终还都是落到个人的修行与体悟上。

好在比起成为父母，成为经理人的选择空间大很多。既然成为经理人不是被动的经验传承，那么解决方法就是变被动为主动：真正了解自己是否适合做经理人，真正学习和实践如何成为新经理人，定期反思和感知自己作为经理人的所思所想、所作所为，善用经理人的反馈和教练资源，想尽一切办法使自己的经理人行为与所赋予的使命和职责"合拍"，成为一名持续修行的经理人。

但是知易行难，三省吾身需要极高的自律与修行，更何况作为经理人不光要了解自己，更要了解他人和组织。

几年前我有幸阅读了《奇特的一生》一书，被其深深吸引，于是及时下载了其中的时间管理应用程序，并且坚持使用至今。我深切体悟到自己对时间的敏感与珍惜之情与日俱增，进而影响了我主动规划和分配时间的日常行为，让我成为时间的朋友。

经理人的自省和修行是否也有类似的工具与方法呢？我相信经理人的行为也可以通过类似的方式潜移默化地打磨精进。期待Tim在书中的分享能影响更多后来者走上经理人之路，在未来创造能够普及经理人工作的应用工具。

# 10　新晋经理人的前100天

## 🔶 跨越鸿沟

假设你是一位年轻有为的技术大拿、从不出错的财务或金牌销售，正在琢磨事业的下一步发展，身边的同事都认为下一任的部门经理非你莫属，你也这样认为，好像一切都顺理成章。但是在你真的决定走上这条路之前，请你再三想清楚。

越来越多的企业将职能专业和管理岗位分开，为需要专门技能的工作岗位提供更高级别的薪资和发展路径，在一些企业里技术专家的级别不比CTO低，资深销售人员的收入甚至比销售主管更高。而且企业对管理岗位的专业性要求越来越高，经理人的管理能力逐渐成为它的选择标准，而不是某种职能的业务能力。职场人不再需要以管理岗位作为事业发展的必然路向，也不是只有这样才能获得更高的级别和薪酬回报。

这个道理其实很简单，好的演员不一定愿意也不一定能成为（好的）导演，优秀运动员不一定喜欢和适合教练工作，从员工到经理人的迁移首先是一个质变，然后才是量变。是否喜欢和适合做经理人应该是员工根据自身发展目标、兴趣、技能、性格等综合选择和评估的结果。

就算在你的企业或职能中，你最终判断管理岗位是自己不得已的选择（即便不喜欢或不适合），你还是要清晰地认识到自己的优势和不足，做好充足的心理准备。如果你选择了以管理作为事业发展的方向，就要做好成为经理人的准备，并且为之努力。

一个职能员工进入管理岗位是一个重大的改变，中间隔了一道鸿沟。一夜之间责任的增加将你推向风口浪尖，身上的压力成倍提高，从前熟悉的工作方式有些使不上劲，新的管理技能又还没学好，最可能让你失落的是原来的战友无论嘴上如何依旧亲近，心理上的距离却拉大了。如何跨越这道鸿沟，决定了经理人日后发展的好坏。

俗语说"三岁定八十"，我在老东家经常在新晋经理人培训中讲课，见过不少过不了"第一年的坎儿"的例子。业绩不理想、团队不给力、口碑不咋地、自己不开心，一些本来十分优秀的职能员工因为没有过渡成功而"牺牲"了。在老东家这样规模的企业里，其中一些员工有机会回到原来的岗位，起码有个容身之所，日后可图东山再起，但一些自尊心太重的、自己面子挂不住的员工就离开了，而在大部分的企业里，根本连回到原岗位的机会都没有。

当然也有些管理不怎么样的企业，新晋经理人只要有上级保住便能"幸存"下来，但是由于管理基础打得不扎实，到后来很难再进一步成为中高层。也有些经理人甚至把路走歪了，例如变得只会阿谀奉承，沦为人家的"小弟"，只能通过结党拉派保护自己的"官位"，与经理人的工作背道而驰。许多风气不良的企业，屡屡出现不道德、擅用职权谋私、挤兑异己和违规做业绩等丑闻，都源于经理人自身的管理意识薄弱和缺乏"早教"措施。

如果自己想清楚了要做经理人，那就要做好准备。

## ❖ 角色、心态、工作的改变

新晋经理人角色的改变，必然会引起心态上的变化。同一时间他从"乐团的乐师"变成"指挥"，工作内容也和从前大不一样。由角色转变而带来的心态和工作方法的调整，是跨越鸿沟的重要一步。任何一处调整不好，都可能使经理人掉进沟里。

（1）由"劳方"变成"资方"。在员工成为经理人之后，他的身份发生了微妙的变化，除了原有的员工身份之外，他开始代表企业去承担新近被赋予的责任和行使更大的权力。过去他更多地想着自己的利益，一夜之间这个利益的天平便因为多了一个企业的砝码而倾斜，而且随着经理人的级别越来越高，对企业整体利益的考虑会越来越重。

有不少经理人因适应不了这个改变而"原地踏步"，无法站在企业这一更高层次去做决策；但也有些经理人"一朝得志"，就忘却了如何从员工角度思考问题。上述无论哪一种都不是经理人应有的心态。如何平衡员工与企业之间的角色关系，是对新晋经理人的一个重大考验。

（2）权力的诱惑。无论是对团队和资源的指挥权还是身份地位，都是新晋经理人过去所没有的。在这个从无到有的过程中，经理人很容易被权力和身份冲昏头脑，在思想和行为上出现偏颇，轻微的只是态度上的傲慢和显摆，严重的可能变成不务正业、以权谋私。心智不成熟的经理人，不少都倒在了这个陷阱之中。

（3）同事关系改变。由同事变成上下级关系，可能引发各种反应。那些表面客气内心不服气的同事，可能会开始疏远你；那些本来就跟你不对付的，可能会开始找麻烦；甚至那些原来跟你友好的忠实支持者，可能也会在心理上产生一些微妙变化。新晋经理人如何处理好和团队的关系，快速建立互信和新的合作方式，将会影响团队的效率。

（4）做事方法改变。很多新晋经理人以为管理和自己之前的工作基本上一样，只是做得更快或更多而已，没有意识到工作内容的质变。对部门策略的制订、对业务节奏的把控、对团队人员的指挥与辅导等，都是过去所没有的，就算有的话也属于不同的量级。

人力资源主管不能只是确保招聘工作顺利完成，而是要制订提升组织能力的策略；销售主管不再是那个战无不胜的先锋，而是运筹帷幄的大将。明白管理工作中有很多事务跟过去不一样，以及如何分配时间和精力，需要新晋经理人在认知上的逾越。

（5）由个人变成团队。大多数获得晋升的经理人是部门里原来的好手，这些优秀员工习惯把工作标准设定得很高。高标准本来是好事，可以促进部门的业绩不断提升，但是一个常见的误区是，当其他员工没有办法在短时间之内做到要求的水平时，新晋经理人很容易失去耐性，看到员工做得不如自己快和好时，便果断跳进去将事情揽到自己身上。这种错误的亲力亲为行为，很可能导致因小失大，很快会累死自己，却无法完成整个部门的目标。

经常看到销售主管一直眷恋着过去自己个人的单打能力，而忽略了学习让每个销售人员都能达标的新技能。治本的方法是经理人要意识到现在自己工作的方法和过去不一样，经理人需要在了解团队能力之后，通过改造、指挥和辅导等方法，将"自己做"变成"团队做"。

（6）工作的满足感来源改变。当优秀的员工成为经理人时，他心理上最大的落差是自己不再是那个部门的最风光的人了，他需要习惯不在聚光灯下表演，做一个幕后支持者，把团队成功看作个人成功的最佳评判标准。如果他在看到自己的团队成员成功时，心里还有微酸的感觉的话，或许应该重新思考管理工作是否适合自己，否则这种心态会不自觉地被带进日常工作之中，影响团队能力的发挥。

如同喜欢个人表演的演奏家不一定适合当乐团指挥一样，新晋的经理人要了解工作满足感的来源不同，他需要在一切"归零"之后从头起步，证明他在管理岗上同样出色。

## 🎁 做好心理预备

好的开始是成功的一半，经理人是一辈子的工作，第一年打好基础对发展无往不利，其中前

100天更是黄金时间，在新人的"蜜月期"结束和压力来到之前，经理人必须善用光阴，不要让升迁冲昏头脑，被别人的祝贺迷惑。

没有人是天生的管理者，管理是一门需要终身学习和完善的专业，商学院教得再好也都是别人曾经成功的理论，要经过实战的检验，才会成为自身的管理能力。当然，别人的经验可以拿来借镜参考，应用到你的第一份管理工作中，边学边练融汇出自己的理念。

如果幸运的话，你服务的企业会提供系统的经理人培训，就算没有我也建议你找一个跟你理念相近的资深经理人，请他作为你的启蒙导师，为你提供反馈和建议，缩短你的导入期。在你上岗之前请思考以下4个因素，它们能从心理上帮助你做好准备工作。

（1）部门内提拔与部门外空降。企业一般首先会从部门内物色合适的经理人人选，如果没有的话便会从其他部门空降，包括外聘。部门内升迁的好处是人员对业务情况更为熟悉，这方面不需要过多学习，但是也有可能企业希望通过外部人员带来一些新的气象，这种做法经常出现在企业变革之中。如果你属于后者，我建议你要更深入地了解上级对你的期望，尤其是为什么选择从部门外空降，这样你会更清楚即将迎接的挑战。相反，我建议你对即将成为你的下属的同事做出评估，看看他们心里会不会有点不舒服。

（2）新人上位与老人熬出结果。企业里的年轻人朝气蓬勃，上位时总是雄心壮志，希望干一番事业，这种人需要时刻提醒自己，不要因过于激进而受到排挤。还有些企业论资排辈，或者实在是没有人用，把老人晋升为主管。这样的经理人往往会十分珍惜羽毛，萧规曹随缺乏进取精神，万一遇到要求高的老板，可能会极度不适。这两种情况新晋的经理人都要多加注意，以免适应不了。

（3）替换出场与出缺已久。如果部门的主管位置已经出缺很久，通常是"不容易啃的骨头"，新晋经理人需要更了解老板的期望，快速把相对容易处理的问题解决，建立团队成员对自己的好感和信任。新晋经理人替补出场有两种可能：一种是原主管另有重要任务指派（晋升或调任其他部门），这应该是相对顺利的交接；另一种是因为非正常原因调职或离任，这时交接可能会出现问题，经理人需要格外小心。

（4）成熟稳定与变革在即。新晋经理人需要清楚所接手业务的状态和老板的期望，成熟部门的员工已然产生惯性，对任何改变都有天然"抗体"，要想实施新政需要考虑更多，要更为谨慎。有些部门由于过去管理不善或过于保守而需要改革，上级用新晋经理人可能希望其带来新气象，甚至改变现有组织，新晋经理人对这些期望最好能提前了解，想好如何应对。

# 📦 100天工作清单建议

视乎将要出任的部门情况和背景，新晋经理人要做出相应的准备。为了更顺利地开展工作，我根据经验提出前100天的工作清单，具体分为两部分。

● 快速了解业务和员工

在做任何事情之前，都需要先了解情况，管理工作也不例外。新晋经理人在接手新的挑战时，需要先对接手部门的业务和员工进行深入了解，知己知彼才能轻松驾驭。

✓ "资产""负债"和紧急的事

除非经理人的任务是组建新团队或团队是"一张白纸"，首先要做的是把前任留下来的东西做一个梳理，属于团队的"资产"，值得继续保留并发扬光大，而"负债"需要早日清除归零。"资产"和"负债"不是真正的会计上的项目，而是类似的概念，目的是把经理人接手时的业务状态"拍一张照片"，将基础的和好的部分列为"资产"（不一定量化），将缺失的和没有做好的列为"负债"，以帮助经理人聚焦后续如何提升"资产负债表"的质量。

举例一：某企业的销售部门，前任留下"资产"和"负债"如下。

❖ "资产"

- 连续3年达标、年成长率30%左右、毛利率40%左右、去年业务收入10亿元。

- 销售人员纪律严明，执行力极强。

- 大客户关系十分紧密。

　　　………

❖ "负债"

- 销售人员的行业知识不足以支撑客户高层覆盖。

- 成长率和毛利率的增长有开始放缓的趋势，分别比前年下降10个和2个百分点。

- 公司新产品销售不理想，依赖老产品才能达标。

- 个别老销售人员可能存在违规问题。

　　　………

举例二：某企业人力资源部门的"资产负债表"可能是下面这样的。

❖ "资产"

- 招聘、培训、绩效、薪资4个制度比较完善，运行顺畅，各部门满意度很高。

- 销售和生产部门对HRBP（人力资源伙伴）的工作十分满意。

- 公司整体士气很高，员工士气指数连续3年提高，去年为77.5。

    ············

❖ "负债"

- 重要岗位的人才流失率达到25%，比行业高出10个百分点。

- 研发部门和工程部门对HRBP的工作不满意。

- 公司的薪资制度已有3年没有更新，可能影响吸引人才的竞争力。

- 公司的文化中缺乏学习氛围，与价值观不一致。

    ············

这两个简单的例子把经理人接手时部门的"资产"和"负债"情况捋清楚了，不管能否量化，到底有"多少家底"、要还"多少债"，应尽量做到一目了然。

此外在接手时，经理人一定要了解那些需要紧急处理的事情，尤其是对团队以外（老板和其他部门）的承诺，这样才能保证业务不会因为交接而受影响，也不会一上来便失信于人，说不定还会为自己争取更高的信任度。

✓ 目标和预算

除了"资产负债表"之外，新晋经理人还需要了解部门的目标，这代表着其要为部门创造什么价值，创造多少价值。如果你是产品经理，今年要发布几个产品，到目前为止已经完成了多少，还有多少要发布，发展趋势顺利与否等，都是有关目标的梳理。

为了完成目标，产品经理所在的部门会被分配到若干包括人和支出费用在内的资源，这些资源的预算和目前使用的比例，产品经理都需要充分掌握，这样才能更好地支撑目标的完成。遇到预算制度不健全的企业，没法从离任经理人或财务人员得到正式的信息时，需要从上级那里尽量获得，无论如何要把所有沟通记录存档，以免将来出现争议。

经理人的目标和预算，就好比会计中的"损益表"，和"资产负债表"比肩。

✓ 部门业务策略

无论经理人负责的是一线业务部门还是后勤部门，都要各司其职，各自负责自己部门的目标。有目标就需要策略，就算是财务、人事甚至只是行政部门，经理人也都应当为自己部门制订策略。当新晋经理人从前任手中接棒时，需要重点了解当前的策略，就算前任已经不在企业里，还可以从团队（尤其是资深员工）身上获知。

当前策略的合理性、可行性、风险和执行情况，是经理人需要分析和判断的地方，可作为后面调整的依归。如果部门策略不清（或没有策略），经理人可能需要从业务上开始了解。

✓ 业务节奏控制方式

每个经理人都有自己的一套把控业务节奏的方式和习惯，如关心什么 KPI、喜不喜欢（多久）通过定期例会或一对一会议解决问题、对报告有什么要求等，新晋经理人要确定自己的控制方式，才能达到自己心目中对业务掌控度的要求。

管得太松或太紧都对业务无益，所以在做决定之前不妨先了解前任的方式，听取员工意见，再做决定，以避免改变太多让员工难以适应。

✓ 部门内外流程

每个部门都有做事的方法，更有和别的部门合作的流程。新晋经理人了解内外流程，不能单看表面怎么做和如何跟其他部门对接，还需要了解背后的逻辑和目的，只有这样经理人才能够在之后的实践过程中，监督流程是否符合之前的设计，发现从哪里入手优化。不要忘记，提升团队的工作效率也是经理人的工作之一。

✓ 每位员工的情况

新晋经理人肯定不会忘记要跟员工交流，需要提醒的只是了解的范围不能无的放矢，从业绩、绩效、个人能力的评估，到发展方向和团队关系等都尽可能做一个初步了解并加以记录（我会给自己做一个员工档案），在以后的会面中还要不断增加或调整。

值得一提的还有前任任何"未完成的承诺"，有些员工在初次见面时不好意思提出来（之前的经理人答应过什么没有兑现就走了），如果经理人主动问起，无论答案是有还是没有，都会增加员工对你的好感。

要了解业务和员工，首先，最重要的是和前任的交接与交流。有些前任非常尽责，愿意毫无保留地分享。对于客观的信息新晋经理人应该全盘接收；对于"免费"的建议，则需要先听取，然后经过更多的验证和过滤才决定是否采用。

其次，你要从你的老板那里听取他对你的团队的看法和期望，无论是优点还是缺点，都会对你有所帮助。另一个有用的建议，是跟其他合作密切的部门主管交流，了解外部的看法，尤其是在合作过程中的问题。除此之外，新晋经理人也可以从部门的往来邮件（社群）和各种相关的文件中了解情况，寻找感觉和嗅出各种端倪。

在新晋经理人的前100天里，通常会有不少日常业务和紧急的事情不断消耗他的时间，但是如果经理人不花足够的时间去了解业务和员工的话，很可能会影响后面工作的安排，也无法消除让日常和紧急的事情进入自己管理节奏的可能性。

● 制订和执行行动计划

在了解业务和员工的同时，经理人可以开始建立相应的行动计划。这些行动大致可以分为五大类，在每一天结束时，经理人根据当天的思考和分析将具体行动加进分类计划清单之中，可方便跟踪和避免遗忘。

✓ 短期事情

这些通常是紧急而重要的事情，需要经理人马上处理。它们可能是对员工或其他部门的承诺，也可能是日常业务中需要不断延续的工作，通常有期限要求。

✓ 快速出成果的机会

无论你的部门职能是什么，总会有那么一两个快速出成果的机会。聪明的经理人会捕捉这些机会，提高团队的士气和建立自己的信任度。这些机会需要经理人自己挖掘，是每天结束时思考的重点。

✓ 管理节奏

在新旧交替之际，员工多会采取观望态度，等待新老板的指示。为了避免部门运作出现停滞，新晋经理人需要尽快订立自己的管理节奏，并落实到日常。

在经理人思考和决定把控管理节奏的方式时，通常需要针对KPI、会议、报告和流程等问题与不同的人和部门交流，制作这方面的行动清单能帮助经理人确保考虑周全。

✓ 团队员工

从人员空缺需要填补、答应员工要做的事情、团队建设到关系到员工福祉的人事制度，一切涉及人的问题和行动都可以放在这个部分的行动计划中加以跟踪。

✓ 策略

制订策略通常需要更多时间，无论最终结果是保持、调整、修正还是重新做，都免不了收集信息和多轮分析与讨论，有系统的行动计划可以帮助经理人有条不紊地完成，不因其他短期事情的干扰而影响质量。

为了更全面地展开工作，我建议经理人为前100天做一个工作清单，将需要了解的业务和员工情况，以及要制订的行动计划写下来，随时复查，确保不会因紧急的事情而忘记重要的任务。

如果你选择了经理人作为你的事业发展方向，要明白从一个职能的员工过渡到经理人的岗位是一个质变的过程，中间的角色、心态和工作内容的变化，需要新晋经理人做出相应的调整，才能跨越鸿沟。千万不要在"蜜月期"中不经意地让时间虚度，也不要为了应付短期紧急事情，错过了最重要的100天。

# 11　管理业务节奏

## 🧊 管理的节奏

"节奏"这个概念被用在很多地方，我们经常会说"这首歌曲节奏很缓慢""她跳舞的节奏感很强""这海浪声很有节奏感""大城市的生活节奏很快""某某做事一板一眼，节奏拿捏得很好"。我们身边所发生的很多事情，都被用"节奏"来形容。

节奏泛指均匀的、有规律的进程。节奏是一个抽象的观念，只要一件事有序、整体和周期性地出现，就成了一种节奏。

人类天生喜欢节奏，从生存需要到文化艺术欣赏，节奏和我们的生活息息相关。有些节奏存在于大自然中，后来被我们"发现"（人类把节奏往里头套）；有些节奏是人类社会不经意"产生"的，有些是某些人在得到灵感后故意"安排"的。地球的四季变化和二十四节气、海洋的潮汐、都市人早出晚归的忙碌作息、文学和音乐作品中的段落编排等，都是节奏的表现。

节奏是抽象的概念，就像审美一样，虽然是一种主观的感觉，但是几乎世上所有东西的美与不美，都有公认甚至是"客观"的标准。节奏也不例外，很多事物经过长时间不同人的经验和评价，形成了被接受的节奏。

节奏的好处，不仅在于容易被人习惯和接受，而且它是集多数人经验累积后的"最佳实践"。从"发现""产生"到刻意"安排"，我们总希望做事情有良好的节奏。在好节奏基础上一切都显得顺理成章，得心应手；但是当节奏不好或缺失时，就算说不出原因，我们也总会觉得别扭。

节奏除了用在我们做事上之外，在音乐中出现得最多。在音乐中，节奏是对长短不同、经常重复的不同旋律部分的整合和呈现。如果旋律是音乐的"外貌"，节奏便是它的"骨骼"，承托着魁梧或柔弱的身躯。

听过管弦乐的人都知道它是由多种乐器一起演奏的音乐表达方式，包括各种提琴、竖琴等的弦乐器组，各种笛、号、单/双簧管、巴松管等的管乐器组和各种鼓、三角铁、锣、木琴等的打击乐器组，乐器种类繁多，但具体选择和数量根据演奏作品的需要而定。

要让动辄数十甚至上百位乐师同场合作，灵魂人物当然是指挥。顶级指挥的耳朵十分灵敏，可以听到常人听不到的某个拍子或音准问题，并随时通过他的指挥棒和身体语言（眼神、动作等）做出调整。除了这些基本功之外，指挥更重要的工作是控制整个演奏的气氛、情绪、速度和节奏，他在这方面的能力和状态直接影响到作品的成功与否。这还不包括偶尔指挥也会在演奏中途自己来一段演奏，这样的难度就更大了。

这是不是像极了经理人的工作？企业和管弦乐团很像，经理人就像是那个指挥，各部门就像不同的乐器组，需要各司其职把自身的部分演奏好，同时又要和别的声部协调，稍有差错就会影响整个演出。经理人管理业务就像在指挥一篇乐章的演出，既要确保每位乐师表现无暇，又要控制整体节奏。

在演奏中，不同声部在不同的节点出现，时而独奏时而交叠，但始终保持统一节奏。同样，在企业运营中各个部门都需要追随整个企业的快慢节奏，在该快时不能慢，也不能在慢的时候太快。经理人要确保自己的部门在对的时候做出对的事情，并且要无缝衔接才能得出对的结果。所以说，企业运营也有其节奏，而经理人就是掌握它节奏的指挥。都说管理好不好要看业务结果，经理人把握节奏的能力高，和目标匹配得宜，产生好结果的机会也会更高。

# 如何管理企业的节奏

音乐的节奏和拍子的速度紧密相关，企业的节奏也视乎其所在行业的运行速度。在过去100年中，随着经济繁荣、科技进步、竞争加剧和资本市场的兴起，大部分行业的运行速度正在不断加快，企业的管理节奏也在相应地不断提高。

当我初入IT行业时（20世纪80年代），老东家只需要销售部门预测一年能做到的指标便可以，后来逐步变成按季度、月度乃至按周预测，而在季末或月末的"疯狂"时刻甚至需要每天预测。零售和快消品行业的节奏更快，在日常日子里都以天为单位来计算指标。

企业的管理节奏不断加快，市场或销售部门首先要负起引领节奏的责任，牵动其他部门（技术、产品、人事、财务等部门）加以配合，这些部门必须跟随整体节奏，在适当的时候准确无误地做出对的事情。（当然，在少数求过于供的行业里，引领节奏的是生产部门，其他部门配合。）

管弦乐作品的节奏、旋律和速度都记在乐谱上，由多个章节段落组成，分工到不同声部，落实到每个音符细节。企业运营中的业务流程就像一部乐谱，告诉不同部门什么时候做什么事情。而每项工作任务就像一个个的音符，需要每个员工准确演奏、高质量完成。经理人像指挥一样，要熟悉整个流程，关注每个任务细节，控制业务节奏。所以，经理人要把握好业务过程的节奏，不妨效法指挥的工作。

- 了解乐谱内容

  我见过很多部门经理人只关注自己部门的"一亩三分地"，对企业的整体理解不足，业务运行速度、部门对企业的财务影响、各部门之间的关系，以及流程如何配合等，要么根本不关心，要么一知半解。优秀的指挥在演奏之前一定会了解乐谱内容，就算是曾经演奏过的也会总结上次经验加深对乐章的理解，希望下一次在整体内涵和技术性方面都得到提升。经理人要做的第一个"功课"，便是深入了解企业整体业务、自己部门的位置和各部门彼此之间的关系。

- 实时感知节奏

  在演奏时指挥通过他的耳朵对乐曲音准、旋律和快慢随时感知，对节奏有着绝对的把控，丝毫不会放松，就算偶尔亲自参加演奏，整个场面也始终都在他的掌握之中。经理人在管理时也需要把控业务节奏，通过各种手段"实时监控"团队表现和业务状况，这如同在机器内的关键部位嵌入传感器一样，可随时让经理人获得重要的信号。经理人要从信号中提取有用的信息，做出正确的决策，把控好节奏。这里要强调的是实时性，因为乐曲演奏好坏只在分毫之间，后知后觉的人不会成为优秀的经理人。

- 及时控制纠正

万一演奏出现问题，比如有人走神、跑调，或是过于兴奋越奏越快，指挥都会迅速纠正。他的指挥棒会让某个声部及时跟进，他的肢体动作会带动乐团情绪，他的眼神会使某位乐师瞬间回神，他的点头示意会让乐师们得到认可鼓励。为了做好"控场"工作，能用上的东西指挥都会用上；同样，经理人也该如此，要善用企业赋予的各种权力和个人能力，在业务进行中及时做出调整。

事实上，经理人要比指挥幸运一些，指挥要在一瞬间完成从感知到调控的动作，而经理人的"表演"时间相对长一些，他能用的感知和控制手段也更多一些。这些手段联系起来成为一个节奏把控"系统"，首尾呼应互补长短。

## 🎲 善用KPI和数据

这个"系统"由业务（部门）目标、相应的KPI和数据作为"输入"，加上各种沟通"处理"机制，确保沟通无阻，及时感知业务进度和问题，以达到"输出"调控决策和行动的目的。值得一提的是，这个把控节奏的"系统"需要尽可能得到IT的自动化和数据的支持。

- 业务目标

目标是这个"系统"的起点，也是最重要的"输入"，所有节奏的安排都是为了完成目标。有关目标的问题在前面已经讨论过，这里不再详谈。要提醒的是经理人无论何时何地都要保持对目标清晰的认知，就算在紧急关头，也要时刻明了一切决策对目标的影响。这里说的目标有两个层次，一是经理人所在部门的目标，二是企业的整体目标。

- KPI

KPI是英文Key Performance Indicator（关键性能指标）的缩写，其中Indicator的翻译是"指示器"。"指示器"的作用在于表示某件事情当下的客观情况，例如红绿灯信号是路口通行的"指示器"、暴雨信号等级是雨量的"指示器"、IoT（Internet of Things，物联网）传感器的读数是机器使用和故障报警的"指示器"等。"指示器"只是如实反映现状，本身不存在主观判断。

按照这个定义，企业中最重要的KPI自然是它的营收、利润和市值等终极目标。为了达成企业级目标的KPI，管理层会分解到下一层的"过程"KPI，例如要完成营收目标，企业可能需要通过商机的数量、转化率和客单价等"过程"指标的完成才能做到。

当部门承接了上一层的KPI后，这些KPI会成为部门的目标之一，根据这一目标，部门又需要确定自己的"过程"KPI，分配给下一层的部门（如有），成为该部门的目标。这个例子中的商机数量有可能由市场部门负责达成，而转化率和客单价则成为销售部门责无旁贷的目标。

上一层部门的"过程"KPI，成为下一层部门的目标，企业的终极目标会被一层层分解，如此类推，最后落到最基层的部门和相关员工身上。这些被分配到某个部门员工身上的KPI，会成为个人的绩效目标（也就是OKR里头的Objectives）之一。

可以看到，KPI是经理人感知业务节奏是否正常的重要"传感器"，在关键的地方设置合适的KPI能及时发现问题，引领每一层部门向同一终极目标进发；而清晰和量化的KPI定义，又会清楚地告诉每个员工企业对他们的期望。

- 业务数据

要感知企业完成目标是否有困难和问题出在哪里，单靠KPI不足以成事，需要围绕它们收集相关、及时和足够的业务数据，加以比对后才能做出判断。

KPI定义一定要清晰，包括具体内容、衡量方法和时间频次。套用前面商机的例子，具有什么样的特点和条件才算合格的商机、有没有获得数据的来源、多久才计算/追踪一次等，都要事先想清楚。经常看到有些部门的KPI定义不清，也没有方法衡量，当经理人被问到时会说"这个数据我要不到或者没有"，经理人无能的表现在此时表露无遗。

数据的相关性能反映KPI的达成情况，但是如果不能及时获得等于无用。经理人在决策时没有数据依归只能凭感觉去猜是很令人担忧的事情，更甚者当终于有数据时却发现决策错误了，信心受影响之余还要急忙调整。比如计算机的月度销售数据应该在月末后的某天看到，否则会延迟对下个月的渠道出货部署；零售的日末数据如果当晚看不到，第二天就基本"报销"了。经理人需要严格要求数据提供者的及时性。

数据是否足够通常要看它的时间维度和颗粒度，不同行业对同一种KPI要求的时间维度往往会有不同，同样的新产品投放周期KPI，汽车行业以年、月计算，但是电商平台需要以日、周、月监控，经理人在设计如何收集数据时就需要考虑清楚。有些KPI可以用业务直接收集到的原始数据对应上（比如营收、费用、成本、新客户数等），有些（尤其有关效率的KPI）则需要通过将原始数据进行二次处理（汇总和分析）才能得出。为了避免处理不及时延误战机，设计数据收集的颗粒度越小越好，以便于更灵活地组合分析，避免出现缺少数据的问题。

将自家的（企业或部门）业务通过几个关键的KPI去呈现并加以掌握，我称之为"业务可视化"。企业要定期按照KPI将相关数据呈现，和目标、预算、过去的时间段等至少3个维度比对（有些还会和竞争对手比），以获得业务健康度的情报。比如说，一个B2B（Business To Business，面向企业。在英文中的2的发音同to一样）的SaaS（Software-as-a-Service，软件即服务）平台会通过新签合同、获客数、每月/每年重复收入（Monthly/Annual Recurring Revenue）、增购率、续约率、使用活跃度等KPI的每月定期追踪，去了解业务的发展趋势和健康度。当然不同的行业会有其常用的KPI，因此经理人必须将适当的KPI组织起来，形成自己的"仪表盘"。

写到这里一定会有人说，"我所管理的部门的工作性质很难确定量化的KPI"。说这话最多的是研发部门的经理人（在这里我只以研发部门的经理人为代表，事实上有很多部门的经理人都会这样为自己开脱），原因是研发部门"不是工厂流水线，研发搞的是创新，是逼不出来的"。创新确定需要相对宽松的环境，节奏相对慢一些（像音乐中的慢板），而过去20年崛起的许多硅谷企业好像也印证了这句话是"真理"。

但是这句话只说对了一半，因为作为企业的一部分，研发部门并不独立存在，它需要和其他节奏比它快的部门（如销售部门）联动，就像管弦乐团里的大鼓虽然出现次数不那么多，但是时间拿捏得要分毫不差。想想如果产品不能及时问世，前方的销售部门将面临没有东西卖的困境。

同样的说法，曾几何时也出现在B2B大客户销售部门，它们的经理人会说，"销售本来就是艺术，更何况大客户的决策我们很难控制"。听上去这道理跟研发部门的一样，但是这并不妨碍销售部门KPI的设定。

越来越多的研发部门经理人明白要想办法去了解研发的进度，才能掌握它的节奏。相对自由的工作方式不等于部门不需要KPI去反映进度，例如现在流行的快速迭代方式把开发过程分成更小的阶段，还有不少企业会以"研发至发布的时间"（Time-to-Market，TTM）去衡量节奏，其实也都是KPI。

## 🔹 设定管理节奏机制双向沟通

将"传感器"记录的情况及时上报，通过定期和不定期的管理报表、报告让业务可视，能帮助经理人把控业务节奏是否准确、和谐。

一旦这个节奏"系统"得到有效的"输入"，经理人便要进行"处理"，将掌握的信息和感知的情况转化成为有效的决策与行动"输出"。就如同指挥一样，经理人需要通过他的"指挥棒"和"身体语言"与他的团队沟通。

指挥棒是乐团指挥的正式沟通工具，有时针对某个声部，有时引领全员，带有高度的权威性。企业经理人的首要"指挥棒"是各种正式会议，包括业务例会、计划会、动员会、述职会、专题会等，甚至是现在流行的站会，虽然形式相对放松，但是都是经理人最主要的指挥手段。这些会议具体内容不一、形式多元（面对面、视频、电话、电子邮件、企业群等），对象可以是团队，也可以一对一，但不外乎通过双向（有时候单向）沟通和讨论，达到解决问题，统一方向、策略、行动和鼓舞士气等目的。

经理人应该根据业务的需要和自己的管理方式与风格设定管理节奏的手段和频率。

有些刚入门的经理人（也许是受到其他人的影响），错误地把会议等同于官僚做派，认为"开会没有用"，实际上是误解了会议的作用。会议和指挥棒一样都只是沟通工具而已，只有过分或胡乱使用才会造成官僚做派，开会是否有用一大半由经理人决定。因此所有正式会议都应该有明确的目标、议题和预期结果。对于定期的会议，经理人需要根据自身业务节奏设计时间表；而对于非定期的会议，也要因时制宜，在适当的时候及时举行。

如何开会是经理人需掌握的基本功之一，但我见过不少经理人因为缺乏这方面的经验（又或者不善于处理这样的场合），回避使用这根"指挥棒"，只通过电子邮件和员工报告（月报、周报……各种报告等）跟员工沟通，主动放弃了管理业务节奏的机会。有关如何开会的经验和技巧，将在后面分享。

除了指挥棒之外，指挥还会根据个人习惯和风格，运用不同的身体语言跟乐师沟通，及时"唤醒"乐师或使其做出调整。同样，经理人可以利用各种非正式的手段和员工进行沟通，达到类似甚至更多的目的。不要小看一对一的非正式员工沟通，它能帮助经理人向重点员工传达更多信息，鼓舞其士气和表达对他们的重视，同时也可以聆听到更多员工和团队的声音（通过员工的嘴），兼具信息"输入"的作用。很多时候经理人在这里听到和感知到的信息，能够用来印证或反证从KPI数据得到的"输入"，提升决策效果。

20多年的企业管理经验让我相信，如同管弦乐团的指挥，经理人要时刻控制场面，掌握业务的节奏。虽然指挥有时候也会坐下来亲自演奏一段，但更多时候他的工作是确保乐师高质量演奏，以及声部之间无缝合作。

年轻人要想成为真正的经理人，不能单凭个人专业技能（技术、销售等）或过去的业绩，还需要好好学习如何当一名合格的"指挥"，这是我写下这章的真正目的。

# 12　管理时间

## 🔷 时间的意义

科学家伽莫夫在1948年正式提出宇宙大爆炸学说，在大爆炸后，时间、物质和空间相继出现。时间的存在只能通过物质的变化和运动所占据的空间体现出来，因此它们三位一体。在此"之前"（打双引号是因为"之前"是一个时间概念，理论上不能用在时间还没出现的时候），时间并不存在。

对人类来说时间的"供应"是无限的，它一直无处不在而且绝对公平，每个人都能自由安排自己的时间，每一时刻都能跟别人共同享有。但是在这貌似"友好"的性质下，时间还有一个"不友好"的特点，那就是它的不可逆和向前性。时间只要过去了便再也不能回来，而且它无法被替代或交换，因此人类无法驾驭和控制时间（起码到目前为止人类的智慧还做不到），只能去适应它。

由于这些特性，人类和时间的关系十分微妙。著名的苏联作家、诗人马克西姆·高尔基（Maxim Gorky）这样形容时间："世界上最快而又最慢，最长而又最短，最平凡而又最珍贵，最易被忽视而又最令人后悔的就是时间。"

"时间是无私的，也是无情的，它不为快乐的人、任务繁重的人有所延长，也不为痛苦的人、焦急的等待的人有所缩短。"同样以反差手法描写时间的是印度的诺贝尔文学奖得主拉宾德拉纳特·泰戈尔（Rabindranath Tagore），他的描写与高尔基的不谋而合，都表现出人类对时间的又爱又恨。

当然，假如人类不需要时间的话，它的存在便可有可无，但问题是这并不可能，因为它一直在影响我们的栖息地地球，直接支配着我们的生存条件。就算在我们的祖先还没意识到时间的存在时，他们也已经开始"看天做人"，他们的温饱和冷暖无不受到时间影响。

时间的历史比人类的悠久得多，只有在不断进化后人类才逐渐意识到时间的存在和重要性，与此同时我们越发受它的支配，其对我们的影响也越来越大。当社会和文明进一步发展时，我们开始尝试利用时间，赋予它更多"功能"，并逐渐受它支配。

为了方便衡量，我们利用了不受外界影响的物质周期变化的规律，选择用地球自转一圈的时间作为一天的标准。无论是今天用的时、分、秒还是古代用的时辰和刻，都是对时间的量化，可方便实现它的"功能"。

人类受时间支配的程度随着社会的发展不断增加，人口越多、生活和工作节奏越快、经济活动越丰富，对时间的依赖度越高。从粮食供应、货物生产、贸易往来，到医疗教育、文化艺术、环境保护等，没有一种活动能够不受时间制约。

在从意识到时间存在，到适应时间变化，再进步到主动利用时间这个过程中，我们学会了要求自己（彼此）在规定的窗口时间内完成各种活动和事情，还学会了用时间做出各种比较——人跟人、事跟事、物跟物，还有三者之间组合的比较，人类把利用时间互相制约的"功能"发挥到极致。

就连我们在娱乐时也离不开它的影响，惊险电影会在千钧一发之际刺激观众的情绪，电子游戏的玩家们会因为未能及时升级打怪或输给了别人而沮丧，这些都是时间在背后"作祟"。

同样，企业作为现代社会组成的一部分，自然无可避免地受到它的制约。企业和经理人的挑战，正是被要求在有限的时间里，完成既定的目标和过程，同时要做得比别人或自己上一次好。

就这样，本来"无限量"供应的时间成了经理人手中最有限和珍贵的资源。

## ❖ 经理人的时间该花在什么地方

那么经理人应该怎样利用有限的时间去产出最佳的业务结果？我尝试通过一个简单公式的方法去分析这个问题（见下图）。

业务产出是对的目标、策略和执行的结果

业务结果的产出 = $f_n$(对的目标、对的策略、对的执行)

对的目标 = $f_n$(经理人对目标准确理解、分析、分拆)
对的策略 = $f_n$(经理人对策略准确分析、假设选项、判断、决策)
对的执行 = $f_n$(经理人对业务有效的组织/计划、授权/指挥、监督/调整，以及团队士气、团队技能)

任何业务要产生理想的结果，对的目标、对的策略和对的执行缺一不可。目标正确，经理人就能够承上启下，既能和上级保持一致，又能引领团队朝着同一方向进发。经理人要对上级目标充分理解，通过客观分析和合理分拆，才能形成团队（部门）的目标。在这个过程中经理人要考虑到目标的挑战性，包括目标的内在难度、允许的时间和团队能力等各种因素。

确定目标之后，经理人需要利用他的思考和洞察能力，对内在和外部环境做出准确分析，假设出不同选项，然后以客观标准进行判断，确定最佳的策略。对的策略既能让团队准备更充分，也能在各方面防患于未然、少走弯路，是经理人最"烧脑"的工作。

西方企业管理理论认为企业成功"三分策略、七分执行"，如果策略是最"烧脑"的工作，那么充满细节、讲究纪律的执行一定是最"耗体力"的活儿。虽然受中国传统文化影响，我们认为亲力亲为是一种优良的品质，但是成为经理人后如果每件事情都亲自上手的话，就算累死自己，也无法完成业务目标，团队作战能力也无法释放，资源白白浪费。

上述道理虽然简单，"亲力亲为"却是许多新晋经理人的通病，也包括当年的我，总觉得看着别人干不如自己做来得更快更好。事实上有了团队"代劳"之后，经理人对执行就有了新的定义——组织/计划、授权/指挥、监督/调整（解决问题）。通过执行这些管理活动，经理人需要最大程度让团队的执行力发挥出来，完成更大的目标。

## 🎁 授权还是自己干

企业的管理活动在本书分别进行了探讨，在这里我想突出授权（Delegation）的意识和能力问题。授权貌似简单但并不容易，有些经理人轻率授权经常"所托非人"（用错人或任人唯亲），有些只是表面授权但实际上"从未放手"，无论是过度还是不及，都会让执行失效。

经理人授权员工获得相应的权力（通过制度或一次性授权）去完成任务，前提条件是合理分工，这样才能匹配上能力最合适的人。这不但要先从组织资源、厘清流程和工作计划入手，更要求经理人清楚了解员工的能力、知人善任，再辅以合适的赋能，这样授权才会起到应有的作用。

让员工自立，同时又能控制局面。前提是经理人能完全掌控，计划、监督、矫正和过程管理，一样不能少。

授权不代表经理人不会自己干，但是"亲上火线"的目的和从前大不一样。无论是写程序、画工程图，还是在车间当值、访问客户等，在绝大多数情况下自己干的作用更多应该是身先士卒做个示范，帮助团队攻克难关，鼓舞员工士气，替员工扛责任（降压），或是获取一手信息以帮助自己决策。如果长期冲在一线，经理人很容易顾此失彼，团队的整体执行力肯定会受到影响。

授权的意识和能力缺一不可，经理人做好授权，能将时间合理分配，产生强大的杠杆作用，使团队获得更大的生产力。

要支持好整体执行工作，提升团队作战能力尤为重要，团队的选、用、育、留等问题自然属于经理人的关注重点。完善相关流程、制度和保持充分的人员沟通，是确保团队的士气和技能都能满足业务需要的关键工作，也是经理人需要投入时间最多的地方之一。

## 🔷 时间管理常见的问题、原因和建议

作为过来人，我发现许多经理人对时间的使用并不平衡。有些"思考型"的喜欢把时间用在策略上，远离实际业务，缺少和员工的沟通；有些则更愿意"亲上火线"，花在管理活动（包括授权）和团队（鼓舞士气和培养技能）上的时间却远远不够。

为了提醒自己，我在管理上有个"三分之一原则"，即将时间大致平均分配到策略、执行和团队3个方面，落实到日常工作计划之中，并且会在每周、每月和每季进行复盘（不追求每日都做到），确保我的时间均衡使用在同样重要的地方。

经理人对业务能投入多少有效时间，跟他的所有工作时间、懈怠时间，以及业务目标允许的时间息息相关（见下图）。

经理人对业务目标的有效投入受能力和时间影响

经理人对业务目标的有效投入 = $f_n$(经理人的能力、有效投入时间)

经理人的能力 = $f_m$(经理人的策略、执行、团队能力)
有效投入时间 = $f_o$(经理人所有工作时间、业务目标允许时间、懈怠时间)

有些事情需要较长时间处理，但是受业务目标制约必须限时完成，这时候经理人需要以事情的轻重缓急（紧急性/重要性）决定优先级，还要判断事情的最低用时（不一定追求完美），尽量将可用时间合理地用于各种目标的实现上，最大程度影响业务结果的输出。

工作时间越长、中间懈怠（休息、放空、浪费）时间越短，可用在处理业务上的有效时间自然就越多。如何按照自己的作息习惯将有效工作时间的"供应"增加，也是经理人在时间管理过程中需要重点考虑的。

科学证明，高质量的休息能延长人保持精力和注意力的时间，极大程度提高个人判断和决策的质量，所以就算再忙再累，经理人也需要足够的休息时间。当然，每个人的作息习惯不一样，有人喜欢早睡早起，有人在夜阑人静时最能集中注意力，经理人应该对自己的有效时间"供应"情况了如指掌，做出自己的规划。但是无论如何，我的经验告诉我，当我在与人沟通的过程中失去平常的耐性和容易发脾气（有别于平常）时，我就需要休息了。

就算经理人的个人能力十分强大，时间管理得不好也会出问题，它不单会造成决策和执行时机的延误，而且会"牵一发而动全身"，影响整个团队的工作。在业务如此繁重的今天，时间管理能力实际上也是经理人个人能力中的重要一环。

现在年轻人的视野、知识和个人能力都比我辈当年出色，但是时间管理方面仍有不少提升空间，这个问题在经理人身上尤其突出。我观察到3类常见的时间管理问题：目标感不足、计划性和时间观念不足，以及执行纪律不足。

- 目标感不足

  ✓ 不重视目标的确立

  首先，部分经理人对目标的确立不够重视，比较"随意"，最常见的现象是目标逻辑不通，跟上、下级目标没有强因果关系。其次，所确立的目标本身不够清晰、具体，在团队各自解读时容易引起误解或尺度不一，结果是目标不清晰甚至出现上、下不一致的情况。还有一个常见的现象是经理人对目标不够专注，经常发生忘记和偏离的现象，但是归根究底都是因为对目标不重视。

  建议：目标清晰的好处在上文已经讨论过，经理人应当给予足够重视，在确立目标时反复"拷问"是否有的放矢，尽量将目标具体化（尽可能量化），尤其是内容、时间和负责人。一旦目标定下来，就需要贯彻执行，时刻复盘，确认是否如期如效，提醒自己不要被其他事情干扰而偏离。

  ✓ 老板的任务永远优先

  这是十分常见的现象，有些经理人的生存之道就是围绕老板做事。他们一心一意希望得到老板的欢心，老板随意的一句话都会变成最重要的指令，为此不惜牺牲自己手上的工作计划都要优先完成。

这样的经理人盲目地把上级老板的想法等同于自己的目标，放弃对管理的独立思考，随意改变业务优先级、搁置手上工作，等到发现原有目标无法完成时才急忙补救，或者推责于下属，寄望于老板同情。

建议：经理人要做一个独立自主的人，确立目标后要跟老板确认，一旦定下来以后要以大局为重，除非老板主动要求你更改目标，否则不要轻易改变，因为到最后老板都会以你的目标作为衡量你的标准（无论你为他做了多少其他事情）。

✓ 过分追求完美

追求完美是一种良好的工作态度，但是对具体效果的接受程度需要和投入的资源平衡，无休止地追求完美可能导致时间超出预期，甚至在最后时刻交出不合格的结果，变得得不偿失。也有些经理人对自己感兴趣的事情会特别投入、过度兴奋，因此会将原有目标置诸脑后，等到想起来时已经来不及补救。

建议：在确立了目标和计划之后，经理人一定要对执行情况保持客观的审视，确保时间和质量能实现平衡，遇到完成质量可能会影响到完成时间的情况，需要迅速寻找解决方法，调整目标和计划，确保如期完成。

● 计划性和时间观念不足

✓ 没有计划，不注重细节

制订计划是必要的管理活动之一，很难想象经理人可以不做计划就完成任务。但是现实中有些经理人不喜欢做计划，推说"只有重要的事情才需要"，简单的事情只需要想想、口头交代一下，然后凭记忆跟进。这种做法的结果往往是连小事都无法完成好，中途忘记的情况经常发生。经理人一旦沾染这种习惯，重要事情的计划也势必无法做好，皆因大事都由小事组成，小事的计划不做好，大事的计划也不会完善。

建议：经理人从小事开始，养成制订计划的习惯，哪怕是再小的事情，都要写下任务清单，简单扼要地列明时间和内容。经过反复的锻炼，经理人会养成系统化分解任务的能力，这一能力能在大事上发挥更大作用。

✓ 不会区分轻重缓急

将紧急和重要的事情分别列在 4 个象限中决定处理的优先级，是时间管理中最为人所熟知的理论，但是真正能用好的经理人并不多。很多经理人一天到晚都在忙碌，但发现自己忙来忙去的都只是在应付紧急的事情，而没有把重要的事情提前计划好，未雨绸缪。

建议：经理人要摆脱应付眼前事情的"惯性"，以先重要、后紧急作为优先级分类的条件。在确立优先级的过程中，对业务价值和所需时间做出客观评估，能帮助经理人做出更好的选择。

✓ 不会利用碎片时间和同时处理多任务

经理人工作繁重，经常需要在同一时间里处理多个任务。我观察到两类经理人：一类经理人"很多事情都开了头，做了一半但没有结束"；另一类经理人习惯一次只处理一个任务，在没有结束时，没有精力（兴趣）开始处理另一个任务。无论是上述哪类经理人，都把自己变成任务的"瓶颈"，让目标难以如期完成。

这些经理人会吐槽事情太多而时间不够用，但是事情多是经理人无法避免的问题，只能从时间上入手去解决。鲁迅先生说过，"时间就像海绵里的水，只要愿挤，总还是有的"。"时间就像是海绵里的水"，是说我们在工作中其实有不少碎片时间，这些碎片时间如果不被利用，便会沦为懒怠时间而被浪费。

建议：大的任务会占据太多的时间，但我们很难"一口吃成个胖子"；而碎片时间过于零碎分散，很难用来处理大任务。要同时解决以上两个问题，最好的办法是将大任务分解拆细至能在短时间内结束的子任务，这样子任务便可以被从容地安排在碎片时间中处理，减少事情拖延的情况出现，让经理人可以在同一时间里处理更多事情。久而久之，这样做间接也会提升经理人对自己处理能力的信心。

✓ 对时间限期不尊重

无论是自己计划中的目标时间，还是答应过别人的限期，都是一种承诺。经理人最常见的失信，就是无视对自己和其他人或部门限期的承诺，让自己和别人的计划超期。限期对他们来说只是一个模糊而不是精准的时间概念，他们只按照自己的节奏做事，错误地将无"限期"的观念，变成了"无限期"的坏习惯，这样做不单对自己的目标不负责任，也是对其他合作团队的不尊重。这样的习惯一旦染上，会大大影响自己在别人心中的信任度。

建议：经理人要检讨自己是否有这种坏习惯，一旦发现应当立刻改变，并且在做出任何时间的计划和承诺之前，客观评估其是否合理，千万不能随意。

- 执行纪律不足

  ✓ 应变能力不足

  在企业里唯一不变的就是变化不断，经理人每天都会碰到不少足以打乱计划的事情。遇到别的部门在自己前面"插队"，经验不足的经理人往往不会说"不"；遇到团队向自己提出新的要求，又会苦思该如何处理。凡此种种经常会让经理人分心，甚至临时增加额外工作，打乱原来的时间计划。

  建议：经理人要通过工作培养自己的应变能力，但是灵活不等于投机取巧，而是要充分考虑手上的工作和外来变化，评估哪个更重要，还是紧急但不重要，是否有折中的办法等。有时候经理人又要以不变应万变，纵有再多干扰，也要时刻专注于手里的目标，努力集中精力，控制和保持自己的节奏，不半途而废。应变能力不是一朝一夕可以掌握的，切忌随波逐流，只有通过不断应对，才能积累经验，逐步进步。

  ✓ 懒惰

  懒惰是常人的通病，但几乎没有人愿意承认自己懒惰。不少时候当经理人被问到为什么事情没有按计划完成时，总会有一堆别人和环境的理由，但是当我再三了解之后，发现问题出在经理人自身的懒惰上。一时的懒惰可以理解，尤其是在长期高强度的压力下，就算是再好的经理人也会偶尔"开小差"，但是如果形成习惯的话，后果会严重得多。它不但会影响工作进度，还会因为需要以各种借口遮掩，造成经理人对业务的错误判断。"明日复明日，明日何其多。我生待明日，万事成蹉跎。"

  建议：经理人应养成制订每日任务清单和每日复盘的习惯，并且竭力不让事情"隔夜"。我还会为自己制造仪式感，将每日清单上的任务完成一项划掉一项，直到最后把清单纸扔掉，给自己一些满足感。

  ✓ 缺乏任务跟进

  懒惰的"孪生兄弟"是缺乏跟进，有些经理人因为懒惰而疏于跟进，也有些本身就缺乏跟进的意识，无论是哪种情况，他们都天真地认为别人会"自动"回来报告或更新行动情况。经理人若遇上不负责任或沟通意识薄弱的人（这类人往往就如断线的风筝一样），就会出现很久不联系的情况，等到经理人想起来时，会发现任务早已经超时或根本从未开始。

也有些经理人不喜欢电子邮件或微信之类的非面对面沟通方式，因为这类沟通"看了就算"和"从不回复"的不在少数。若别人对工作的回复轻易被经理人忘记或忽略，一不小心经理人倒成了别人的"瓶颈"（别人在等经理人的回复以便进行下一步），久而久之人家也就懒得反馈了。

建议：经理人工作繁忙，经常要同时处理多个任务，往往下一个任务的开始依赖于上一个任务的结束，如果不主动跟进别人的进度，受伤害的总是自己。经理人可以将"需要跟进别人的任务"加入每日工作清单之中，确保不会遗忘，养成定期任务跟进的良好习惯。

✓ 无效沟通

时间管理中最让人痛心的是将得来不易的时间轻易浪费，而最奢侈的浪费方法莫过于无效沟通。沟通是经理人花时间最多的地方，把团队找来开会研究问题、跟员工讨论绩效结果、向上级汇报工作，无论是集体会议还是一对一的场合，大家好不容易才能凑到一起，应该善用机会。但是不少经理人缺乏沟通的目标、控制能力和纪律意识，沟通漫无目的，更像是聊天（有时候变成吵架），到头来一无所得，浪费时间。

建议：经理人要重视并加强沟通能力的培养，利用好每一次沟通的机会，包括事前计划、事中控制和事后跟进。有关沟通的讨论，将会在后面展开。

✓ 优柔寡断

新晋经理人常见的一个毛病是不敢做决策，到关键时刻会瞬间患上"选择困难症"，这也无可厚非，毕竟经验不足。但是也有些资深经理人过于谨慎，总是举棋不定，就算是事情经过充分论证依然议而不决，甚至在来回不断地分析之后，依然不敢做出决定，患上更严重的"分析瘫痪症"。经理人的每个决策都有时间成本，上述情况就算不造成延误战机，最起码也会打乱计划部署，将时间压力交给后面的人。

建议：经理人的最重要的价值之一就是做决定，患上"选择困难症"或"分析瘫痪症"的，需要提醒甚至强迫自己做决定，或者主动邀请信得过的人（如上级）推动自己在合适的时候做决定，然后通过事后复盘证明决策正确，逐步增强信心。

✓ 　逃避困难

有些经理人十分懂得如何在工作中保护自己，这样的经理人过分关注自身的利益，这往往是能力和自信心不足的表现。当他看到困难时——无论是来自任务的难度还是复杂的人事，经常潜意识先求自保，寻找各种借口回避。在逃避不了的时候，他很可能会采取拖延政策，希望能够拖得过去，就算牺牲任务时间和跟他合作的团队也在所不惜。

建议：很难确定有什么好的建议能够帮助这类经理人改变逃避困难的习惯，最根本的解决方法是经理人需要从提升个人能力和信心开始，然后才能改变心态，将自己的个人利益放到业务和团队之后。

以上时间管理中存在的常见问题是否囊括了全部问题并不重要，分类是否正确也不是关键问题，总结的目的是希望以此引起经理人对时间管理的足够重视，及时反省和发现自身存在的坏习惯。不管其根本原因是什么，能够改变任何一项，都会帮助经理人提升时间管理的能力。就算是经理人一点毛病都没有，他也可以利用自己的时间管理能力来帮助自己的团队进步。

无论你想成为什么样的经理人，良好的时间管理意识和能力都是必要（虽然不充分）的条件。在这里，我将高尔基的一句话赠予所有经理人："时间是最公开合理的，它从不多给谁一份，勤劳者能叫时间留给串串的果实，懒惰者时间给予他们一头白发，两手空空。"

# 13　有效沟通

## 📦 沟通是管理的"硬通货"

很多次我和我的经理人商定要尽快跟某部门/团队/员工沟通某件重要事情，结果数天之后还没发生。起初我以为经理人太忙没有时间，后来我发现他其实是在拖延，他不断用其他事情作为理由。在经过多次不同的观察后，我意识到很多经理人有沟通"逃避症"。

有些人性格内向，不善于跟人交流，典型例子是技术或财务人员成为经理人之后才发现自己专业过硬并不够，原来管理还包含大量沟通工作。有些人性格温和希望与所有人保持和谐关系，在成为经理人后却经常需要跟员工沟通一些困难的问题，比如员工的绩效评分、指出工作中的问题、跟踪进度等。

他们的应对策略往往是能避免面谈时尽量用电子邮件解决，不能避免时能拖则拖，不能拖时碰面尽量不触碰问题的核心，绕不开时点到为止，希望对方自行意会，不愿意直接戳破。无论是哪种策略，结果要么是目的没有达到，事情没有办成，要么是引起员工误解。

这些"随性"的沟通做法对管理工作而言是个硬伤。经理人不能做出及时的有效沟通注定无法成为成功的经理人。经理人必须面对这个挑战，克服自身的问题，无论是发表意见、主持会议还是一对一沟通，都需要具备良好的沟通技巧。

好消息是经理人的沟通能力不在于能言善道的如簧之舌，也并非与生俱来，而是可以通过后天学习方法和技巧，不断打磨而成。事实上，沟通是各行各业大部分岗位都需要的能力，社会上已有各种培训，也有不少心理学和管理学领域的作者著书立说，我自然不敢班门弄斧，我只从自己的实际管理工作经历出发，总结分享一下沟通的经验。

## 常见的沟通缺陷

经理人也是人，除了受自己的管理风格影响之外，一路走来自然也累积了不少自己的沟通习惯。这里列出一些我观察到的经理人在沟通时经常会有的缺陷。

- 只说不听

  我见过太多经理人沉醉于发号施令时的满足感，"就按照我说的去做就行"几乎是唯一的沟通方式。"一言堂"的经理人不让员工提出意见或建议，听到反对的声音会断然拒绝，结果就是失去提升决策质量的机会。当然，有时候形势需要经理人更为果断，在紧急时强制型的管理风格和"一言堂"能够快速动员团队，提高执行力。但是这种沟通方式不能长期使用，否则久而久之，员工会失去说真话的勇气和兴趣，要么说些经理人喜欢听的内容，要么干脆闭上嘴巴，甚至背后诋毁或"下堂求去"。

  在适当时候"一言堂"是可以的，但是有不少经理人缺乏理解别人的同理心，"一言堂"的做法只为了彰显自己的权威，照顾心里的那个"自我"，证明自己永远是对（比别人优秀）的。这实际上是在错误使用经理人被赋予的权力，必须要好好反省。

- 只听不说

  英文有句俚语"Play one's cards close to one's chest"，意思是在玩扑克牌时把自己的牌紧紧捂在胸前，不让对手看到。有些经理人喜欢在沟通时只听不说，他们不断地吸收别人的信息，却不愿意表达自己的态度和意见。当员工汇报后他们会说"我听到了"，但很少会提供实质的反馈或下一步行动的指示。这样的沟通对成熟员工也许还行，新人会因为得不到意见而感到无所适从，摸不着头脑，意味着后面的执行可能会出现问题。

  把重要信息"捂在胸前"如果是有意识地为了保护某个策略或战术，又或者是在辅导时考验员工的能力，都可以理解。但是如果（有时候是潜意识）动机是不想让别人抢了自己的功劳，或者害怕做错决定的话，那就是经理人失败的沟通方法了。

- 不听不说

  也有些极端例子，大多出现在成熟企业和老员工身上，经理人对别人提出的问题不轻易表态，甚至听而不闻，经常来一句"我刚才没注意听"，然后顾左右而言他。这种"不听不说"的沟通方式，对于推进业务、解决问题毫无帮助，也让合作的同事无所适从，是典型的坏官僚做派。

  经理人出于什么动机这样做都有可能，不过大多具有强烈的自我保护意识，比如为了明哲保身避免得罪人、"不做不错"不想做决定，又或者是受到之前决策错误的打击，不愿被"枪打出头鸟"。这样的做法如果因只是一时想不通还可以改变过来，但如果是抱着"过安稳日子"的心态，将很难融于日益激烈的行业和企业竞争中。

  也有一个可能性是经理人自身"听力"的问题，他不懂得如何从人家的话语中过滤关键信息；不能分辨出真实意思或听出弦外之音，经理人自然也不敢轻易表态。相对而言"听力"有问题不难解决，只要意识到了就可以，通过不断复盘听过的东西和事后比对，"听力"可逐步提升。

- 情绪影响

  适当运用情绪有助于沟通，但是有些经理人激情澎湃有余而耐性不足，在讨论问题时容易控制不住情绪，听到不对（他认为的）的内容会贸然打断别人发言，甚至在激动时失去理性，出现对人不对事的情况。这种情况一旦出现，会让对方产生自然的抗拒，这一来一回讨论就变成了争论，甚至人身攻击，业务沟通变成"翻旧账"，解决问题变成制造矛盾。

  不少经理人会为这样的沟通后悔、沮丧。更好的方法是不要将情绪带进沟通，时刻提醒自己要保持冷静。激烈的讨论可以提升决策质量，但要确保客观并且对事不对人。

以上这些缺陷不少是经理人性格和习惯使然，自身没有察觉和意识到，直到有人（我）给他们指出之后才恍然大悟，在这里我提出来是想给读者提个醒。同时我也必须指出这些常见的沟通缺陷并不是全部，这里只是抛砖引玉让读者自行思考和"脑补"相关的缺陷。

## 🔳 沟通的目的

在企业中经理人的沟通场景特别多，有对上、对下和对其他部门的，有在人前讲话、主持会议和跟员工一对一交流的；而且每次沟通的内容都不同，有好消息，也避不开坏消息。面对各种场景，年轻的经理人一时之间可能不知如何处理。也有些新人为了肯定自己的存在，总想证明自己是对的，这种心态很容易让经理人偏离沟通的目的。

这时候我们不妨回到起点，从沟通的目的开始准备。沟通的场景和内容虽多，不过万变不离其宗，依然可以看到一些规律。所有沟通的目的不外乎以下几种。

- 宣贯动员

  在企业、部门，以及一对一的会议中，相当一部分沟通的目的是传达企业的方针、策略、政策和规矩，也经常包括动员员工。这类偏于单向的沟通相对简单，经理人代表的是其企业，重点是要讲清楚、说明白，尽量让受众了解和接受内容，所以他们只需要提前准备，充分理解并且认同沟通内容便可以从容应对。

  我见过大部分出问题的经理人是根本没有准备，或是对沟通内容一知半解，更遑论认同。这样的沟通显得没有诚意，会被一眼看穿；万一遇到一两个有难度的提问，更可能导致经理人手足无措而让员工对沟通内容失去信任。

- 了解情况

  有时候经理人沟通的目的是了解情况，感知业务的节奏。员工眼中的业务进展、遇到的困难、对策略的认同、对部门团队的看法，还有自身的士气情绪等，都是经理人常常关心的事情，能够帮助他更好地铺垫后面的工作。

  了解的最佳方法是以真诚的态度提问，然后以开放的心去聆听。这种沟通的困难之处在于经理人通常早有自己对沟通内容的看法或假设，遇到对方有不同意见时，很容易忍不住打断对方，甚至过早将自己的看法强加于对方身上。这样子不单是无法达到了解的目的，还会破坏辛苦建立的信任。要想做得好，经理人要记得保持开放的心，要忍住，不要随便提意见，只在适当的时候去澄清疑问或引导讨论，以确保能够获得想了解的信息。

● 说服对方

大部分人一提到沟通，首先想到的就是要说服对方。经理人要解决的问题很多，自然有大量的说服工作要做。这类沟通通常发生在小范围或一对一时（在大范围中难以控制，众口难调），触及的内容甚广，从企业/部门策略、行动部署、部门间合作，到与个人息息相关的绩效评分、薪资调整、部门调动等，几乎涵盖企业所有的事情。

经理人经常会碰到争议大的内容（尤其是和个人利益相关的），万一又遇上固执难缠的员工，要去说服对方就变得特别棘手，即便是有经验的经理人也会再三思量。更为困难的是，有时候经理人打心眼儿里认同或同情对方的立场，就难免在沟通过程中显得信心不足。

经理人说服能力再强也不会好过有准备，临阵磨枪不如交流之前做足功课。比如在跟员工讨论绩效评分之前，经理人是否了解和分析了员工的前期反馈，这样的准备会让最后的沟通变得相对轻松。

在交流时经理人不妨效法销售人员，假想对方是你的客户，先了解对方的痛点和需要，然后才把你的解决方案以切合对方需要的方式呈现出来。经理人尽管心里已有立场，但是要更多地从对方角度思考，这可以帮助经理人更有针对性地梳理逻辑，做到更合情合理。此外在遇到固执的员工时，应尽量避免"硬销"（Hard Sell）和"硬刚"（Confront），否则只会适得其反。

● 寻求共识

企业中有很多事情需要寻求共识。经常听到经理人埋怨自己部门内有不同声音；又或者在跨部门的合作中，彼此的职责不同，却又需要共同为企业的大目标负责。

无论是策略、行动还是利益分配，寻求共识是所有沟通中最难的，因为"摆不平"和各持己见意味着彼此立场不同，而且在彼此不能说服对方时还要达成共识。这个过程十分痛苦，既挑战经理人解决问题的智慧，也需要彼此都做出取舍，接受一个对自己而言不是最理想的结果。再加上在这个过程中总有些人置大目标于部门或个人利益之后，只管坚持自己的立场或者不表态度，很容易让沟通陷入胶着状态。

越是成熟和部门分明的企业越有可能出现这样的局面，就算对有经验的经理人而言这也是挑战。解决方法是无论用什么方式，首先要建立双方都能认定的目标和时间"死线"（Deadline），以终为始。这个共同的起点是关键所在，是后面双方妥协的基础。有了目标和时间后，接下来要商定双方能接受的底线，在这个时候各自都要先想好哪些是必须"取"的，哪些是可以"舍"的，才有机会达成共识。不要以为自己总是利益牺牲的那一方，我的经验证明，若能够达成有利于大目标的共识，到头来双方都是得益者。

认清沟通的目的能让经理人摆正心态做好准备。在任何成功的沟通中，充足的准备都占据成功因素的一半，另外25%是内容逻辑，剩下的25%是临场表现，而能言善道只占临场表现的一部分。以上分享的几个沟通的目的，会出现在同一次的沟通中，把它们解剖开分别呈现，只是为了帮助大家更好地理解和做好充分准备。

## 🎁 沟通的技巧

沟通没有绝对的方法，众多心理学家和管理学家也都提出了很多窍门。在企业管理中我特别想指出主动沟通的重要性。

在生活中有不少人（包括我）依赖别人去提醒日常琐事（如起床、做家务、吃饭、交作业等），把责任交给别人代劳，让自己感觉轻松些。但是经理人对沟通这件事不能被动和拖拖拉拉，否则很容易失去把控业务节奏的最佳时机。经理人每天要处理的重要事务繁多，重要的沟通往往都不容易，潜意识中的不安经常让经理人不自觉地逃避，等到发现时可能已经来不及补救。

最典型的例子是经理人突然接到一个重要员工的辞呈，追问之下才发现虽然早已有点苗头，但自己一直没有跟进沟通，根本不知道员工在想什么，只能推说是别人高薪挖墙脚，实际上是其他原因。

优秀的经理人一定善于主动沟通，貌似被动地等待也一定只是佯装或等待最佳时机。他们明白如果任由对方处于主动地位或者因自己的原因拖延沟通，将会打乱自己的节奏，甚至把好事变成坏事。这其实有点像销售过程，谈判的时机必须牢牢掌控在自己手里；经理人对沟通技巧的使用，也跟销售人员十分相似。

- 目的和立场

  沟通的目的前面已经讨论过，经理人不知自己谈话的目的，就是在浪费时间，走过场。沟通是单一还是多个目的，经理人要根据环境和时间事先想好，就算目的是聆听对方的声音，也需要提早准备，才能在不经意间引导（否则变成纯聊天了）。我建议年轻的经理人开宗明义，在相约时告诉对方沟通的目的和自己的立场，在沟通开始时重复一遍，预设好双方的期望，减少互相摸底的时间。纵然偶尔会碰上一些"老油条"跟经理人玩"捉迷藏"游戏，但只要经理人围绕目的坚守立场，也不会过分被动。

- 真正的同理心

这些年来在我接触过的经理人中，没有一个不同意同理心在沟通中的重要性，但在现实中能够把它自如地应用在各种场合的寥寥可数。大多数的经理人都愿意在无关紧要的时刻展现他们的同理心，但是到了紧急或重要关头时还是据（自己的）理力争。这时候自己的同理心消失了，取而代之的往往是"请你理解我的想法，我是对的"，要求对方有同理心。

这或许是人性使然，但是真正有同理心的经理人，恰恰在这些时候才会显出它的作用。就算明知自己是对的，经理人也能够设身处地从对方角度思考与了解问题及其原因，一步步引导对方获得正确的结论。

同理心在很多书本和培训中都有，但经理人需要反省是否真的懂得它的意义，不随性而为，更不是在"方便"时拿来秀一下，它在管理与沟通中，尤其是在说服对方和寻求共识时，至为重要。

- 营造信任氛围

年轻的经理人常常问我如何才能在沟通中听到真实的声音。我的答案是当对方感到放松、安全（保密和不追究后果），且认为你理解并且愿意听他讲的时候，这时说出来的话通常是真的。虽然这个答案未必百分之百正确，但是经理人如果能够营造这样的信任氛围，会大大增加听到真实声音的机会。

经理人的真诚，是打动对方的最佳"武器"，即使是对经理人抱有戒心的人，也很难完全把门关上。在说明目的之后，先给对方说话的机会，只要他开始说起来，尽量不要打断对方，让对方表达完整的观点。我经常看到经理人急于表达自己的看法，不自觉地不断抢话，给对方的感觉仿佛在纠正自己，这样无助于信任的建立，也极可能让经理人听不到对方的观点，错失求同存异的机会。就算遇到一些关键问题需要澄清时，经理人也应当礼貌地（即使是对员工）等待对方停顿时进行澄清，并且在对方讲完之后，确认自己对内容的理解正确。

良好的氛围和对方的信任，为沟通创造了有利的环境，对员工工作反馈、绩效评分、部门间讨论困难的问题，乃至感知团队士气和企业情况，都有很大帮助。因此，经理人在沟通中不光要用耳朵去听，用眼睛去观察，还要带着脑袋，及时处理获得的信息，为后面的沟通铺路。

- 提问和引导

引导是根据由沟通目的预设好的逻辑，通过多层次提问，逐步引领对方走向你的立场。你想达到怎样的结果？为什么对方要认同你的立场？背后的道理和原因是什么？经理人要事先想清楚有效的问题和预期的答案，才能由宽到窄、由浅入深，逐步收窄到希望的结果。经理人最好在心里推演过沙盘，确定它经得住推敲，否则会像渔网破了洞，到头来一无所获。

提问的方式很多，"什么"（What）、"为什么"（Why）、"如何"（How）、"谁"（Who）、"何时"（When）和"哪里"（Where）是获取信息的常见方式（称为5W1H）。我喜欢先以"什么"开头，然后再以其他几种问题跟进，交叉使用，直到获得足够有用的信息。这个所谓5W1H的提问方式没有固定答案，所以也称为开放式提问。虽然答案全凭对方给出，主动权不在自己手里，但经理人在设计引导逻辑时，应该尽可能对可能的答案做出推断，才能继续通过下一个问题跟进。在开放式问题中，还需要加一些封闭式问题辅助，这些答案只有"是/否"与"有/没有"的问题和开放式问题交织在一起，形成一张逻辑紧密的"网"，逐步向结论靠拢。

很多时候员工出于不同的原因（比如听不明白但害怕出丑，或者根本没有注意聆听）对经理人的发言只做出唯唯诺诺的反应，就算经理人再三确认也只能得到似是而非的答复。提问和引导的另一个重要的作用是能够用来判断对方是否真正理解自己的观点和立场，也是我常用的方法。

提问和引导相辅相成，缺一不可。一方面，提问是引导的必要工具，引导没有提问作为支撑会无从施展；另一方面，没有逻辑引导在前，提问就变成乱问一通，浪费时间。要增加听到真实声音的机会、说服对方和获得共识，有效的提问和逻辑严密的引导是最重要的技巧，需要经过不断打磨，这样才能提高经理人的临场应变能力。

- 事实支撑结论

如果引导顺利，到最后经理人陈述结论时，只要重复整个逻辑，达成沟通目的便是顺理成章、水到渠成的事情。就算过程不顺利，遇到对方挑战，经理人也要以事实为根据，以理服人，不能为了说服对方去编造故事。当然，在需要的时候经理人也应该善用被赋予的权力，帮助自己达成目的。

有关管理中沟通的技巧大抵如此，但是具体使用时需要灵活变化，因人而异、因时制宜。企业中各式人等都有，大都是明事理识大体的，但有些人要在沟通时特别注意，我凭经验大致将这些人分为如下几类。

- "不表态者"：这类人参与沟通，看似理性但不想负责任或害怕出错，通常会以"跟老板的想法站队""只提出参考问题不提供想法""只挑毛病不提供办法"等方式参与讨论。

- "算计者"：小肚鸡肠，机关算尽，为自己争取最大利益。

- "固执者"：无论在什么情况下都坚持自己的逻辑是对的，即使逻辑已经被攻破。

- "理工直男"：对自己的逻辑相对坚持，直到被更好的逻辑说服。

- "情绪化者"：有逻辑讲道理，但是很容易被情绪影响。

- "旁观者"：基本不参加问题讨论，也不表态。

经理人了解了这几类人之后也可以自我检查，避免自己成为其中的一类，更需要时刻准备好应对具有这些沟通特点的员工和同事。

有效沟通是对目的（场景、预期结果等）、内容（逻辑、事实等）、对象（性格、特点等）的分析和管理。再好的口才也抵不上充足的事前准备，哪怕是看来微不足道的沟通，我都会在去开会的路上或利用泡茶的功夫在心里演练一遍，确保临场发挥正常。

沟通能力可能是大多数经理人最为自我感觉良好的管理技能，愿意认真思考和下功夫完善的寥寥无几。要想成为真正高效的经理人，我建议不妨从这里寻找提升空间。

# 14　主持会议

## 会议反映企业文化和执行能力

经常听到员工在私底下抱怨，"明天又要开会了，不知道这次会不会有结果""不知道这次又有谁会挨骂了""不知道老板有什么想法"。如此之多的"不知道"，反映出很多员工对会议不定性的无所适从。久而久之，不少员工闻"开会"色变，变得都不喜欢开会。

我的工作需要跟很多客户和合作伙伴接触，有几家企业的主管特别郑重地告诉我，他们除了跟外部接触时开会之外，内部绝少开会。从他们的眼神和语气中，我确信他们认为开会是一种"坏习惯"，低效而浪费时间。

但是如果开会真的没用，为什么几乎所有我接触过的企业的办公室里，最紧缺的永远是会议室？有人认为正式会议的压抑气氛和人数是原因，于是不少企业在办公空间辟出更多社交休闲空间，或将大会议室数量减少，腾出空间开辟出更多适合两三人的小会议室，目的是要减少开会的人数，并尽量让员工们可以在更非正式的环境中交流。但是有趣的是，那些小会议室和休闲角落使用率并不高，而"硕果仅存"的大会议室依然难订上。

很多事实证明，开会仍是企业管理活动中最频繁的一种，从最简单的"我俩找个时间聊一聊"到年度全体大会，正式和非正式的会议充斥了经理人的日程安排，是他们最主要的管理手段，越是高级的经理人越是如此。

但是在我的经验中，确实有不少会议让我觉得在浪费我的时间。有些会议漫无目的，有些纯走过场为开会而开会，有些内容不充分，有些中途被人带偏，有些意见相左变成吵架，无论是哪种情况出现，会议要么议而不决，要么单方决定，要么不了了之，甚至不欢而散。

开会看似简单，但其实要开好难度很大，但凡有人的地方就有不同的意见。对同样事情的理解差异，加上人的性情不一，自然容易产生分歧。也有些员工不是一心一意为了推进业务而开会，更多的是考虑如何保护自己或争取更大利益，这些人让开会的过程更为复杂。这些原因其实大家都心知肚明，因而很少有人愿意投入精力把会议开好。

开会这个活动本身并无不妥，关键在于会议能否发挥它应有的作用。人在会议中交流，和者能共谋合作，不和的话各种情况都可能出现。我见过好的企业和部门，开会高效，分工清楚，合作无间；也见过不好的企业和部门，动辄就开会解决问题，却总是议而不决。

而经理人作为会议的主持人，是否有能力和是否能认真用好这个手段，将直接影响业务推进顺利与否。有些经理人对开会过于简单随意；有些经理人搞"一言堂"强推自己意见，参与者选择三缄其口不表态；有些经理人对参与者缺乏适当引导，导致各说各的、互相指责或推脱责任，最终都得不到满意的结果。对会议（比如说每周例会）不重视、对议题缺乏准备、对会议过程没有有效引导，是经理人主持会议时最常见的问题。

优秀的企业利用高效的会议促进合作、提高执行力；平庸企业中的会议被个人利用来保护自己的利益、逃避责任，成为被员工诟病的"开会文化"。经理人作为团队中企业文化和执行力的"第一责任人"，应该学会如何开会，发挥会议的作用。

## 不开无目的、无结果的会

不少员工经常埋怨会议太多，工作的时间太少，而轮到自己成为经理人后，不可避免地也要召开会议，如何避免变成那个被员工埋怨的人？其实并不难，只要经理人将心比心，自然会明白员工的不满主要来自会议的质量和结果。

不少经理人因为缺乏判断能力、害怕承担责任或对会议的影响认知不足等，动辄开会，而且每次都找来所谓"沾上边"的人，既浪费别人时间，也控制不了会议的质量和结果。

定期例会是被员工抱怨最多的会议，不知道是否由于习惯成自然的关系，很多人把它看作例行公事，时间久了大家就失去对它的重视而使其流于形式。这是一个普遍误区，例会虽然定期但不等于不重要。事实上例会的固定议题一定是重要的，否则不必以持续的方式跟进，因此它要求经理人有更强的把控力和对参与者有更严格的要求，特别要在延续性和行动跟进方面能够做到承前启后，否则任何一人忘记之前讨论过的结果和行动，都会大大降低会议的效果。

经理人对会议的准备工作和把控能力还会让员工耳濡目染有样学样，所以还需要关注团队员工的开会效率，在必要时及时纠正，避免"开会文化"的出现。在高效的企业中，所有会议都要经得起推敲。如何确保会议目的达到，不浪费员工的时间，这个重要的责任落在了经理人身上。以下几个问题可以帮助经理人判断会议的合理性和必要性，供读者参考。

- 会议的目的和性质是什么？

- 预期的结果是什么？

- 是可以非正式讨论，还是需要正式会议讨论？

- 是否是需要多人一起讨论的事情？最关键的是哪些人？

- 是需要重复跟进，还是一次性的讨论？

- 需要什么关键信息，信息是否能在会前及时获得？

- 达到会议目的和预期结果的概率是否足够高？

会议的目的各异，但一般离不开以下6种。

- 定目标做策略。

- 组织资源。

- 解决问题。

- 消灭分歧。

- 表现或结果复盘。

- 分享或获取信息。

无论是定期例会还是专题讨论、跟人事还是业务有关、制订计划还是过程跟踪，抑或是重要宣布还是复盘分析，一个会议中很可能包含不止一类的主题，经理人需要分门别类、按部就班去展开讨论，避免问题纠缠不清，要时刻把持会议的方向。

开会是经理人把控业务节奏的手段之一，也是促进员工彼此合作的重要工具。我一直主张开好会是经理人的责任。一旦决定要开会，就要把会议开好，不浪费时间，不开无目的和无结果的会。

## 会议的正确"打开"方式

经理人应当针对会议的目的和性质做出相应的策略，加上有效的会议前准备、过程的把控，以及会后的跟进，才能保证会议的效果。

这话说起来简单，但是真正在工作中，很多经理人总是忽略了会前准备的重要性，常见的3种原因是"我太忙了""这事情很急"和"这事很简单"，但无论是哪种原因，都不能成为缺乏准备的理由。时间浪费了却得不到结果，更糟糕的是得出错误的结论，如此高的成本试问谁能担得起？所以我再忙再急也会在最简单的会议前花上15分钟去思考和计划，遇到重要的会议时会在制订工作计划时安排时间去准备。

（1）任何好的会议主持人都一定能说出有关会议的主题、目的和预期结果，而且会在会前、会中和会后不断重复它们，确保参与者时刻都不会失去会议的"坐标"，不会被激烈的讨论带偏。

遗憾的是我观察到很多经理人往往对会议并没有清晰明确的想法，以致在过程中被挑战而摇摆、偏离，甚至忘记原来的主题。

会议主题、目的和预期结果三者将会议范围和边界定义在同一个方向之上，越是能够具体说明，越有机会产生具体结果。我有一个习惯，就是利用纸和笔，以完整的语句将会议主题、目的和预期结果分别写下并进行修改，直到它们能清晰代表我的想法为止。有趣的是，很多次当我把问题和想要的结果搞清楚之后，会发现原来我并不需要开那个会。

（2）有了会议主题、目的和预期结果后，经理人就要设计会议的策略和进行方法，之前提到的会议的6种目的这时候会起到帮助作用。不同目的的会议要准备的内容、由谁准备、如何带出主题、如何引导讨论、是民主还是集权，以及如何最终达成共识或预期结果等，都会有所不同。

比如要复盘业务成绩，经理人要思考在呈现好结果时如何让团队客观看待而不骄傲，在呈现不好的结果时如何查找不足而不毁掉士气。又如要组织团队为某项目统一行动时，经理人要思考是如何引领员工各抒己见、制订最优计划，还是自行决定计划然后要求员工坚决执行。再如要解决员工间的分歧，经理人要思考是如何对问题分析定性、提出选项和决策标准去引导员工做出最合理的选择，还是充当裁判，在员工各自陈述之后做最终判断。这些都是不同会议策略的例子，需要经理人提前想好。

（3）在思考会议策略的同时，应该参加会议的人员也会呼之欲出。经常看到经理人不假思索，动辄叫上所有人开会，这反映出他对会议的思考不足，对别人的时间不重视。

经理人应当考虑将会议规模最小化，只有必须参与和能够做贡献的人才被邀请，并且提前确认关键参与者是否能出席，以免影响会议策略的展开。

（4）要执行会议策略，经理人要考虑需要用上哪些内容和数据，一旦想好了要及时通知相关的参与者，分派由谁来准备，决定在会议前提供，还是在会议中呈现。

相关内容提前发给参与者的好处是及早拉齐参与者对主题的认知水平，减少在会议中的解释，将更多的时间用在讨论上。而对于那些经常不提前阅读相关内容的员工，经理人也能从这些点滴中见微知著，进一步了解他的员工。有时候我会选择在会议中才呈现所准备的内容，这样可以让我看到参与者临场（通常也是最真实的）而不经过修饰和深思熟虑的反应。

无论是否预先提供内容，经理人都需要"准备"参与者的身心。我习惯在会议前将主题、目的和预期结果发给所有参与者，让他们对问题提前思考，在心理上提早准备，这样在讨论时所有人都没有借口说对问题不理解，也没有理由将决策时间往后推迟。

（5）决定会议时间时要考虑准备周期、关键参与者的时间，还有会议主题和预期结果的业务前置条件。如果是定期的会议，还要加上两次会议之间的执行时间和业务节奏，以帮助判断定期会议的频次（周度、月度、季度等）。

## 🔷 把控会议过程

把提前定下的会议策略推演出来，需要经理人小心控制会议过程，才能达到目的，又不浪费别人时间。我在开会时有4个习惯，下面分享给大家参考。

- 掌控会议气氛

  会议室不是经理人秀权力的地方，不应该让经理人的个人喜恶影响参与者，使其尽说老板想听的话，也不允许经理人以自己的情绪主导会议气氛，就算是发牢骚或骂人也必须基于业务原因，避免参与者不敢表达自己真实的意见。任何会议在不适当的气氛下进行，很难会有良好的结果。

- 不离题不跑偏

  经理人要阶段性提醒参与者会议主题、目的和预期结果，在会议开始时聚焦参与者的注意力，在过程中尤其是出现跑偏的情况时将大家带回正题，在结束时印证会议的结果。

  时刻留意讨论内容、时间和进度，及时发现跑偏、空谈胡扯、针对个人（对人不对事）或沉默旁观的现象并加以制止。例如在会议过程中，经常会有某个参与者个人或部门关心的利益或责任问题，这时候该参与者会变得积极主动，想要把自己的问题解决，假如经理人不及时制止，会议往往会被带偏，导致超时而得不到结论。经理人需要敏锐地察觉到这些破坏会议的常见因素，并且及时加以制止。

- 引导客观参与

  要求参与者对会议主题共同负责和增值，遵守基本礼仪，不迟到早退，不在开会时处理其他事情（看手机、计算机），全程参与。

  更重要的是在讨论过程中，要引导参与者以事实为基础而不是以个人感觉或猜测做判断，不做沉默的旁观者，不只做"评论员"而没有立场，发表看法时需要带着建议和方案。以上这些我会提前说明白，并将在开会过程中所观察到的记下来，用在绩效评估上。

引导会议朝目的有节奏前进，全程控制（分配）时间，对关键问题充分讨论，及时记录有关的结论和行动，但要避免在不重要之处花过多时间。此外我还会确保每个人都有机会和必须发言表达意见，培养人人都需要为会议贡献的责任心。

- 达成结论和行动计划

会议的最后一项工作，是汇总结论、形成行动计划并寻求大家的共识。达成共识的方法有很多，最好的当然是通过讨论达成一致看法，但就算是少数服从多数或经理人一票否决，经理人都必须得到一个共同遵守（承认）的结论和行动计划，否则就是徒劳无功。这些内容还需要和原先的目的与预期结果做比较，遇到个别问题没有解决，应该在结论中说明，并设定下一步跟进的计划。

在企业中太多的会议以"议而不决、决而不行"告终，为避免功亏一篑，经理人当做好本分工作，守好最后一关，确保会议过程是一个"闭环"。

## 🔹 会议后结论跟进

经理人经常犯的错误是虎头蛇尾草草收场，在会议结束后没有用心跟进，以致结论未能延续和应用在后面的业务上。跟进是会议成功的点睛之笔，经理人不能掉以轻心。

（1）在会议结束后，第一时间将结论和行动计划以书面（即时通信、电子邮件等）形式发送给所有参与者，确保认知和责任到位。

（2）对行动计划及时跟进，了解完成质量和时间是否对结果有所影响，如有需要的话制订下一次跟进的计划。

开会是企业的重要管理手段，它的难度随着人数和问题复杂度的增加成倍数提高，因此有效主持会议属于经理人不可缺失的基本功之一。我把会议成功的关键要素解剖分析，是因为一直以来它都被大部分人忽视，这项貌似很简单的工作，实际上需要在很多细节上处理好，才能产生效果。我希望经理人能够通过本章认清主持有效会议的作用和关键，在工作中不断打磨，提升这个技能。

# 15 动员

## 🔲 动员能力是经理人的重要武器

经理人工作中有一种特殊的员工沟通方式叫动员（Mobilizing Your Team）。顾名思义，动员是通过语言沟通激励团队朝向某个目标积极行动。

看上去动员有点像销售主管才做的事情，毕竟"喊口号"和"打鸡血"的激励方式在某些行业里时有所闻，但是事实上不管喜欢与否，这确实是每个经理人（包括CEO）工作的一部分。

无论是创新研发项目的启动、有着繁重生产任务的旺季的开始，还是年终财务结算窗口的"死线"等，没有一个部门不希望有新的机遇，同时也不会有能够逃过业务压力的幸运，在挑战与机遇共存的商业世界中，在关键时刻成功动员是经理人完成任务的重要能力之一，和员工激励政策相辅相成。

它可能发生在一个重要项目或关键任务的启动前，也可能是在取得阶段性成功之后的一鼓作气，还可能是在危急关头或士气低落之时给团队的一剂强心针，不管是哪个部门，没有经理人不曾面对过这些情景，不曾需要过动员团队。

如果记不起来的话，那只是因为经理人没有意识到而已。没有发现动员的需要，因而没有抓住动员的机会，就算能够完成任务，往往也会因为解决问题的创造力不足，而错失最佳的执行效果和效率。

在任何企业中被动的"跟随者"永远多于"先行者"，再优秀、再成熟的企业也不例外。尤其是对于崇尚独立和自我的Z世代、性格相对内向的员工来说，及时的引领和鼓励能在团队最需要的时候迸发出最大的能量，从而达成目标。

我见过很多精通业务知识（财务、研发、技术、生产等）的经理人出于自身性格和经验的原因，缺乏沟通和动员意识，只以纯专业知识和指令的生硬方式同员工讨论，事情的来龙去脉、为什么要做、对业务和个人的关系等统统欠奉，经常会导致矛盾出现和各种（技术、专业方面）不服气。

我也见过不少经理人（尤其是销售主管）虽有动员意识但缺乏动员技巧，和团队成员一味以兄弟相称、义气相连，隔三岔五"喝大酒"联络感情，以为关系牢固便可以随时动员，却发现在重要关头"兄弟"不见了。

　　动员意识和能力是管理者"兵器库"里最古老的"武器"之一（历史上许多伟大的动员行动），却也是最容易被现代经理人忽视的管理手段，我希望通过这一章内容唤起大家的注意。

## 没有天生的动员者

　　好的演说家通常是好的动员者，但是好的动员者不一定非得是好的演说家，因此经理人不必担心自己的性格内向，又或者是口齿不够伶俐。况且演说家也不是天生的，每个人都有一定的演说能力，也都有一些缺陷，关键是如何克服个人问题不断提高自己。

　　亚伯拉罕·林肯在葛底斯堡国家公墓的著名演说，在西方被奉为最佳的演说之一。虽然演说内容只有短短的10句话272个字，而且直到登上演讲台前他依然在默诵，在演说时手里还拿着手稿，但是这位天生口吃的美国人，通过自身后天的努力不但成为一名律师，还当选为美国总统。

　　同样有口吃问题的还有英国的乔治六世，他在数次演说中都出丑了，极大地影响了王室形象和个人自信，然而当第二次世界大战的战火蔓延到英国之际，他在语言治疗师和皇后的支持下克服心理障碍，成功完成了向纳粹宣战的精彩演说，鼓舞了国民的士气。

　　经理人当中有不少性格内向、不善表达情感、在人前说话怯场（演讲综合征，Stage Fright）的人，我便是其中一个。我曾经在遇到这样的场合时总想找理由避开，避不开时会紧张好几天。但是我的经理人角色需要我在很多场合中动员，不敢或不能利用这些机会，工作只会事倍功半。为此我将想说的话写成稿子，对着镜子反复演练，并且在台上以各种小方法克服心理紧张，虽然这些没有把我变成一流的演说家，但是作为一位动员者我自信自己是合格的。

　　经理人首先要有的是意识，能准确判断何事、何时和何地需要动员；其次才是动员能力。动员除了需要演说能力之外，尤其在重要任务的动员上，还可以策划其他活动或通过别人"代劳"的方式完成，因此动员能力绝对是经理人可以通过经验和锻炼提高的能力。

## 如何讲好你的"故事"

　　讲好经理人的动员"故事"有两种方式：一种方式是动员者声情并茂直击人心，让人热血沸腾，恨不得立马行动；另一种方式则是让团队从内容中得到充分的信息，在思考清楚后付诸行动。前者"动之以情"更为直接，适合短期行动，在现场气氛的带动下能影响更多人，但是"鸡血"的劲儿过了之后，可能无以为继。后者"晓之以理"，沉淀下来后更为持久，但缺点是需时较长，而且有部分人可能会在思考之后萌生顾虑。

西方历史上有不少著名的演说，例如亚伯拉罕·林肯（1863年）在美国内战后鼓励国民放下分歧，丘吉尔（1940年）在第二次世界大战中从敦刻尔克撤退后团结国人抵抗纳粹，还有马丁·路德·金（1963年）在林肯纪念堂争取黑种人自由平等，这些演说之所以能够名留西史，全都因为它们在关键的时候情理并茂、激动人心和推动改变而被后人记住。

动员需要高质量的沟通，需要将内容信息准确传达到位，而其说服力的强弱取决于经理人的能量、动员内容的相关性和合理性，还有经理人与团队之间的心理距离。个人能量越大、动员内容越相关合理、彼此心理距离越近，动员效果自然越好。以下分享的一些相关动员技巧，都是围绕这几方面展开的。

- 了解和连接团队心理

  经理人在动员前要了解团队的心理状态、需要和动机，将动员的内容与之结合。如果团队士气正盛，经理人可以继续鼓励；如果人心散漫，就要以团结作为基调；如果前途不明，可以多加关心指引；如果信心不足，可以给予认同肯定，寻找庆祝成功（哪怕是很小的事情）和感谢员工的机会。

  只有当员工在心理上进入同一节奏，感受到"一切都是值得、能够和愿意的"时，团队才能形成必胜的士气；而只有在动员目标和员工个人动机关联在一起时，员工才会行动起来。如何跟团队产生心理上的连接，是动员前经理人需要做的第一个课题。

- 发自内心相信

  经理人必须对动员的内容深信不疑，动员时才能发自内心，传递激情和信心；只有发自内心相信自己说的每一句话，才会在动员时散发强大的感染力和穿透力，直击人心。

  虽然内向和不习惯表达自己内心感受的人可能觉得有点别扭，但是只要多试几次便会适应。动员时沟通的内容，经理人不宜假手于人照本宣科，务必亲力亲为以自己的方式表达。

- 以一对一的口吻加强联系

  动员是"高接触"（High Touch）的沟通，跟员工直接对话是经理人能做到的"最亲密的接触"。哪怕是面对数以百计员工的场合，经理人也需要做到仿佛只在跟"你"说话一样。让员工感同身受，才能把内容说到每个员工的心坎里。

在动员时每当提到员工，经理人用上一对一的口吻，以"你"代替"你们"，可以加强彼此之间的联系。

● 用"我们"缩短彼此的距离

当两个人在交流时，让人最放松的状态是肩并肩（站或坐），因为这时候距离最近（距离是两个人的肩膀），足以打破所有社交空间（Social Space）的界限，而且因为没有对立的人，心理上更像是"我们"在一起。

在动员沟通中，内容传递的时长和能量，跟彼此之间的（心理）距离成反比。距离越远，消耗的时间和能量越大；距离越近，效率将会越提高。能够将经理人和员工之间的距离缩短，对动员有很大的帮助。

在动员时，经理人多用"我们"来缩短彼此的距离，能将上下级关系变成平级，更容易把动员目标变成共同目标。

● 有说服力的"故事"

就算经理人成功地和团队建立了联系、缩短了距离，他依然需要把动员的道理说清楚。我习惯在起草内容前将"故事"的逻辑和重点梳理清楚。

■ 背景和原因：要动员的原因和业务背景。

■ 目标：动员要达成的清晰目标和重要性。

■ 策略/行动：目标为什么可以达成和需要的主要行动（包括分工和时间）。

■ 预期结果：行动成功和失败的结果与影响。

■ 团队承诺：给员工参与行动的充分理由。

这个基本逻辑环环相扣、相互关联，但视乎团队对挑战的熟悉程度、经理人对团队的了解，还有支撑逻辑的事实论点是否足够有力。经理人可以避重就轻地加强或减弱某部分内容，也可以把逻辑顺序改变，以达到心目中最理想的效果。

就像盖房子要兼顾地基结构和材料选择一样，把"故事线"和支持的论点整理清楚，能帮助经理人思考清楚，避免逻辑出错或说服力不够，还能不断深化自己对动员内容的理解，强化自己的信念。连自己都不相信的"故事"，不可能拿来糊弄团队。就算自己信了，也应再从信得过的第三方处寻求点评，最后完善内容。

每个人都有自己的判断逻辑，除非团队很熟悉该项挑战。经理人需要以一套目的性强、论点清晰和理由充分的逻辑，才能凝聚每一个员工"唱好同一首歌"；也只有当经理人自己想得通透时，这个"故事"才可能有足够的说服力。

- 简单的文字和逻辑

有了"故事线"和事实论点后，撰写内容就变得简单了。很多人都听过KISS原则，KISS是由英语"Keep It Simple and Stupid"句子中每一个单词的第一个英文字母合并而成的简称，意思是大部分内容（尤其在沟通时）应该尽量做到简单，连"傻瓜"都能明白。

这句话虽然人人都懂，但在现实中越是心思缜密、逻辑性强的人越难做到。很多人为了把事情说清楚，习惯把所有细节都带上。

在动员沟通中，经理人要避免出现上面的问题，学会不纠结和只选择重点，避免复杂的逻辑，尽量使用短句和简单的措辞。我有个不错的习惯可以推荐，就是通过实际例子和故事去说明问题。"戏剧化"手法既可以避免沉闷的细节介绍，又可以让内容更容易吸收。如果真的需要谈到细节的话，可以先把重点和例子说完，把细节留在后面，以免分散员工的注意力。

## 🎁 创造高能量的动员场合

动员时除了动员内容很重要之外，经理人还需要决定在何时/何地、何人负责、动员对象、以何方式动员。这就像拍电影一样，在剧本写好之后，导演既可以自导自演，也可以寻找更合适的演员去演出。经理人要做的，就是要为动员创造有利的条件，并且对结果负责。

有一种动员是在重复且相对固定的时间对整体员工进行的，例如企业每年一度的年会和庆功会。这种企业级动员的"总导演"自然是CEO，部门经理人有时候要配合CEO当个"副导演"组织部分内容，有时候要做好"演员"工作，讲好相应部门的内容。同样相对固定的动员也可能出现在某个部门中，例如销售部门的激励或动员会议和不同部门的年度或季度会议。

无论这些会议的规模多大或多小，其目的和性质基本一致，经理人都要决定时间、地点、动员内容和由谁负责动员，在适当时候可以找来不同的人帮忙，包括老板、（其他部门的）经理人、老板的老板，甚至是外面的专家，以提升动员效果。

以上有关动员的思考，不一定只用在正式的活动上，也可以应用在团队的日常交流中，包括例会、针对某个业务目标或项目等进行的动员工作，以及和员工的一对一交流。

总而言之，动员是所有经理人经常要做的事情，却也是一项被严重低估的管理能力，如何动员和如何创造最佳动员条件非常值得经理人深入思考。

# 16　和上级沟通

## 🔷 沟通和管理上级

经常有经理人跑来问我："下个月有领导来考察业务，让我给他做汇报，我该说些什么？"之后他们又会发给我汇报材料让我帮忙把把关。的确，对很多人来说，受到中国传统文化和观念的影响，跟上级沟通是件大事，免不了有点紧张，尤其是正式的汇报。

我做销售工作时，经常需要安排总部的领导访问我的客户，每次都要提前汇报情况好让领导能够"替我说话"。后来成为经理人之后，我有更多机会向各级管理层和董事会做业务报告，包括向四任IBM和两任SAP总部董事长/CEO汇报工作。这些汇报每一次都像高考一样令人紧张，对内容的精度要求极高，逻辑清晰之余还要字斟句酌，事前要反复准备和演练，事后还要随时跟进、闭环反馈。

这些事很折磨人，但是帮助或者说强迫我建立了良好的沟通逻辑和习惯，让我知道了如何做到言简意赅。当我回到日常工作时，我发现这些沟通的道理和方法应用于与自家上级的沟通中一样有用。

日常和上级沟通的场景很多，最多的人当然是顶头上司，但也有不少是跨级领导。有时候经理人需要做详细的报告，有时候只是被要求发表简单的个人意见。沟通的内容可能是自己的业务或客户的情况阐述，也可能是为了争取对某个计划的支持。不管是正式的会议还是在走廊上的几句话，跟上级沟通是经理人少不了的日常工作。

我注意到不少经理人并不愿意跟上级沟通太多自己部门的事情，这可能是出于一些错误的心理，比如：觉得如果上级不知道的话会更依赖自己，工作的安全感也就更高；或是跟上级沟通太多，怕上级觉得自己不够独立，工作能力不足。

事实上，主动和适当地让上级（尤其是顶头上司）了解部门的业务情况，只会让他们更加放心。要知道任何上级都需要对所属业务负责，他们最怕的是下属部门的问题被别人（比如他的老板）问起来时自己一无所知。

沟通的重要目的之一，是管理好上级的期望，无论结果和原定目标是否有分歧，没有任何一位上级愿意看到"措手不及"的"惊奇"。如果经理人做事足够靠谱的话，经过几次沟通和结果印证之后，会逐步获得上级的信任，发展出更好的工作默契。一旦和上级进入互信的良性循环，等到经理人在业务上需要支持时，无论是资源分配还是权限审批，也将更容易获得上级的首肯。

上级是经理人最宝贵的资源，经理人要想成功必须"管理"好这一资源。就如同经理人通过开会去掌握部门业务节奏一样，和上级有效沟通也是经理人最重要的管理手段和基本技能之一。

对于个人发展而言，和上级有效沟通有百利而无一害。过去人们总埋怨遇不上"伯乐"，但是在现代企业中这个现象刚好相反，经常听到的是企业主吐槽"好的人才难找"，还有"某某被高薪挖走"这样的消息。

事实上在优秀的企业中所有上级都是潜在的"伯乐"，只要"千里马"足够主动，利用好跟"伯乐"的沟通机会，被发现只是时间的早晚问题；就算是运气不佳碰上不好的企业，早点发现也不失为一件好事，而且这也非常符合"90"后和"00"后年轻人愿意表现自我的特点。相反，如果抱着传统思维，等待别人发现，就算是"千里马"也很有可能在现代快速的业务节奏下被埋没。

## 🔹 经理人该有的心态

前面提到过有些经理人的不愿意让上级知道太多的心态，实际上这是对自己信心不足，意图通过不透明的信息去保护自己。举个例子，很多时候在讨论商机时当我发现客户出现问题，主动建议帮助销售主管去访问客户时，得到的回答往往是"等到有需要时再请您帮忙"。无论我如何热心推荐自己，总会有个"等以后再说"或"我能搞定"的理由。

我见过另一种经理人，永远保持低调，每次请他发表意见时总是不置可否，顾左右而言他，有时候还推说对问题还需思考，总之尽量避开表达立场的场合。说到避开，有些经理人是"奇门遁甲"的好手，每当老板要找他们讨论某些问题时，总会"巧合"地碰上某个十分重要的客户需要他们出差，又或是某个项目的关键时刻需要其亲自处理，几乎从不例外。

这些在有意无意之间隐藏自己业务情况、看似处处为上级着想的经理人，实际上是对自身能力信心不足，他们在"不做不错"和"枪打出头鸟"的传统思维影响下，回避跟上级沟通的机会，拒绝他们的帮助，这非但对企业无益，对个人发展更是大害。

有些经理人会主动出击，抱着"会哭的孩子有奶吃"的心理，经常跟上级抱怨各种问题和如何得不到支持，在这个过程中不免跟其他同事比较，通过暴露别人的缺点来证明自己的观点，因而演变成办公室中的拉帮结派，互相攻击。这样的沟通次数多了（尤其是内容有夸大成分的），很容易让上级产生厌烦，分不清哪次是"狼来了"，最终受害的还是经理人自己。

阿谀奉承是另一类经理人的生存之道，这种人在平庸的企业中不在少数，他们把精力用在老板想听的答案上，不真正关心业务，自然也无法组织有效的沟通。当他们遇上稍微有水平的上级时，很容易暴露业务上的短板；遇到靠关系上位的上级，又会沦为人家的跑腿，实属可悲。

有些经理人每谈到向上级汇报都会色变，觉得这是个吃力不讨好的差事，一旦说错了什么，前途可能堪忧。沟通的确是一把双刃剑，除了有风险，它也同样是一个机会，能让你的上级更好地发现你的能力和优点。况且在一般情况下，上级不会故意去挑毛病，找出哪些员工不行，他们更多是为了业务而来，通过经理人把事情做好。

事实上，经理人和上级的关系是相互依存的，彼此都是对方的资源。沟通时只讲实事求是，交流中心里只有一颗平常心，不需要刻意逢迎，也不需要敬而远之。只有那些准备不足的经理人，才会害怕与上级交流。当机会出现的时候，经理人应该好好利用，而不是畏首畏尾。

职业经理人要想做好这份工作，就要处理好跟上级的沟通，需要以业务为根本，以事实为基础，关键之处在于对自己的业务管理能力是否有足够的信心，是否有充分的准备和扎实的业务基础提供支持。在年轻一代人眼里，"枪打出头鸟"和"老板文化"这样的心态，应该是一个过去时。

## 🔲 "关键时刻"知己知彼

无论是正式会议还是电梯里偶遇，每次经理人和上级沟通都是关键时刻（Moment of

Truth），它能为经理人争取到支持，获得重要的信息反馈，也能提升自己在上级心中的形象。相反，如果处理不好，经理人很可能会埋怨自己"我早应该这样说才对"，或"我怎么会忘记跟他说这事儿"。

经理人无法完全准确预知下一次跟上级沟通的场合、时间、主题和目的，就算是在定期的例会上，上级的问题也不一定是经理人能预料到的，更何况很多沟通都是临时发生的，所以经理人需要时刻准备好，以免机会来时与其失之交臂。

最基本的准备是了解上级的性情和管理风格，比如：有的精于抓大放小，有的注重细节；有的对人际关系和部门关系敏感，有的只管把目的达到，不问过程。大部分上级会告诉手下自己的做事风格，但是经理人需要明白人始终会受性情和环境影响，言行不一定一致（尤其是在紧急时刻），经理人要通过日常观察去做出判断，新来的也可以向熟悉上级的同事了解。

为了随时保持准备状态，经理人需要不断了解上级关心的目标和问题，以及相关的看法。我习惯给自己定期（每周或每天）安排安静时间，准备（更新）需要和上级沟通的问题清单，重要的沟通会主动安排时间，对上级关心的问题也会提前想好我的答案。

每次我主动跟上级沟通之前，都会思考沟通的目的是什么，结合我所了解到的上级的看法，决定传递什么关键信息，想从他身上得到什么。无论只是想跟他信息同步、获取一些意见或建议，抑或是希望获得他的支持或批准，明确每一次沟通的目的是一个良好的习惯。

如果是上级主动要求沟通，我会预判他的目的和动机是什么，希望从中得到什么信息或推动什么决定。这些问题有时候可以从汇报主题看出来，有时候由于各种原因（上级太忙、汇报的经办人传递信息失真、上级故意等）没法清晰定位。我的习惯是在可能的情况下直接向上级了解，同时从其他同事（他的助理或相关部门同事）处收集信息，以做出最佳判断，决定传达什么信息，既要满足上级的需要，同时也达到自己的目的。

除了汇报的主题之外，上级对经理人本人的期望有时候甚至比汇报的内容更重要。精明的上级会不时利用汇报的机会去测试经理人的能力，思考其是否逻辑周到，准备是否充足全面，临场是否应变自如。也有热衷培育经理人的上级，愿意给其直面跨级领导的汇报机会，这一方面是对经理人能力的认可，同时也是进一步的能力测试。

总而言之，和上级沟通前了解和思考彼此的沟通目的、内容和动机，是关键时刻的基本准备工作，也是管理上级的重要一步。

## 充分准备、专业沟通

经理人对上级知己知彼之后，便要做好充分准备，以便在沟通时专业应对。以下一些沟通的方法和技巧是从包括我在内的经理人常见的错误中提炼出来的，不仅适用于正式的汇报，就算是对非正式的沟通也同样有用。

- 不多不少的内容

在沟通之前经理人要从上级的角度去决定具体内容的颗粒度，需要什么和有多少数据支持，是否需要PPT辅助。PPT的叙事次序无论是由点到面、先宏观后微观，还是从背景到结论，都应该做到清晰明了，每一页传达一个重要信息。

不要以为将每页PPT填满图表、数据或文字就能够有效传达信息，不要指望上级在汇报前会花足够时间去研究PPT的内容，更不能假设他在紧凑的沟通中能看懂PPT。密密麻麻的PPT，作用往往只是经理人用来让自己心理上获得安全感而已。

PPT的内容只是用来辅助（经理人）传达和（上级）接收信息，太多的内容意味着出错或前后不一致的概率增加，万一被发现会影响整体可信度，也容易将上级的注意力转移到细节之中，丢失了本来的信息。

过于简单的PPT内容也不一定是好事，企业管理方面的沟通往往涉及业务的不同层面，需要利用事实和数据支撑观点，除非经理人非常善于讲故事，同时具有超强的记忆力，否则适当的细节能有效帮助经理人带出主要信息，提高可信度。

PPT内容不多不少的五大设计原则，一是有足够支撑传达的主要信息，二是聚焦、不分散注意力，三是经理人要记得住，四是不做主观假设，五是不浪费上级的时间。

- 开局很重要

汇报沟通和下棋一样，好的开局是成功的一半。每个汇报都有主题，但是具体方向是报喜、报忧还是求助，报告的目的和内容，都应当在沟通开始时简单扼要地说明。

这样做的好处是帮助经理人在开局时聚焦，即便紧张也不会忘记重要的事情；更重要的是要直接建立或影响上级对该次沟通的期望，在汇报逻辑和心理上开始进行引导，万一上级有不同看法，经理人还有应变的可能，越晚发现分歧越难处理。

经理人常犯的错误是假设上级知道汇报目的和经理人想要什么，但由于各种变数（比如讨论过程中跑偏了），往往出现上级到最后才恍然大悟"原来你想说的是这个"的情况。这种误会十分不必要，完全可以通过开局的说明避免。

- 随时能说清楚要什么

我见过太多的经理人在上级问他要什么时说不清楚或突然变得结巴，原因不外乎是太紧张或根本没有准备好。这样的情况实在非常可惜，白白浪费了良好的开局和讨论过程。

要知道这样的机会来之不易。因为经理人无法预知上级在什么时候会问这样的问题，所以只能主动做好准备。我会把要什么安排在沟通内容之中的适当环节，在提供给上级足够的信息之后，让他做一个相对简单的决定。此外我会在沟通前清晰地写下需要上级帮助的地方，然后反复阅读铭记，以便随时反应过来，例如下面几条。

"我计划和HR部门重新设计部门绩效管理指标，在1个月内完成，建议给予正式审批。"

"我需要增加100万元和3个人的费用预算去完成明年的业绩目标。"

"我希望用12个月去开展xxx产品的研发工作，需要投入5个研发人员。"

"这个单子报价500万元、毛利40%，希望得到你的批准。"

没有上级喜欢听到模糊不清的请求，因为这意味着决定的难度增加。越是清晰、具体和尽量量化的"要什么"越有利于理解，越方便他们做出判断。这样的请求还有一个好处，就是经理人可以因应沟通过程的变化进行临时调整（比如以上例子中的金额、时间等），而不失去"要什么"的整体性。当然经理人也要避免请求过于琐碎，否则上级很容易记不住。

- 控制过程"不跑题"

"跑题"是导致沟通超时和汇报不了了之的最常见原因，有时候是经理人自己无意识地造成的，有时候是别人（包括上级和其他参与讨论者）引起的。但无论原因是什么，经理人都需要防止它的发生，否则不可能达成沟通目的。

由于任何人都可能引起"跑题"，经理人需要发展多方面的沟通习惯，才能减少这防不胜防的问题出现。

首先，经理人要强化自己的聚焦能力，始终专注在主题、目的和预期结果上。越是高级的上级越不需要"嘘寒问暖"，不妨直奔主题。其次，在利用PPT内容或其他手段辅助沟通时，要当心多余的内容不必要地分散注意力的可能。

聚焦说起来容易，做起来"陷阱重重"。常常看到经理人因为被人逼急了而失控，尤其是当别人指出自己的问题时急于解释，不自觉地越陷越深；也有时候会因为回避尖锐问题而自己将自己带偏。经理人唯有不断提高自己的敏感度，在讨论过程中时刻保持高度警惕，才有机会控制场面，不被其他人或自己带偏。

● 充分预备，直面困难问题

害怕暴露不足和问题是人性所在，但是我的经验告诉我隐藏到最后时刻才"爆雷"只会带来更坏的后果。"纸包不住火"，直面困难问题并不可怕，重要的是在让上级知道的同时，经理人是否"有招"，能提出有效解决方法和建议。

最佳的准备莫过于养成给上级提供更新信息和预警的习惯，事先在沟通内容中寻找问题，提早以事实为基础模拟好答案（解决方法和建议），在问题提出时简明扼要地回答，甚至在适当的时候主动分享难题和答案，征求反馈意见。

大部分上级都是久经沙场的经理人，对困难并不陌生，他们更看重的是经理人从坏事中找到解决方法的能力，还有从好事中找到进步可能的态度，经理人只要拥有这样的能力和态度，便不会害怕面对难题。

● 合理连贯的逻辑

逻辑不清是很多经理人在沟通时的常见问题，但这并不代表他没有逻辑思维，而大多是由于经理人对业务题目过于熟悉，在沟通时无意识忽略掉了一些重要信息，导致逻辑出现不连贯，才让听的人摸不着头脑。

逻辑的重要性在和上级沟通中尤为突出，一般来说他们不知道、也不关心经理人的管理过程和细节，因为这不是他们的职责。上级对沟通内容和请求的判断主要来自内容的逻辑性，只要前因后果合理，再加上有充足客观的事实做支持，他们自然可以做出哪怕是困难的决定。

在我的经验中，只要逻辑合理上级很少会对内容穷追猛打，相反，如果出现漏洞足以让他们产生疑问的话，很可能会招来对细节的盘问。我习惯的做法，是先把内容逻辑中的主线和关键节点反复梳理清楚，然后加上事实和论点作为支撑，避免出现严重的逻辑漏洞。

● 说重点，切忌啰唆

没有人喜欢听别人啰唆，经理人亦然。经理人要求下属直言，更多的是因为关心结果和结论，越是高级的经理人，对过程越没有兴趣。但是有趣的是轮到这些经理人和上级沟通时，几乎无一例外会犯同样的错误，不自觉地说起这些细节。经理人把过程当作重要的事情汇报，对上级来说就是啰唆。

我发现越是结果不好，经理人越喜欢啰唆和纠缠于过程细节，恨不得把所有发生过和做过的事情都说一遍。在潜意识中他们希望将勤补拙，认为"没有功劳、也有苦劳"，却不知道这样的伤害反而更大，给上级以欲盖弥彰的感觉。就算有些沟通中真的需要汇报过程，经理人也应该直接和简洁，不浪费时间，更不能以过程代替结果。

经理人和上级沟通，应当以逻辑、因果和结论（包括行动）为重点，尽量利用企业常用的共同语言（如常用的KPI和词汇）简要说明，以便上级在有限的沟通时间中准确理解，切忌将大量时间浪费在描述过程细节上。结果好自然一目了然，结果不好也不是世界末日，只要有清晰的后续行动，也会为经理人赢得补救机会。

随着管理观念的进步，经理人和上级的关系变成唇齿相依，过去的传统观念和心态需要与时俱进，和上级有效沟通将成为不可或缺的管理手段。面对这样的改变，经理人必须重视这方面能力的提升，以更专业的方法和充分的准备，把握好每次和上级沟通的机会。

# 3

## 第三部分
## 管理之术：如何用好人

世上没有常胜之师，团队能够维持高绩效多久，主要有经理人的能力和用心程度。朋友问为什么没有提到员工，我的答复是人才当然重要，但是团队从找人开始，就是经理人的责任。

企业需要好的人力资源制度，为人才的选、用、育、留保驾护航，体现企业的用人哲学。经理人要利用好制度，在发现/挖掘、培育、辅导、激励、纠正/督促、发展人才的过程中，知人善用、赏罚分明；而随意将责任交给人力资源部门（或人力资源业务伙伴），无异于将命运交到别人手里。

有些经理人急于求成，往往以经验为用人的唯一标准，没有在选人时充分判断员工的价值观、个人品质、动机和真实能力；等到人找回来了，经理人又不好好带，只把他们扔进任务之中。

带人包括激发员工的最大潜力和意愿，指挥和监督他们取得工作上的成功，帮助他们的事业发展进步。"带人"和"待人"不但同音，也很有关系。为此，经理人需要了解员工、细心经营，但不是单纯做"好好先生"，让员工喜欢但一事无成。员工能不能用，如何用好，如何做到赏罚分明，都需要花时间、耗精力去琢磨。

经理人要得人心，在工作中就要让团队成员分工合作，保持高昂的士气，更离不开通过个人领导力和管理风格去营造合适的组织氛围，无法一蹴而就。

从任何角度看，高绩效团队都是经理人能力的体现和用心经营的结果。在这部分中，我将就各种有关制度的原理和经理人的作用展开讨论。

# 导言　不忘初心：关注内心的需求

Sandy Liang

美国领导管理发展中心（LMI）高级顾问、领导力教练。

1998年，我在IBM工作的第五年，IBM全球CEO郭士纳（Lou Gerstner）先生要来访中国。为此，我们特意组建了一个团队负责张罗他访华中的各项活动，其中一个角色是他在华期间的临时行政助理（Executive Assistant），负责确保他的行程安排顺利完成。

当我的老板向总部推荐我担任这个对大多数人而言梦寐以求的角色时，我却非常纠结，甚至有点害怕。纠结的是这是一个很多人关注着的角色，一向低调的我并不习惯太过于受人瞩目；害怕的是这么重要的角色，万一做砸了别人会怎么看，从前辛苦建立的工作名声将毁于一旦。

Tim是我进入IBM的第一位老板，有天我们都在加班，虽然当时已经不在同一部门，我还是找Tim讲了自己的纠结和担忧。Tim耐心听完，只是轻描淡写地说了一句："这不是什么高调瞩目的问题，它只是一个发展中的经历而已，看你想要（达到）什么（目标）。"

我仿佛一下子就明白了：一段经历！我想去经历吗？那是关乎我自己的事情，和别人毫无关系！当天晚上，我就有了选择！后来的事实证明，那段为CEO来访做准备的高强度的日子，以及在他身边极度紧张工作的3天，是我成长过程中非常重要的一段经历！

我们常常被自己思维习惯中已经认定了的东西绑住和束缚，外界有什么资源能为我所用、周围的人怎样看我、失败了怎么办、如何达到他人的期望，以及如何活成别人眼中成功的样子等过于对外关注的想法，让我们忘记了问问自己内心的需求，比如我想要什么、想成为什么。

在成长路上得到像Tim一样的上级的辅导是幸运的，一个恰到好处的反馈引导我把视角调整回来内视自己的初心，由内而外生出自己的想法，跟随自己的意愿去判断和选择。

这一点在我心中留下了一个火苗，多年之后我投身领导力教练行业，在践行中更深刻体会到其中的真意。一切真正有效的激励，都源自让对方"自己想要"，领导者难以强加于人！而发掘人的内在资源和激发其潜能，正是领导者最值得投入时间和精力的地方。

# 17 发现人才：内外兼顾

## 人才该长线投资还是短线投机

在我的记忆中，所有企业管理者都说人才是企业最重要的长期资产，但是当要落到实处时，在短期业绩压力面前，他们的身体往往变得更诚实，考虑更多的是候选人现成的经验和技能，最好能够"即插即用"。当然"即插即用"的人不等于不是人才，但是除了这些现成的经验和技能外，人才还包括其他什么特质？企业期望人才能"用上几年"才算合适？

企业管理者如何贯彻"人才是长期资产"的理念，同时兼顾短期需要，让人非常纠结，也不断地考验着他们对战略和执行的定力。要解决这个矛盾也许先要解决的问题是：企业是否有清晰而全面的人才画像，是否有能力（愿意）在整个招聘过程中不懈追求？

为了更好地回答这些问题，我们需要进一步了解企业人才的本质。

什么是人才？不同企业会有不同的具体看法，但是总的来说，人才最实用的定义是那些能够为企业成功做出重大贡献的员工，其能力再强如果不能为你所用也是徒然。

有两个因素影响贡献的结果：一是业务的重要性，通常以直接负责的部门、产品、业绩、运营和职能的大小、业务的多少和复杂度等表达；二是对业务影响的持久性，以服务时间长短衡量。员工在重要的岗位上服务时间越长，总体贡献越大。

能够让企业委以重任承担起重要的岗位，员工需要有相应的技能或能力，这样才能驾驭工作的需要；要能够在企业服务足够长的时间，员工需要有优良的个人素质/特质、学习能力，以及跟企业匹配的价值观和利益点（动机或兴趣），这样才能不断成长和适配企业的业务需要，并且能与企业互相吸引。所以对于绝大部分的企业来说，人才意味着与企业价值观一致、个人素质良好、具有相关技能和经验的员工。

首先，明白了人才的定义之后，企业可以根据自己的情况需要，制定自己的人才方针。方针是着眼现在、放眼未来还是长短兼顾，是企业整体规划还是因部门特点而异，都不是最重要的，关键是企业能制定相关策略然后贯彻执行，切忌三心二意。

其次，人才是高风险的投资。人的价值观、动机、素质、技能、经验和市场供求等因素的多样性、适配度和变化，让企业很难判断人才的真正"成色"，就算开始时的判断正确也很难确保中间不会改变，员工会跟企业一起走到最后。

空有技能和经验的人更像是雇佣兵，在外部的风险环境下，企业选择这种人才的做法也无可厚非，但是在减少后期的培育成本的同时，也可能牺牲了员工服务时间最大化的回报。另外，有些企业选择价值观和个人素质/特质好但欠缺经验的人，这又会增加后期的培养成本，才能获得足够回报。无论选择哪一种做法，企业在招聘时都需要特别谨慎，做好投资决策。

最后，人才投资策略无论是长期还是短期，都需要有合理的回报率，这意味着经理人需要对预期成本和回报有清晰的认知。

人才的回报是员工在服务的"生命周期"内能为企业产生的效益，这牵涉到员工能否通过自身努力和后期培养不断成长，从而满足企业更大的需要。人的成长性越高、服务周期越长，企业能从人才身上获得的价值就越大。

人才的成本有两类，第一类是入职薪资（投资价格）、获得成本（招聘、交易、时间、诚意等）、培养成本和后续的薪资奖励，第二类成本是因为员工离去而产生的"分手"（补偿）成本、重新获得（替代者）成本和失去的时间与绩效的机会成本。当企业在制定其人才策略时，这两类成本都要被充分考虑，尤其是如果人才流失太快，第二类成本将会呈几何级上升。

套用财务金融的例子说明，选择长期的就像是风险投资，投资人希望以相对低的成本和长期持有来撬动高回报，通过投入多个标的去分散风险，严格筛选（标的）和做好尽职调查去提高命中率，提高整体的回报率。

选择短期的更像是股票市场的"狙击手"，投资人通常以相对高的成本（更高的入职和获得成本）追求短期窗口利益。由于波动更大、利益空间较少，他们对命中率的要求更高，每一个投资都需要尽量做到自负盈亏，即便是分散投资也要如此。

在金融世界里，两种策略都有奉行者，在企业的人才追求之中也是如此。

## 🔷 人才策略和执行

人才策略需要长短兼顾，既要满足眼前需要，也要放眼未来。策略需要内外兼备，既要不断补充新鲜血液来增加整体实力，也要思考如何将现有人才的贡献最大化。

无论是成熟企业还是初创企业，都应该有自己的人才策略。不管经理人是组建新团队、空降入队还是重组现有组织，都应该因时制宜、因材施政。清晰的策略要覆盖人才的选、用、育、留的全过程，考虑人才的"生命周期"。

- 规划组织和部门不同岗位的人才级别与需要。

- 定义人才画像。

- 发现人才的途径。

- 选择人才的步骤和标准。

- 导入人才，使其快速融入企业。

- 赋能人才，提高工作效率和表现。

- 了解人才能力和发展兴趣。

- 盘点人才的数量和质量情况。

- 部署人才（轮转、升迁）匹配企业需要，同时人尽其才。

如果清晰的人才策略是起点，那么严格的执行是通往成功的保障。无论选择长线还是短线人才投资的策略，执行责任都同样重大，过程不能马虎；不能因为紧急需要便牺牲质量，在业务压力下乱来；也不能为了方便，用人唯"熟"，甚至唯"亲"。

遗憾的是不少经理人在寻找人才时不愿意花足够的时间和精力，HR纵有选拔流程，往往也是流于形式，经理人和HR共同把人才投资做成了"投机"，命中率自然低下，和赌博没有两样。

30年的管理生涯让我体会到经理人最好的投资是发现人才，做好"伯乐"工作。虽然前期投入和风险很高，但是找到对的人之后，真的可以事半功倍。一个"生命周期"长、成长性高、拥有良好技能和经验的人才可以跟企业共同成长，让企业获得更多。

## 🎁 寻找外部人才

在最近几年跟初创企业合作时，我发现它们员工的更替如走马灯一样，流失率动辄在30%

以上。为了分析问题，聪明的 HR 会把流失率分为"好的"和"不好的"两个类别。"好的"流失率代表员工由于各种理由不合乎企业期望（通常是业绩或表现不佳，以及操守问题），经理人会主动辞退（或劝退）这类员工；"不好的"流失率代表好员工由于对企业不满意主动提出离开，这不是企业（经理人）希望看到的。

这样的分类让大家更关心如何降低"不好的"流失率，减少好员工的离开，但殊不知所谓"好的"流失率，其实反映了另一个更核心的问题，那就是为什么这类员工能够通过层层的招聘大关进入这家企业？

这事貌似很难怪谁，因为大家都会说，寻找人才的过程本身就是高风险的，单凭一份履历和（包括猎头在内的）几次面试、考试，很难保证候选人是正确的选择。但问题是用人部门的经理人和 HR 有没有真正恪守本分，尽力降低风险。

我见过写得模糊不清的岗位说明，听过经理人说招募是 HR 的责任而不是他的责任，体验过 HR 不过脑子地走流程，也纠正过面试官对待候选人的敷衍。这个过程中哪怕只有一个地方没有做好，风险就会陡然上升。但是无论是经理人还是 HR，都似乎更愿意将人才投资交给侥幸、"熟人"，又或是上级经理人。"老板都已经见过候选人了"，很多时候成为避免麻烦（撇清责任）的保证。

人才招聘是用人部门经理人和 HR 的共同责任（也许经理人责任更大，但不影响以下观点），我从不接受任何一方把责任完全推给对方，因为只有在充分分工合作的情况下，人才投资的风险才有望降到最低。

- 用人需求和岗位定义

  知道自己要什么样的人是经理人的责任，心里要很清楚。为了能满足岗位需要和吸引合适人才，经理人要用心写好岗位的工作职责和资历/背景要求（Job Description, JD）。

  岗位职责要充分覆盖工作范围/内容、责任、相应的考核标准（如何评价成功）和主要合作关系（上级、下级、其他部门）等对应聘者有用的资讯，越是详细越不会引起混淆。有些经理人喜欢笼统模糊，心想这样就不怕有所遗漏，实际上是心存侥幸的具体表现。

  对应岗位职责，经理人要根据这是一个短期（比如一年）还是长期（比如十年）的投资策略，写下对人才的资历、背景的期望。除了要考虑技能与工作的适配之外，经理人很可能还要考虑什么样的人才能服务时间最大化。

  一般来说，评估人才的资历、背景由 3 个部分组成：素质/特质、技能/能力（学历与相关经验只是用来证明能力）和动机/兴趣，以便应聘者"对号入座"。

✓ 素质/特质

将企业价值观提前说明，让应聘者考虑是否愿意在这样的环境下发展。将企业和岗位所需要的个人素质/特质（例如好学、聪明、诚实、乐观、抗压、热情、擅社交、爱沟通、同理心等）作为重点的基本要求，而不是可有可无。

✓ 技能/能力

这是岗位职责的硬指标，也是经理人最关注的。值得一提的是，无论是学历（学校、学术背景和学业成绩）、资质还是相关工作经验，其实际作用都是只能帮助经理人判断应聘者是否具备胜任岗位所需的技能/能力，并非百分之百准确。如果经理人过分依赖于这些资历，而忽略了主动判断，也属于心存侥幸。

✓ 动机/兴趣

这不容易在JD里完全表达，但经理人还是应该把希望吸引的人才的工作动机和事业发展兴趣写一下，方便在面试时跟进。越是具体的描述（例如"想要在一年后达到年薪XXX元的""在5年内成为企业高管的""希望在一个高智商的团队里工作的""希望能独立开发一款产品的""希望在一个和谐关怀的环境工作的"等），越有机会吸引到真正志同道合的人。

在梳理完JD以后，经理人对岗位的级别应该心里有数，这时候他需要和HR讨论，按照企业的岗位级别制度决定该职位合适的级别，以及相应的薪资和福利范围。这个信息也是后来经理人用来说服心仪的候选人的最重要工具。

● 人才渠道和筛选简历

接下来HR要承担更多工作，负责制定与管理触达人才的渠道策略及其实施。寻找候选人的渠道有很多，大致能分为朋友推荐、熟人介绍、社交平台、招聘网站和猎头顾问服务等几大类。

朋友推荐和社交平台性质类似，推荐成本最低，质量自然不能寄予厚望。熟人介绍表面上成本为零，但人情和面子的成本有时候极高，质量也不一定有保证。招聘网站一般针对岗位职责和资历要求等硬指标进行匹配，在自动化的工作模式下，命中率也不是很高。真正专业的猎头顾问服务能提供一对一的高质量服务，但是收费高昂。不同渠道的成本不一，能获得简历（Curriculum Vitae，CV）的数量、质量，以及招聘效果也不一样。

HR需要以其专业知识和用人部门共同决定渠道组合并逐一管理，以完成CV的获得工作。就像销售的商机漏斗一样，CV的数量和质量同样重要，有些HR喜欢推说渠道不力，有些只会刷CV数量而不重视质量，都不是负责任的表现。

在现今人才紧缺的环境中，过度"美颜"的CV充斥市场，HR要提高命中率还需要做好CV的过滤工作。过滤做得仔细，淘出来的才有可能是金子。在HR要做的事中，确认收到的CV和岗位相符只是基本，重要的是判断CV内容的质量甚至真伪。

✓　完整的CV

CV是应聘者把自己是谁和自己的"故事"呈现给企业的工具，应当是完整而诚实的。有些人为了更吸引眼球，把某些地方夸大或隐藏。作为CV的第一筛选者，HR需要把明显的缺失或夸大的亮点指出来（比如对某些工作经验的描述），作为整体评估的一部分。

完整的CV还应该是整洁和清晰的。CV就像是应聘者的一张脸，没有人喜欢蓬头垢面的人，CV不求炫酷，但最起码的整齐清洁、段落分明会让它看起来更顺眼。我经常看到一些不分段落的介绍，而且从头到尾都是逗号，但其中包含了很多要点，读起来特别费劲。

不要小看这些细节，因为它们会不经意地显示应聘者的工作习惯和逻辑性，HR不要忽视。

✓　相关和富有逻辑的内容

前面提到评估人才的3个维度，筛选CV时建议先从技能/能力（通过相关的经验、学历、资历等）入手，判断是否能满足职责要求，然后在这个基础上，寻找应聘者个人素质/特质和动机/兴趣的表述与任何"蛛丝马迹"，评估是否和企业的价值观与工作性质吻合，有没有持久发展的可能。

无论是相关经验、学科对口、学校背景、学业成绩还是其他资历，都是反映应聘者技能/能力的有用信息，尤其是某些技术性很强的行业和岗位（会计、研发、IT等），对学科所提供的专业知识十分依赖，而学校背景和学术成绩则是个人（智力、学习、毅力等）能力的侧面反映。HR需要对这些信息进行整体分析，提出应聘者在技能/能力上的评估。

个人素质/特质，例如在性格、谈吐、成熟度、热情、勤奋、细致、诚实等各方面，是否和企业的价值观和工作岗位相匹配？应聘者的兴趣和动机是什么？为什么选择这个岗位？是否会付出足够的热情和企业一起成长？这些问题的答案虽然在CV中不一定明显，但是并不妨碍HR尽可能地客观分析。

遇到CV中有不确定的信息，建议HR整理并记录下来，并在条件许可的情况下进行核实。在安排面试之前，一个简单的电话沟通可能会减小后面工作的不确定性。

不要小看筛选CV的重要性。除了把不匹配的CV过滤掉，减少面试工作量之外，HR更应该对通过筛选的CV提出需要注意和进一步了解的信息，以帮助提高面试的效率，获得更好的效果。

- 分工合作和多方判断

面试是企业直面候选人做出更准确判断的最好机会，同时它也是整个招聘过程中企业成本投入最高的环节，往往动用到多个部门经理人（甚至大老板）的宝贵时间资源，必须要善加利用。

通常企业会根据岗位的级别和重要性拟定对面试人员、次数的基本要求，但是作为面试的第一责任人，用人部门的经理人是结果的直接受益者，自然需要关注面试过程的每一步骤。

首先，他应该（基于企业的面试要求）决定除了本人之外，能够最有效帮助他判断候选人的面试官人选，包括HR、部门内的其他人，或是其他关联部门的人。他应该决定面试官如何分工合作，将需要印证、评估的要点信息获取，务求做出最准确的判断。

以我为例，我的分工策略就是要求HR做第一次面试，在整个面试过程中特别专注于CV的完整性，以及候选人的个人素质/特质是否跟企业价值观、文化与工作岗位的需要匹配；而安排和业务相关的面试官对其经验、学历和资历背景重点讨论，在全面了解后对候选人的技能/能力做出评估。这样做的好处是责任分明，确保各个方面都能得到足够的信息，不会因为个人（面试官）和时间原因有所遗漏，为最后决策提供最完整的信息输入。

很遗憾，大部分的经理人都没有面试策略，没有善用这些面试的资源，而HR和其他面试官在没有充足指引方向之下，也只能做些表面功夫。甚至有些经理人在看到自己喜欢（或"熟"或"亲"）的候选人后，会把其他人的面试变成"走过场"，白白浪费了宝贵的判断机会。

其次，经理人需要给予面试足够重视。在我的职业生涯中面试过不下千人，在每次面试之前我都会要求HR写下对CV的分析，也会提前阅读CV，围绕素质/特质、技能/能力和动机/兴趣3个方面，准备各种问题，例如下面这些问题。

- 你对岗位的理解。你认为这份工作包括什么内容？

- 你认为如何才能做好这份工作？

- 你的经验、学历和资历为什么适合这份工作？

- 你在某企业的工作经历如何能帮助你做好这份工作？

- 你的个人素质/特质中，有哪些特别适合这家企业和这份工作？

- 你和其他候选人有什么不一样的地方？

- 你为什么对这个岗位有兴趣？

- 你为什么想加入这家企业？

- 从你的CV上看到了你的工作经历，你为什么离开上（某）一家企业？

问类似这些问题的目的，是要对CV中的信息或疑问做进一步的印证、核实和反复推敲。但是不少经理人缺乏事先准备，有时候过分看重候选人的工作经验和资源（招聘的是销售人员的话），以为这就是技能/能力的保证，忽略了交叉验证的重要性。也有些经理人忽视对候选人的素质/特质和动机/兴趣的深入理解，这都是面试的最大误区。

我把面试官的一些经验分享如下。

- 主动分配好面试时间，避免将时间全部用在某个地方（特别是候选人很会讲"故事"时），而无法完成对候选人3个方面的整体评估。

- 评估候选人的形象和给自己的整体印象，例如是成熟还是活泼、主动还是被动、穿着是否得体、待人接物是否礼貌等。

- 通过问题（和跟进的问题）、澄清（和偶尔善意的挑战）和闭环（反馈看法），以多种角度去获得候选人的反应，帮助自己做出最好的判断。从候选人的反应中，往往会看到候选人的应变能力和真实的个人素质/特质。

- 沟通能力是绝大部分企业需要的基本能力，它包括聆听、理解和表达3个部分。候选人是否具备岗位所需的沟通能力（能力有高有低但不会没有），是贯彻整个面试过程需要点滴累积的评估。

- 对于CV中自己不清晰或有疑问的地方，面试官要加以询问，确保没有误会，这也是审视候选人是否诚实的基本测试。

- 观察候选人是否能讲好他的"故事"，有亮点的内容固然好听（比如曾经在某公司做过什么重要的贡献），但更重要的是内容的整体逻辑，前言是否对得上后语，尤其是工作经验（技能/能力）和动机/兴趣以及个人素质/特质之间的关系是否存在漏洞。很多时候，一场面试下来我会发现"故事"漏洞百出，原因可能是候选人本身的逻辑性不强，又或是太热衷于表现他的亮点而扭曲了真实情况。无论是哪种情况，都不是一个好的人才应有的表现。

- 有些候选人只认企业品牌或只想找份工作，有时会被招聘网站推荐，而自己往往对岗位一知半解。候选人有没有做足功课，例如对岗位、公司、业务、市场等的理解，也是一个筛选因素。理解越正确、越是跟企业一致时，往往代表候选人对工作的兴趣越大，也可降低因为对工作错误理解而可能带来错误评估的可能。

- 与候选人工作经验的交流通常是面试中花时间最多的地方，我会从过去工作的职责、内容和贡献入手，再对每份工作的服务时长和离职原因进行了解。除了对技能/能力的评估外，交流工作经验对发现候选人的素质/特质和动机/兴趣也有很大帮助。

- 永远记住，面试是一个互相选择的过程，在你选对方时，对方也在选你。尤其是面对Z世代的候选人，在提问之余也应当给予对方同等机会的诚恳回答，切忌摆出高高在上的姿态，时刻保持尊重和礼貌，给人专业的印象。

- 谨慎决策和努力追求

在面试官们完成了面试之后，就迎来了最重要的决策时刻。在这个过程中，HR负责人扮演组织者的角色，他不决定谁是最后的候选人，但是要确保决策过程会产生最合适的人选。

无论是决定一个候选人是否合适，还是要从多人中选择，HR都需要把每个面试官的意见"输入"决策过程中。如何收集这些意见、如何让这些信息充分被利用以做出最佳选择，HR需要做好协调，务求最后的决定得到最全面的信息支撑。遇到意见有重大分歧时，负责任的HR还需要安排进一步的讨论，甚至向上级反映，千万不能做"沉默的羔羊"。

决策过程虽然很难完全科学，但无论是简单还是复杂，都应该预设评审标准（标准可以有不同权重），然后尽量做到客观（以事实为基础）和全面（充分考虑各种输入意见）。我喜欢量化的做法，根据事先制定的评审标准由不同的面试官分别对候选人评分，如果有多个候选人的话，还可以进行排序，减少主观影响，方便全面比较。

在下图的例子中，候选人B和C总分虽然差距不大，但彼此的长短之处分明可见，这样的评估可以帮助HR和招聘部门更好地讨论，做出最合适的决策。

候选人评审机制——评分和排序

| 重要筛选标准 | 评分 | 加权后评分 |
|---|---|---|
| 个人素质（30%） | 12 | 1.8 |
| 1. ×××××××× | 8 | 1.2 |
| 2. ×××××××× | 4 | 0.6 |
| 专业技能（30%） | 18 | 2.7 |
| 1. ×××××××× | 9 | 1.35 |
| 2. ×××××××× | 9 | 1.35 |
| 通用能力（30%） | 16 | 2.4 |
| 1. ×××××××× | 10 | 1.5 |
| 2. ×××××××× | 6 | 0.9 |
| 发展潜力（10%） | 12 | 0.6 |
| 1. ×××××××× | 6 | 0.3 |
| 2. ×××××××× | 6 | 0.3 |
| 总分（候选人A） | 58 | 7.5 |
| 满分 | 80 | 10 |

| 候选人（加权后评分） | 个人素质 | 专业技能 | 通用能力 | 发展潜力 | 总评分 |
|---|---|---|---|---|---|
| 候选人A | 1.8 | 2.7 | 2.4 | 0.6 | 7.5 |
| 候选人B | 2.5 | 2.0 | 2.3 | 1.0 | 7.8 |
| 候选人C | 1.5 | 3.0 | 2.8 | 0.4 | 7.7 |

候选人A
• 总评分第三
• 所有单项第二

候选人B
• 总评分、个人素质、发展潜力第一
• 专业技能、通用能力第三

候选人C
• 总评分第二
• 专业技能、通用能力第一
• 个人素质、发展潜力第三

有了决定之后，HR还要负责对入选人做最后的尽职调查，围绕过去的薪资福利、工作职称、职责范围和表现，以及其他有关记录，例如仲裁/劳资纠纷、面试时提到的重要事件等进行了解和印证。这是在入职前避免出错、提高命中率的最后机会，越是高级的职位越要谨慎从事。

最终的决定有了，最后便是经理人礼贤下士，按照之前定的岗位级别，以企业能够支持的薪资福利，争取人才的加入。这时候在面试期间交流过的一些无形吸引，包括价值观、文化、团队、工作性质、发展前途等，都有可能弥补有形利益的不足，成为达成合作的诱因（这也是在面试时要了解候选人的动机/兴趣和素质/特质的原因之一）。当企业发现心仪的人才后，经理人需要变身为高级销售人员。

● 主动导入和加速磨合

大企业组织庞大、部门多、流程复杂，容易让人迷失，小企业虽然在各方面都更简单，但是资源相对匮乏，同样会让人（尤其是来自大企业的）不知如何入手。在消费者心理学中有个现象叫"买家懊悔"（Buyer's Remorse），用来形容买家在购买决定后产生的患得患失心理。同样，新员工在入职初期这种心理也很容易被初来乍到的陌生环境诱发。

我的经验告诉我，不管企业规模大小，就算新员工能够"即插即用"，也需要在入职时适当导入。不管是从实际工作出发还是为了满足员工心理需要，了解公司背景、方向、业务模式、规章制度、相关团队、工作目标、职责和绩效等，对员工与企业的磨合有着重大作用，也可为双方评估是否能长期合作提供有用的信息。

无论企业是否有整体的员工导入活动，责任都在经理人身上；无论是亲自负责还是指派其他员工协助，员工早期磨合的经验都少不了经理人的心思。

## 🔹 内外结合善用人才制度

在人才的问题上还有些常见但不被承认的现象：一是员工在"蜜月期"之后的发展潜力和持续发展需要往往被经理人忽视，仿佛在入职一瞬间已被定形；二是每当有新的岗位需求时，经理人总认为现有的员工不能胜任，需要从外面寻找。这两个现象相互关联、互为因果：如果员工没有持续发展，自然很难胜任新的岗位；如果经理人总想到从外面找人，现有员工也不会得到发展机会。

这种现有员工被遗忘的问题，直接扼制了企业组织能力的发展，毕竟组织是由现有员工撑起的，而现有员工又是从新员工成长起来的。每个员工在其"生命周期"之内的发展潜力和"天花板"都不一样，所以发现人才不是一次性的工作，而是经理人持续的任务。

从外部寻找和聘请只是将潜在人才放在了起跑线上，对员工入职后表现的持续观察和关注才是发现人才的开始，只有实战结果才是对人才的最好验证，在长期的绩效评分中名列前茅的人才才具备长期贡献的基础。

越来越多的企业开始注重系统化培育内部人才，各种人才计划、高潜员工计划、员工个人发展计划、内部轮换制度等都旨在贯彻企业的人才理念。企业要思考如何平衡员工今天的绩效和未来的贡献，如何培养员工的能力、如何持续激发员工的热情和延展发展的"天花板"。经理人要善用企业的内部人才管理制度将员工"育"好"用"好，才能真正做到人尽其才。

发现人才是建设高绩效团队的第一步，后面将会讨论其他相关的内容。

# 18　绩效管理

## 绩效管理到底有没有用

虽然绩效管理被西方企业管理学家提出才不过数十年，但是老板对下属的绩效管理早在商业和雇佣关系出现时就已经存在。就算是小餐馆的老板，也会对员工的表现看在眼里、记在心里：好的老板会多些体恤，在年终时多分一些奖金；不好的老板会动辄打骂，甚至克扣薪酬，全凭一己喜恶。

大家对过去的这种绩效管理自然嗤之以鼻，因为它过于主观（看老板心情）、目标不清晰（工作内容模糊）、不能有效区分谁是人才（没有考核标准），而且结果好坏跟员工个人没有直接关系（奖惩都是事后）。随着社会发展、企业规模扩大和经理人的出现，企业家和管理学家们开始研究员工与企业成功的关系，最终催生了新的绩效管理思想。

新的绩效管理必须更为双赢，将企业成功和员工所得捆绑在一起；必须更为科学和客观，将企业目标合理分拆，让各级员工共同承担，以更量化的标准避免经理人过分主观主导；必须更为公平，让员工参与绩效管理的目标设定和评估；必须更能通过持续的表现帮助企业发现人才。

现代的绩效管理形成于20世纪70年代，在过去数十年随着企业管理和科技的进步得到不断演化，但是无论它的侧重点、方法或名字如何改变，双赢、科学和客观、公平和发现人才始终是它的核心理念。事实上在我过去30年接触过的不同绩效管理方法中，看到的基本原则和道理依然一脉相承。

就算是在那个计算机还没普及、只能用纸质文件进行绩效管理的年代，都不妨碍这些理念的实践。我至今还保留着每一年的绩效计划和评分结果（后来变成系统化的电子版），上级经理人对我的每一个评价和建议，一直推动我成为更好的员工。每次我重看这些绩效文件时（这个习惯一直维持到结束经理人生涯），都能重温我如何走到今天，其印证着良好的绩效管理对员工（我）的巨大促进作用（见下页图）。

作者在1984—1994年这11年间的个人绩效计划和考核报告

我国现代的企业管理系统和方法在改革开放以后从西方引进，绩效管理系统和方法也是一样。时至今天，稍微有点规模的企业都会有一套绩效管理系统，中小企业也会利用云端应用系统供日常使用。

但是有的用不等于用得好，尽管已经从西方得到成熟的方法和系统，但是绩效管理在很多企业中并没有发挥它的应有作用，员工的吐槽也从来没有停止过。有人说这是因为中西方文化的差异，我认为更大的原因是企业自身的问题，这中间的责任首先在老板身上。有不少老板在不明白绩效管理的真谛时就盲目推行，结果用新瓶装了旧酒，以为"现代化"管理不过如此。

大部分老板的问题，是在绩效管理中挑些对自己有利的部分采用，最常见的是绝对的结果导向，过分注重量化的业绩指标和KPI，这意味着绩效标准过于单一，很多时候不能真正区分出优秀员工。有些老板则依旧把自己的主观喜恶凌驾于绩效管理之上，一切客观的评估到了他的层级就变为无效，下属看了以后只会照猫画虎。还有些老板在推行绩效管理之后并没有对表现好的员工有差异化的对待，起不到有效的激励作用。

绩效管理大概是最为经理人所熟知的工作之一，因为它关乎对他员工表现的评价，直接影响到员工的前途（晋升或离开）和经济收入。但是熟知不等于熟悉，在现今缺乏正式管理培训的环境中，大部分的经理人对绩效管理一知半解，就算有系统和方法往往也不加以利用，只把它当作企业中的众多例行流程之一，时间到了才去交"作业"。

在这种情况下，不少经理人依旧"打人情牌"，要么怕影响（得罪）别人不敢"打低分"，要么本着中庸之道所有员工"分数"都差不多，无法真正区分表现优劣。甚至有少数居心不良的经理人，会把绩效评分的权力变成对下属控制和实行"人治"的手段。

如果连老板和各级经理人都对绩效管理认识不足（甚至错误）和执行不到位，便很难责怪员工对绩效管理不理解，其中最为员工所吐槽的是他们不相信绩效管理能公平地反映他们的表现，不接受上级绩效评分的事情经常发生。员工对绩效管理信任度下降，使他们的参与变得被动，和经理人一起交"作业"，走入恶性循环。

我在企业工作的30多年中，绩效管理一直是我最重要的管理工具（没有之一），它帮助我（作为员工和经理人）完成过无数的目标和任务，也发现过大量的优秀经理人和专业人才。我以过来人的身份保证，良好的绩效管理对企业管理有莫大的作用。

近年来有关绩效管理的理论介绍在坊间层出不穷，但是无论具体方法如何，其本质、原理、逻辑和流程框架都基本一致。在以下的篇幅中，我把老东家教会我的绩效管理重点跟大家分享。

## 绩效管理的真正价值

在企业里绩效管理的制度和流程（注意只是制度和流程）由HR负责制定。缺乏全盘认识的人，往往以为这只是一个考核员工的手段。

事实上绩效管理的作用远大于此，它是企业中最重要的管理手段，将企业宝贵的资源（人和财）与业务（事）有机地联系在一起（见下图）。"好钢要用在刀刃上"，用人为能，通过有效奖惩、分工合作，让员工各自承担起不同的任务，共同完成企业目标，是绩效管理的真正意义。

绩效管理引导将企业宝贵的资源用在关键的业务策略和执行上

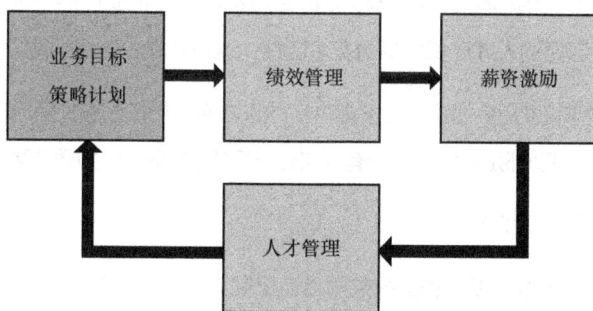

绩效必须和企业的业务目标/策略紧紧相连，否则员工再努力做的事情都是"无用之功"；它必须将表现结果转化为薪资激励，否则员工不会为之而努力；它必须通过员工持续的表现区分人才（是发现人才后的延续），否则企业不知道哪些人才能打硬仗、如何决定去留。

基层员工向经理人负责，经理人向上级负责，CEO向董事会负责，他们都无一例外地参加绩效管理（经理人和CEO有两个角色），也都能享受它在业务上给自己带来的帮助。

- 对企业高绩效文化的好处

    - 企业实现目标靠的是人，能够将企业上下拧成一股绳群策群力至关重要。绩效管理从CEO起，将企业目标和任务层层分解到各级经理人和员工，成为部门和个人的目标和任务，让所有人分工合作，确保全方位覆盖，为完成企业目标保驾护航。

    - 假如企业的业绩表现超出预期，CEO和表现优秀的高管们都会获得好的评分，在这些好的高管之下，贡献大的下属也会获得相应的评分，如此类推直到最基层员工。相反，如果企业整体表现不佳的话，CEO会首当其冲，同时获得优良评分的经理人和员工也会相应减少。这样，有效的绩效管理便会将企业的成败跟员工的命运紧紧地拴在一起。

    - 全面完整的绩效管理将部门和个人目标与薪资和激励政策挂钩，做到赏罚分明且皆有客观依据，是企业落实"以功计得"（Merit Pay System）制度的基础。

    - "不患寡而患不均"，绩效管理统一企业各级员工的工作表现评估机制，清楚地记录每个员工的工作期望和评价标准，减少因经理人的主观带来的不公平现象。同样，部门之间的表现也可以有更客观的比较，从而帮助整个企业建立起公平的文化氛围。

    - 好的绩效管理能区分员工的表现，不断汰弱留强。统一评估机制还有一个重要作用，它能让部门内和跨部门的比较变得更为客观，为企业提供一幅更全面的人才地图，也为跨部门的人才调配提供更多可能性，这些都是企业组织能力提升的有利条件。

    - 绩效管理制度还会为企业上下提供一种人才描述和讨论的共同语言（例如"某某过去3次绩效表现都是A级，是所有同岗位员工的前5%"），对建立高绩效文化很有帮助。

- 对经理人业务管理的帮助

    - 经理人（作为员工）和上级共同给自己制订了绩效目标计划后，需要让自己的团队帮助完成任务。经理人和各个员工分别制订各自的绩效目标计划，作为对员工期望和彼此承诺的"载体"。

    - 除了"载体"之外，绩效目标计划也是一个经理人和员工在执行中的沟通工具，能帮助员工及时做出相应调整，不偏离原来的任务。

- 有效的绩效管理要求经理人不断观察和定期提供反馈，让员工了解自己的表现水平，及时做出改变和提升，达到任务要求。

- 绩效管理的评价结果，是经理人对员工的涨薪、奖励和升迁（或相反）的最重要依据。正因为如此，它实际上也是经理人在人员管理上最有力的"武器"（可能也是唯一的"武器"）。经理人越是严谨和客观地考核，越能够让他所做出的有关决策"立得住脚"，无须担心会被人诟病"不公平"或"偏心"。

- 一个员工持续在多个绩效周期中有（或没有）出色的表现，单靠幸运（或倒霉）很难做到，将多次绩效考核结果放在一起来看，对判断员工能力和区分人才有很大帮助，是升迁或委以重任的重要依据。

- 对员工个人的作用

  - 对员工而言（经理人也是员工）目标和任务清晰明确极为重要，除非是那些想要混日子的人，这也是有效的绩效管理的起点。

  - 绩效管理还能为员工提供一套一致的评估标准，让员工知道如何达标，更愿意放手去干，减少不必要的争议之余，也不容易引起不公平的担心。

  - 一个懂得利用绩效管理的经理人，能激励一个好的员工成为一个更成功的人。作为一个过来人，我能自豪地说我曾经帮助过不少人超越自己，而绩效管理是其中最重要的手段。

  - 绩效管理最重要的作用，是帮助员工掌握自己的命运。每一个绩效目标计划和评估标准就像一幅导航地图那么清晰，能不能达到目的地全凭自己努力。在过程中遇到困难需要帮助时，员工会不会利用经理人的辅导和帮助也在于自己的主动性。只要是有志在事业上走得更远的员工，完全可以通过努力持续交出优良的绩效表现，让自己成为企业不可或缺的人才，为自己争取更多的发展机会。

正确而有效的绩效管理，是企业建立高绩效文化和团队的重要制度、经理人最有力的管理"武器"、员工自我成就和发展的"导航地图"。

## 🔷 绩效管理的设计原则

近年来HR管理软件大行其道，不少顾问和专家努力帮助企业升级转型，但无论是哪门哪派，绩效管理都离不开以下的设计原则，执行越是完整透彻，对企业的帮助越大。

（1）现代绩效管理基于"目标导向"和"以功计得"两大西方企业管理思想，上与企业目标挂钩，下连员工绩效，层层分解覆盖全员，另外又将薪资和职位升迁完全与表现和能力绑定，以此驱动员工动力十足。

（2）绩效管理不单是考核员工的工作流程，更是企业组织能力建设的重要一环，单独实施作用有限，要和企业的目标管理、薪资升迁和人才管理联动，才能发挥它最大的价值。

在目标管理上，可以建立目标数据库，将绩效计划中各个部门的目标从上而下排列对齐，发现是否存在未被分解的遗漏的情况。

（3）绩效管理建立于人性本善的基础上，经理人不以自己的个人喜恶为评判标准，愿意看到员工成功，而员工也愿意积极向上，努力发挥自己所长。企业在设计绩效管理时需要充分考虑这些条件，避免影响实施效果。

（4）绩效管理的成功有赖于员工和经理人的共同参与，任何一方被动参与或敷衍应付都会让整个链条出现问题甚至断层，严重的还会引起多米诺效应，破坏整个管理机制的有效性，这也是不少企业实施绩效管理失败的最主要原因。

绩效管理中员工和经理人各自需承担相应的责任，经理人的责任在于对目标的合理分拆和帮助员工提升工作效率与效果，而员工则要对自己的目标和任务负责，谋求达成甚至超越的方法。

（5）无论是绩效目标计划设定、过程监督、反馈辅导还是绩效评分，绩效管理的每一个环节都需要经理人和员工互相配合完成。有些经理人以为这是一个自上而下的单向过程，甚至是控制员工的手段，很容易演变成员工讨厌的"暴政"。同样，有些经理人盲目崇尚员工自由自主，过分的员工目标自定、结果自评，也往往会导致上下目标和任务脱节，效率低下。

合理的互动比例，要视乎企业自身的文化标准、目标强度、任务性质，还有员工成熟度等因素而定。无论谁做主导都需要有另一方面的声音和反馈，最终的目的都是希望双方达成一致，相向而行。

（6）绩效管理中员工的目标和任务应力求客观，而量化指标是企业做到客观的最常用方法。但问题是有些目标和任务很难完全量化，比如要在绩效周期内完成一份高质量的市场研究报告，又或者要充分展现团队合作精神等（这类例子还有很多）。在这些目标和任务中经理人可以适当利用其他方法，例如引入第三方的意见（评审会议、其他部门反馈等）去增加客观程度（量化不是唯一的客观方法），或者提前与员工确定评估的方法。

　　总而言之，企业千万不要盲目追求量化。单一使用量化指标，将其作为员工唯一的考核指标，这样很可能会导致某些重要的工作任务被员工忽视，到头来受害的还是企业。

　　（7）员工绩效的等级划分就像过去市场中常见的公平秤，是企业中衡量员工表现的标准。由于企业部门众多，这杆秤需要很强的普遍性才能适用。无论它分为几级（大多分5级），一般都有一个达标的基准等级。所谓达标，有两个含义，一是企业能接受的合格期望，二是企业认为员工能力应该做到的水平。在达标之上的等级属于超过企业期望和员工能力所表现出的结果；相反，在达标之下便是低于企业期望和员工能力应有的表现，也就是不合格的意思。

　　在员工的绩效目标和任务计划中，每一项都应该有针对达标的量化指标或非量化描述，这样企业便可以套用统一的等级划分，评估该项目的达标情况。不同的项目可以根据其重要性被赋予不同权重，最后加权得出员工的整体表现评分（级）。

　　（8）在有效的绩效管理下，企业（或部门）的绩效评分分布应该与该企业（或部门）的整体业绩表现成正相关的关系。用简单的统计学知识来表述，当一个企业表现正常（达标）时，所有员工的绩效评分分布会是一个钟形的正态分布曲线，代表大部分员工会得到达标上下的评分（见下图）。当企业的表现超出预期时，员工评分分布的曲线会往左移，代表更多员工会得到超标的评分；反之，则得到相反的结果。

员工绩效评分分布与企业表现的关系

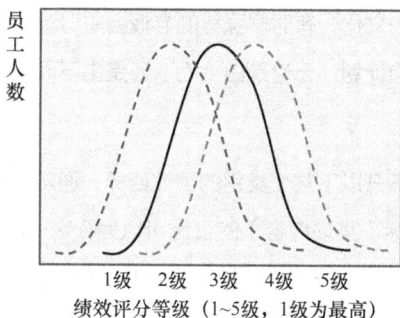

绩效评分等级（1~5级，1级为最高）

　　明白这层关系之后，企业可以根据某个周期内的整体表现，制定各个部门的评分分布比例准则，主动提醒经理人，以降低或防止由于个人主观带来的评分偏差。人数规模越大的企业（或部门），这个设计越有价值。有些企业甚至将评分分布比例根据部门表现做出硬性规定，这种做法被称为"强制分布"（Forced Ranking）。

（9）企业在调整员工薪资时，要顾及量入为出的能力，同时要避免经理人主观偏爱的情况出现，最好的方法就是将绩效评分和薪资调整的幅度挂钩。具体做法是，企业先根据当年的整体表现计算出能用来加薪的总预算，然后按照部门的表现和人数将预算分配到各个部门，各个部门再根据下属部门（员工）的表现进行分配。员工所获得的调整幅度按照岗位级别和表现评分（级）由企业统一制定，确保员工之间的公平性和企业预算同时被保证。

（10）一个绩效周期或许不能看出员工的能力，连续（两次以上）的优良绩效评分应该能让经理人看出端倪。在企业的人才管理中，来自绩效管理的连续绩效评分一定是主要的人才定义标准之一，两者在流程和信息上必须互联互通。

绩效管理的设计无论有多么周详全面，成功还得要看它的内容和执行过程——管什么和如何管。

## 🔷 绩效管理的内容——绩效目标（Performance Objectives）

员工的绩效计划（Performance Plan，PP）的内容由一系列绩效目标组成，其基础来自企业（经理人）的期望和员工对完成工作所需的认知。企业（经理人）首先要让员工清晰地知道业务目标和策略，在考虑到员工岗位和能力（级别）后表达对员工贡献的期望，而员工则要在了解业务目标、策略和岗位职责后提出个人的绩效目标和需要专注的地方。

虽然理论上经理人拥有绩效计划的最终审批权，但是在一般情况下双方会以讨论的方式达成绩效计划的共识。视乎企业的文化，有时候强势的老板会主导计划的最后内容，有时候佛系的老板会鼓励员工自主制订自己的计划。无论是由上而下还是由下而上，双方的共同参与都是绩效计划的重要基础。

绩效计划的具体内容离不开以下几个类别的绩效目标，通常不同的权重会被用来表示不同目标的重要性。理论上某类目标（某项内容）的权重可以为0%~100%，但是企业（经理人）只有在非常特殊、需要极度专注的情况下（比如在短周期里和/或紧急危机中）才会使用单一类别（100%权重）目标。

- 业务目标（Business Goals）

  在所有绩效目标中最重要的一定是员工的个人业务目标，其权重也是最高的。个人业务目标不宜太多，彼此相对独立的目标建议不超过3项，以免分散专注力。由于企业（部门）目标需要依靠员工分工合作完成，每个员工的业务目标必须能直接支撑部分上级目标，而员工们的目标总和也必须大于或等于上级的业务目标。

举个例子，一名汽车主管计划生产100万辆汽车，下属的5个生产基地必须按自己的产能设定目标支撑主管的计划，否则上级的目标肯定无法实现。又或者是新成立的研发部门要在绩效周期内建立完整的研发系统，下属的部门需要各自承担不同子系统的建设。

无论是量化还是非量化的个人业务目标，通常都是由上而下将大目标分解为小目标，鲜有完全由员工自主决定的，除非团队中的员工非常成熟而且合作默契，能够共同将上级的目标妥善分解，不出现缺口。

- 业务管理（Business Management）

员工除了岗位的基本职责外，一定要做好某些关键任务才能完成绩效周期内特定的个人业务目标。业务管理目标的设定并不是简单地把岗位职责写一遍，而是要把这些关键任务重点列出来，加以关注。

如果业务目标是"做什么"的话，业务管理便是对"如何做""做到什么程度"的描述。员工在这类绩效目标中更有话语权，他通过对具体工作的认识，将关键任务和预期（量化或非量化）结果清楚地列出来，像导航地图中的路线指示一样。一些重要的部门KPI，往往会在这类绩效目标中出现。

举个例子，要完成100万辆汽车的生产目标需要零部件及时支持，供应链管理作为关键任务之一，要在数量预测、到货时间、质量水平等多个方面做到精准才能无缝配合；要完成研发系统的建设需要大量技术人才，人才招募作为关键任务之一，需要在数量、背景和时间上予以配合才能完成目标。

一般来说，每个个人业务目标都有相应的业务管理目标支撑，但数量也不宜超过3个，以免分散专注力。在目标导向的大前提下，这类绩效目标的权重通常会比业务目标低。

- 团队合作（Team Collaboration）

经常听到在危机和灾难面前大家分工合作、众志成城的动人故事，相对于这些一次性的合作，在平凡的日子里持续的合作同样宝贵。就算在流程最完善的企业里，部门和员工间掉链子的事情也在不断上演。我在前面已经分析过，分工合作不是加分项而是减分项，是现代企业必不可少的成功（失败）因素。

老板总在强调团队合作精神，甚至把它写进企业的价值观里，但都不如把它列入员工的绩效目标之中。每个员工都与3种人有合作关系，一是自己的上级，二是部门内同事，三是其他部门同事。团队合作的绩效目标的实现应当围绕如何跟这3种人合作方能完成业务目标和做好业务管理（前面两类绩效目标）而展开。

举个例子，生产基地的主管承担了总部100万辆汽车中的40万辆的生产任务，需要跟总部的供应链主管密切配合，确保双方员工都能为完成这40万辆汽车的生产目标保驾护航；研发系统中的产品、开发和测试团队需要相互依靠，才能成功产出结果。

强调员工在其绩效周期中如何有效地和上级或某些部门内外的同事合作，为完成个人业务目标创造最佳条件，是达成团队合作目标的重点所在。虽然有些人会质疑团队合作难以量化，没有绝对的衡量标准，但是这并不妨碍来自合作方的客观评价，而且合作的氛围和效果往往都是肉眼可见、耳朵可闻的。

尤其是对经理人而言，团队合作是其核心管理职能之一。我一定会要求经理人在绩效目标文件中写下这方面的重点，其权重不一定高，但它的存在时刻提醒着经理人合作不好是减分项。

- 个人发展（Personal Development）

现代企业人才管理期望员工自我驱动、努力向上，强调自我学习、主动进取，不断提升个人能力，在满足工作需要之余对自身发展负责。

每个绩效周期所面临的目标挑战，都可能暴露员工的某些个人短板，迫使他快速改变。从个人的专业技能、素质和社交能力到契合企业的文化和价值观的行为等，这些个人因素都可以在实战中取得进步。

我会要求员工在绩效计划文件中写下一到两个对完成（以上3类）绩效目标不利的个人短板，然后思考具体的行动和改善方法，在执行任务的同时获取个人进步。而对于经理人级别的员工，我还会特别强调管理能力的锻炼和提升。

和团队合作一样，个人发展的绩效目标权重不必很高，但对于不断寻求进步的团队来说，这无疑是一个强而有力的信号。

总的来说，绩效目标分类越清晰、写得越具体精准，越不容易产生争议，但所花的精力更大。也有人喜欢简单明了，减少类别和目标数量以增加专注度，但有时候这不能充分反映员工的贡献。

无论经理人如何取舍，类别、权重和具体内容是什么，这4类绩效目标基本覆盖了所有企业（经理人）和员工共同关心的事情。

重要的是最终的绩效计划应该支持上级和个人业务目标的完成，最终的绩效目标应该为后续的评价阶段提供尽量客观的依据。

■ 绩效目标尽可能做到数量标准上的量化（多少）。

■ 绩效目标的完成情况（是/否、有/无）。

■ 绩效目标的完成时间（时间）。

■ 对绩效目标结果的合理评估者（谁/部门）。

## 🧊 绩效管理的过程——4个阶段

也许不同企业或专家在实施上有所不同，在逻辑上绩效管理的过程可以分为4个阶段，分别为计划、执行、反馈和评价阶段（见下图）。除了执行和反馈阶段会交织在一起之外，计划和评价阶段都有正式的边界。这4个阶段循序递进，组成一个周期，循环不断，一个周期的结束紧接着下一个周期的开始，支持业务的进行。

**绩效管理**

● **计划**
- 从CEO开始，逐层下延分解（或由下而上）
- 计划内容为当年企业要完成的主要工作和目标
- 员工自己认真负责地写计划
- 目标和行动并重，工作重点加权
- 衡量期望的标准，尽量量化

● **执行**
- 员工按照计划执行工作
- 随时监测自己的进度
- 寻求经理或同伴帮忙（找资源）
- 跨部门的协同合作

● **反馈**
- 经理人的责任
- 聪明员工的加分机会（主动求反馈）
- 发生在当年之内
- 平常为非正式反馈，也可以是正式反馈会面
- 预测全年评分
- 目标导向、事务工作导向

● **评价**
- 经理人的工作（最重要的责任之一）
- 当年正式评分
- 客观数据、例子场景，详细清楚
- 好的褒，不好的如何改善
- 对事不对人，良性讨论
- 让员工明白企业的看法和评分（经理人代表企业)

周期长短和企业计划管理（财务预算、薪资调整等）节奏相配合，通常以一年为周期，但随

着业务节奏加快，也有以半年或3个月为一个周期的。周期越短越能应环境变化做出更快调整，但是执行的工作量会成倍增加，解决方法是把绩效目标和4个阶段的工作简化，以换取执行速度。另一种解决方法是可以考虑以一年为周期，但中间加上阶段性（比如季度）的目标调整。

- 计划阶段

  计划阶段的起点在业务计划敲定之后，在这个阶段中经理人首先和上级敲定自己的绩效计划，然后将目标化作期望跟下属员工（全体或个别）沟通，再和员工一起落实各类个人绩效目标和评估标准，由员工写入个人绩效计划之中。

  最终的个人绩效计划在经理人同意之后，抄送HR存档成为经理人和员工之间的正式约定。HR在收集了所有的绩效计划后，将绩效目标按部门和员工分类输入目标数据库并组织分析，确保绩效目标从上而下层层关联，所有企业目标都得到全面而充分的支撑。

  在经理人同意个人绩效计划之后，执行阶段正式开始。

- 执行阶段

  顾名思义，执行阶段以员工为主，按照既定计划开展工作，在这个过程中员工有责任和经理人沟通进展，遇到困难想办法解决，需要帮助主动提出，不能消极等待。

  为了更好地帮助员工，经理人在日常工作中要善于观察和聆听各方声音，无论是赞美还是批评。围绕各类绩效目标为员工提供合适的即时或及时反馈，更容易让员工铭记于心。我还会建议经理人把日常观察和聆听所得记录下来，以便在反馈和评价阶段的讨论中提供更有价值的帮助。

- 反馈阶段

  虽然我称之为反馈阶段，但实际上非正式的反馈在执行阶段已经开始，所以这个阶段的主要目的，是提醒经理人要为员工提供阶段性的正式反馈。

  绩效反馈是经理人的责任，但是大多数经理人在执行期间对员工的表现不闻不问，直到要提交绩效评分那天才匆忙"交作业"，这样不但评估容易出错，更难以让员工信服。

  阶段性的正式反馈，要求经理人在无干扰的环境中跟员工讨论他的表现，并且提出当时的暂定评级。这个评级并非最终结果，目的是让员工明了自己所处的位置，获取进步的建议，同时也是经理人预设期望的方法，避免员工对自己的表现有所误解（等到最后一刻才被惊到）。

一句"如果今天要给你考评绩效的话，你会是不合格"，会带出员工错愕的表情；一句"你的表现已经很好，如果在这方面能够改善就更好了"，同样会引起关注。无论是褒是贬，都是经理人帮助员工提升表现的好机会。

在一年的绩效周期中，正式反馈可以季度或半年为期；在较短的绩效周期中，我会争取安排一到两次机会反馈，千万不要等到最后时刻，否则就算对评级有分歧，也没有时间去达成共识。虽然说绩效评价是经理人的终极权力，但带着不服的情绪进入下一个周期的员工，很可能会每况愈下，走入一个恶性循环。

- 评价阶段

在绩效管理中最后的评价阶段，经理人要为员工在绩效周期中的表现画上句号。无论是员工自评还是经理人主评，最终评级的权力都在经理人手中。如果前面的绩效计划足够清晰、反馈和建议足够到位的话，评价结果应该是波澜不惊、水到渠成的。

评价阶段的第一步，经理人根据上级对自己（部门）的评级分析部门整体和员工个人的表现，按照相应的员工评级指引（各级优劣员工的比例）为每个员工评级。就算企业没有硬性要求评级的分配比例，经理人的评价也要经得起推敲，从公平性和合理性出发，做到优劣分明，严防绩效评级出现倒挂现象，不接受自欺欺人、满足于"大锅饭"的妥协。

这是考验经理人原则性的关键时刻，艰难的取舍只能建立在员工在周期内的绩效目标完成度和相对表现上，不是"他在过程中做了很多工作"的苦劳，也不应是"他在我团队中是能力最强"的好员工。经理人要摆脱"没有功劳也有苦劳"和"好员工永远是好员工"的思想，就算是球王也不可能成为每场比赛的最佳球员。

对每个员工做出绩效评级后，经理人要安排跟员工逐一交流。经理人可以采取自己认为合适的方式，我的习惯是先听取员工自评，在给予对方机会表达的同时，验证评估是否有错误或缺失的地方，然后我会正式提出评价。评价围绕各类绩效目标展开，以结果导向、事实和第三方反馈为基础，加上平日观察记录所得和之前反馈过的意见作为补充，客观而全面地论证经理人的最终评级。

无论经理人选择怎样的沟通策略，他必须在展示同理心的同时敢于说真话，这是对员工的最大尊重和帮助。

绩效管理是一个不断循环和全员参与的过程，应当相对简单、易于理解，避免造成大量沟通、高昂的学习和管理成本，甚至引起相反效果。值得一提的是，有些企业提倡360度的绩效评价机制，这看起来最为客观可信，但是流程复杂、工作量大，而且对企业和员工的成熟度要求很高（弄不好变成劳民伤财），企业在设计绩效管理制度时需要谨慎考虑。

企业要设计出适合自己的绩效管理制度和方法，要充分明白其并不是约束员工行为的工具，而是将企业的人、事和财打通，将宝贵资源用在重要业务目标之上的管理手段。从上而下纵容平均主义和敷衍了事的态度实际上是在破坏企业管理的经络，等于自废武功。有关绩效管理如何跟薪资、升迁和人才管理结合的讨论，将在后面展开。

# 19　困难员工

## 谁是困难员工

经理人在推进业务的过程中，经常会碰到各种棘手问题，它们除了和业务相关（例如目标没有达成或计划没有做好）之外，也有不少和团队员工有关。毕竟企业是由人组成的，除非有一天所有员工都被机器人替代，否则经理人将永远离不开人的问题。

经常有经理人向我吐槽某员工很难搞，例如不同意绩效评分、跟同事争吵甚至动手，又或者老打别人小报告，等等。这些经理人不少都是业务上的一把好手，却在遇到员工问题时不知如何是好，有些会简单粗暴以经理人的权威压制，有些装作看不见，有些只求息事宁人。

要处理好员工的问题，经理人要保持冷静，以前面讨论过的"理法情"的顺序为原则，首先就事论事看清问题的本质，在业务的前提下以道理和按制度处理，做到相对公平，最后才看"情"。千万不能从"情"开始，带着情感或情绪很容易让经理人做出错误判断。

事实上有时候困难员工的出现，问题不一定完全出自员工身上。举个例子，一个空降的经理人初来乍到便急于实施大量改变，很容易引起员工排斥、表现消极，经理人会把问题归咎于这些困难员工，实际上自己也要负一半责任。

如果经理人仅凭自己的个人看法，很容易把主观情绪带进问题之中，往往将困难复杂化。我在每日复盘时会扪心自问是否因自己的偏见影响到员工的行为，比如员工之间的纠纷是否因我而起，我是否对不同的员工采取双重标准，或者对员工的绩效评估是否不够客观严谨。经理人只有时刻自省，在摒弃"人"的因素之后，才会发现哪些是真正有问题的员工——困难员工。

企业需要能干、上进、忠心、有原则、能专注、会沟通、心态开放、愿意合群的员工，但人是复杂和高度差异化的动物，不同的人受各自背景、经验的影响，会有不同的特点。

我对困难员工的定义，是指那些由于个人业务能力、态度、动机和性格4个方面的特征与内在因素，导致上级经理人和团队跟他无法有效合作的员工，因而增加了管理难度，影响了业务目标完成。

在这个定义中经理人需要深刻认识下面3个关键问题。

（1）与常识不同，定义困难员工不能只以业务能力或绩效表现为标准，虽然能力不足或表现不合格的一定是困难员工，但是能力强或表现好的不一定没有"困难"。

（2）判断员工"困难"与否应该从对业务的影响出发，不以个人喜恶为准。经理人不能指望每个员工都跟他性格匹配，也不能要求员工对每件事情都保持意见一致。企业运营不是朋友聚会，员工日常的表现是否增加了管理难度和影响了业务目标的达成，是判断"困难"的唯一标准。

（3）影响员工行为的因素很多，每个人都有心情不好的时候，也会受环境影响。如果只是偶尔出现的问题，经理人只需要针对该次事件进行处理，不必过于担心。但是当问题屡次出现时，经理人就必须提高警惕，进一步判断是否出现困难员工。

理论上如果经理人在招募、赋能和绩效管理方面做得足够好的话，困难员工不应该出现，但是现实中在很多情况下我们没有机会选择员工（如接管前任团队），就算能够选择也不能保证100%的命中率，其结果是处理困难员工变成任何经理人职业生涯中一项绕不过去的工作。

除了在极端的情况下（如员工触犯企业"红线"或法律），困难员工不能以"一刀切"的方式简单处理。相反，经理人的出发点应该是想办法引导改变，转化困难员工，毕竟每个员工在加入企业时都曾被认为是合适的人才。如果一有问题便立即放弃，只能说明经理人管理能力不足，而且招聘（寻找替代）成本和对业务所带来的影响也不容忽视。

出色的经理人不能只精通业务，他同时必须是一个善于用人的高手。除了要做好发现和管理人才的工作（可以减少员工问题和烦恼）外，他还要不断打磨管理困难员工的能力，以便在需要时有效应对。下面我将分享管理困难员工的经验。

## 🔷 从问题行为发现困难员工

在前面的定义中，我提到困难源自员工个人业务能力、态度、动机和性格4个方面的特征与内在因素。

在我的经验中，困难员工并非与生俱来，而是从"亚健康"开始的，因为每个人或多或少会有一些和企业（业务）所需不匹配（不是好坏的问题）的特征，这些特征会在来到企业时被带进工作中。对某些表里如一的人来说，这些特征显而易见（比如在面试或日常工作中），对有些人来说则平常不容易看到，有时甚至连员工自己也察觉不到自己身上的某些问题行为和特征。

随着工作强度和压力的增加，或事业发展的要求逐渐提高，一些员工的这些内在因素和特征在外因的影响下越发通过行为显现出来。如果处理及时，员工会焕发新生，和企业更为匹配，发展空间更多；相反，如果处理失当或不及时，很可能会产生"病变"（困难员工），甚至恶化成"不治之症"（离开或对簿公堂）。

和疾病的病征相似，当这些问题行为越来越明显和频繁时，也预示着"病情"越来越严重。所以管理困难员工要从及早发现问题入手，而这些"困难"的源头往往藏得很深，只能通过员工的具体行为去察觉，越早发现越有机会"治愈"。

作为员工的"家长"，经理人有责任关注员工的"健康"，要时刻保持高敏感度，通过对日常点滴的观察和经常获取第三方对员工的反馈，才能及时察觉到员工的问题行为，防患于未然。

困难员工的成因（内在因素和特征）各异，出现的问题行为也各有不同。在我的经验中，当以下行为重复在某个员工身上出现时，经理人需要特别关注。

（1）虽然老板都希望所有员工高能高效，但现实中企业或部门里总有一些能力平庸（甚至不足）的人。他们生存的方法最常见的莫过于工作努力、态度很好（就是做不好），以苦劳补不足；有些则以其三寸不烂之舌和泥鳅般的身段周旋于经理人与任务之间，力保事事都能全身而退；也有些看风使舵的骑墙派秉承不做出头鸟的宗旨，永远将自己放在"对"的一方。

无论采取哪种策略，这些能力平庸的员工总能够找到应对的方法，让经理人"骂不下去"或"被骂不还口"。这类员工貌似不那么困难，但是其对企业的执行效率和团队合作影响巨大，而且往往这样的员工数量甚多（尤其在平庸的企业），是经理人最常见的困难员工。

（2）很多人认为只有能力不足的人才可能是困难员工，但在我的职业生涯中曾经管理过业务能力很强的困难员工。能力强的人大多自信心"爆棚"，而且对自己要求很高，力求事事争先，当这把"双刃剑"使得太猛时，很容易产生反效果。

这类员工的竞争心态很重，虽然在大部分事情上他们可能都是对的，但就算是在大家都对（比如一个问题两种解决办法），甚至他们偶尔出现错误的情况下，他们也往往会坚持己见，不愿意妥协或接受别人的意见。

过分自信和过高要求有时候会让他们不自觉地看不起同事甚至上级，也看不到自己的错误。与此同时，这类员工对公司的期望很高，当事情进展不顺利时，很容易觉得公司对他们不够好，上级对他们的支持不足，容易产生失望情绪。

经理人如果一味逢迎很容易招来团队不满影响合作，如果硬碰又有可能失去一位得力干将。如何平衡和处理好这样的员工，是经理人头疼又幸福的烦恼。

（3）企业里有类员工永远将个人利益置于企业之前，明显牺牲任务、团队或企业利益。他们之中有些有能力但不愿意付出，长期不认真对待工作；也有些喜欢搞办公室政治，以自保和上位为工作方针，甚至操纵人际关系，结党营私，只要细心留意，就会发现这样的人在企业中还是不少的。

（4）有些员工喜欢计较工作中的付出和利益，处处跟经理人讨价还价，遇上不理想的回报会消极对待，以敷衍的态度应对。这些过分计较个人短期得失的员工，总觉得别人的"待遇比我好、机会比我多"，久而久之很容易破坏团队的合作气氛和企业的奖惩机制。

（5）有些员工在嘴上什么都说"好"或"可以"，但是过后就没了消息，等到经理人跟进时又会以各种理由解释，比如"忘记了""在忙别的事情""误解了你的意思"等，不但影响工作进度，更会打击其他员工士气。

（6）在某些员工眼里，工作出现问题时永远都是别人的错，就算在事实面前，他们也不承认自己的错误，总能够将责任推到其他员工或者环境上。无论是性格使然还是故意为之，这类员工也是经理人在绩效评级时经常有分歧和矛盾的人。

（7）人都有性格、原则和"棱角"，很难做到八面玲珑。员工之间相处时自然不能要求人人都喜欢你，但是有些员工经常得罪人，跟大部分同事的关系处理不好，还招来很多人的投诉。当这样的问题重复出现时，对团队合作和业务都会产生极大影响。

（8）有些员工平常待人接物都没有问题，但是情绪容易在受到（外在或内在）刺激时失控，出现心情低落、发脾气（对自己或对别人），甚至过激的行为。如果情绪控制能力缺失只是偶发现象还不足以惧，但变成常态的话会让经理人无从管理。

以上的问题行为是我这些年在困难员工身上总结所得，在我眼里除非是员工故意为之，否则它们并不是构成"坏"员工的证明。事实上，在我的经验中大部分员工并未意识到自己行为的问题，因此经理人要做的事情，是帮助困难员工认识问题、寻找根源，才能彻底解决问题。

## 🎁 寻找问题根源对症下药

有问题的行为不一定影响员工的个人短期绩效表现，但一定会影响经理人的工作效率。它们会从3个方面——目标/策略/执行、团队合作、文化价值观——带来额外的管理挑战和难度，从中长远的角度来看也一定会影响到部门甚至企业的业务发展，而员工最终也免不了在绩效表现上受到影响（见下图）。

困难员工——个人内在因素和特征引发问题行为，影响业务管理

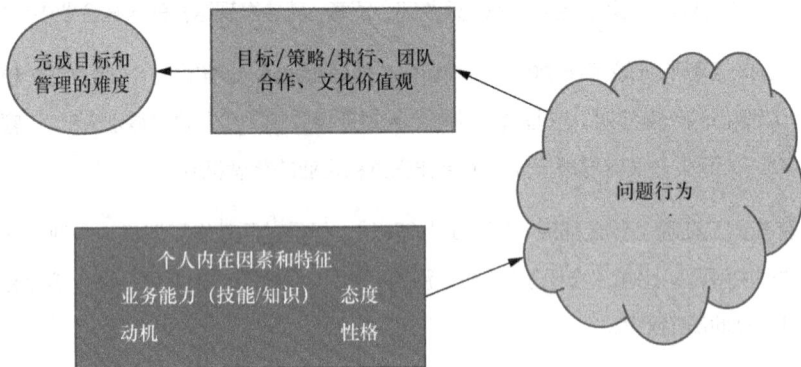

- 目标/策略/执行代表企业（部门）要做的全部事情，无论是直接还是间接，都会受到这些问题行为影响，轻则降低效率，重则养成坏习惯，甚至让策略执行偏离目标。

- 企业靠人做事，团队由人组成，无论这些问题行为是有意还是无意，都将直接影响到团队合作，轻则造成分歧，重则产生内斗，甚至让人置业务于不顾。

- 文化价值观是企业的根基，这些问题行为违背原有的价值观，不能在企业中出现，而且一旦发生多了会把企业文化带坏，再好的根基也经受不了这样的蚕食。

这3个方面的影响直接增加了管理难度，给企业（部门）完成目标带来更多不确定性，印证了上一章讨论绩效管理的必要性，同时也突出了绩效计划中团队合作和个人发展两个部分的重要

性（所以不能只将业务指标作为唯一考核指标）。

在绩效管理中，客观的绩效评估就好像我们的定期健康体检一样，可告诉我们哪里出了毛病。经理人需要对各个相关环节的绩效指标逐一检查，再加上平日观察到的问题行为，相辅相成才能及时发现问题，

一旦发现问题，经理人要勇敢地让困难员工认知问题行为，明白它们的后果如何影响业务。无论员工是没有意识到自己有问题，还是装糊涂，这都是解决问题的第一步，因为只有在困难员工认同问题所在（和存在）时，他才会愿意面对现实，决定是不是要改变。

就像治病一样，经理人要使问题行为消失，通过命令或逢迎的"简单粗暴"方式，最多只能收一时之效。经理人要真正治标治本，最好的方法是要找到和问题行为相关的内在因素，才能更有效地对症下药。遗憾的是，这都是经理人必须做好但经常忽略和做不好的事情。

困难员工的问题行为往往是下面几个个人内在因素和特征形之于外的表达。

- 业务能力（技能和知识）的不足，直接影响员工的工作和绩效表现，也是最常见的困扰员工的内在因素。这类员工为了生存会想到以不同的方法应对老板（或经理人）和工作，尽量避重就轻将能力问题隐藏，但无论用什么方法，或者"幸运地"遇到一个平庸（被他"忽悠"）的经理人，都改变不了因能力不足无法有效完成工作的事实，就算能在短期"过关"，也会在中长期内被发现。

- 人的性格特征各异，没有好坏之分，只要能够适配不同的人和事，便是"合适"的性格。所谓性格缺点，是当人受自己性格特征过分支配变得不灵活，难以做好某类工作或跟别人合作时，所展现出不被别人接受的待人处世风格。

  举个例子，内敛、安静、外向、热情等，都是常见的性格和风格，但是过分内敛安静可能会被视作不合群或冷漠，过分外向热情可能会变成是张扬或炫耀。当个人因为性格特征的问题在工作上和团队中屡屡受挫时，问题行为便有可能出现。

- 人的态度受个人的价值观和成长经历影响，不同的人对同样的事情很可能有不同态度。问题行为的出现往往不在于态度本身，而在于如何表达态度。有些人对懂的和不懂的事情都有态度，甚至在被证明不合适时依然坚持；有些人虽然有态度但一旦受到挑战时便立即放弃，或者在需要表态时依然没有明确态度。

  过分坚持变成偏执、过分迎合（别人）变成软弱、过分谦让变成无立场，这些都是诱发

问题行为出现的常见原因。

■ 人的潜在动机在很大程度上可引导个人行为和自身人设（社会角色）。有人不断追求进步，力求做到完美成就自我；有人内心竞争欲望强烈，要求事事争先成为强者；有人更重视人际关系，希望彼此和谐共处。

和性格一样，动机没有对错之分，而且或多或少对与错同时存在，但是当某种个人动机过大，甚至超过业务本身时，员工的待人处世或人设有可能变得极端，容易产生问题行为，让团队、上级和企业难以接受。

在困难员工认知问题行为后，经理人可以从以上4个方面入手，帮助员工找出引发重复这些行为的内在因素或特征。经理人要搞清楚是业务能力、性格、动机还是态度引发的问题行为（有可能不止一个方面），诱因不同，解决的方法也是不一样的。

要让困难员工认同引起问题行为的根本内在因素，比认知这些问题行为更为困难。由于这些因素都是非常贴近员工内心的敏感地带，很多人不愿意承认、接受，甚至断然否认它们。

在一般情况下，只有少数人会承认自己业务能力不胜任要求，更少的人会认为自己的性格和态度存在缺点或过分之处。经理人只能通过（多个）实际例子帮助员工分析和认知，这也是为什么平日观察和第三方反馈如此重要。

现代心理学中的认知行为疗法（Cognitive- Behavioral Therapy，CBT）的理念与经理人对困难员工采取的举措之间有吻合之处。CBT认为要解决情绪引发的（外在）问题行为，应从人的（内在）认知开始，治疗不仅是针对行为、情绪这些外在行为，同时要帮助病人发现和纠正其内在认知和核心原因的偏差。在我的经验中，帮助困难员工也需要问题行为和内在因素双管齐下，因此优秀的经理人往往也会是不错的心理咨询师。

## 🧊 处理困难员工的过程

● 达成问题共识和制订改变计划

在发现员工的问题行为、评估其对管理和业务的影响、收集/观察和反馈、分析可能的内在因素这些前期准备工作后，经理人要开始和员工达成共识的沟通"旅程"。这个"旅程"从问题行为反馈开始，历经客观分析和坦诚沟通，最后以双方共同制订改变计划为结束。

在这个过程中，经理人一方面从员工角度思考，以同理心、诚恳的态度，加上聆听、反馈和鼓励的方法赢取员工信任；另一方面又要从业务出发，厘清工作要求和对员工表现的期望，并以逻辑和事实为基础，将为什么要改变、改变的利害和如何能改变一一陈述，让员工认同能够做到双赢。

在制订改变计划时，经理人要明晰预期结果，跟员工"约法三章"，订立行为准则和相应的行动计划，然后利用绩效管理对员工个人动机进行刺激和激励，赏罚分明，逐步引导行为改变，走入良性循环。

就算双方达不成共识（员工不认同问题或改变计划），经理人也已经尽力，可以无愧于心。在"先礼后兵"的情况下，经理人应从业务影响和绩效表现入手，通过绩效评级和绩效提升计划（Performance Improvement Plan，PIP）等管理工具，改变员工行为。

- 定期辅导提供反馈

在共同制订改变计划之后，员工开始他的"治愈之旅"。通常我的计划中有两类行动。一类直接针对在工作中的问题行为，"停止"或"改变"是这类行动的主要动词。另一类行动针对困难员工的内在因素，比如如果是能力不足的话，应该提升什么和如何提升；如果是某方面性格或态度出问题，应该如何改变，通过实际工作场景进行练习和表现。

我会采取循序渐进的方式，开始时引导员工做一些相对简单的行为或行动（比如要求"开会不吵架""每周做一个总结""在一个月内掌握某项技能"），根据员工的反应和结果逐步增加难度。

在行动过程中，经理人要继续观察和获取第三方反馈，及时（趁他还记得）和定期（正式）与员工讨论，进行以鼓励为主的复盘，同时加入新的行动。这个时期的长短因人而异，以问题行为的消失（或得到根本改善）为目的，也可以从员工的持续绩效表现提升中找到答案。

- 加入绩效指标，强化业务关联

前面提过困难员工的短期绩效评级不一定不合格，但不等于经理人不能利用绩效管理的手段去改变问题行为。尤其是对那些有上进心的员工，我会将相关的要求和期望纳入他的绩效计划，通过更"正式"和"权威"的管理手段，把这些行动和绩效挂钩，借助评级的力量去驱动行为改变。

方法是从上述的行为改变计划中浓缩或抽取关键行动，列作团队合作和个人发展的绩效目标，让员工看到这些行动被放在跟业务目标相同的水平线上，清晰地明了经理人对帮助他改变问题行为的决心。

这样做还有一个目的，就是防止那些少数表面上认同自己问题行为的员工，在共同制订改变计划后故态复萌。

我在上一章中建议，绩效计划不应单以业务目标作为唯一评估标准（还应有业务管理、团队合作和个人发展），原因也在于此。让绩效管理发挥更全面的作用，也是经理人帮助困难员工的重要手段之一（见下图）。

处理困难员工

| | | 业务/综合能力 | 团队合作 | 上级合作 | 文化价值观 |
|---|---|---|---|---|---|
| 绩效目标 考核表现 | 超标 | PP+辅导 | PP+辅导 | PP+辅导 | PP+辅导 |
| | 达标 | PP+辅导 | PP+辅导 | PP+辅导 | PP+辅导 |
| | 略低标 | PP+辅导 | PP+辅导 | PP+辅导 | PP+辅导 |
| | 严重低标 | PIP | PIP | PIP | PIP |

PP：绩效计划；PIP：绩效提升计划

● 绩效提升计划

在大部分情况下困难员工都可以通过绩效管理和辅导手段予以帮助，但绩效严重低于标准的例外。这类困难员工最重要的是应先从短期入手提升表现，然后才能赢得时间和机会去发现与改变问题的根源。毕竟企业不是慈善机构，员工的绩效表现永远是经理人在人才管理方面的第一道门槛。

为了帮助这类员工，现代企业有种管理方法叫绩效提升计划（PIP）。顾名思义，PIP的目的是要帮助那些绩效严重低于标准的员工尽快提升工作表现。

PIP是绩效管理的后续部分，在正常的情况下企业以绩效计划（PP）与员工"约定"绩效目标和评估标准，但是当员工表现严重低于PP的要求时，会通过PIP来要求员工在短期内做出具体的表现和取得进步，并且在过程中展现出他能够胜任这个级别或工作。

PIP的具体内容和落实方法并没有一个固定标准，视乎企业对"严重低于标准"的定义（容忍度），总的来说PIP都会具备以下特点。

■ PIP的合理性来自企业的公开人才管理制度，并授权经理人主导，要求员工配合。经理人需要负起监督、反馈和保持跟员工密切沟通的责任。

■ 和PP相比，PIP的目标和行为/行动计划更短期、具体和精准，衡量标准也更为量化和客观（比如"是否已经完成"），目的是让员工"毫无误解"地理解公司的要求，让双方能"毫无争议"地对结果评估。

■ 短期目标跟PP中的绩效目标关联，目的是通过这些具体的行动达成，引导员工回到绩效的正轨之上。

PIP的重点是短期行为和表现，建议计划周期是正常PP周期的四分之一到不超过一半（如果PP是一年的话PIP可以是90天）。经理人根据绩效评估结果中的弱项和岗位要求，和员工一起制定PIP的具体内容，在双方同意后签字并交与HR存档。

在PIP周期内经理人每一周或两周跟员工正式沟通一次（要记录），提供反馈检查进度，在周期结束时做出最后的正式评估，得出以下结果之一。

■ 最好的结果是员工满足所有或大部分短期目标和行动要求，经理人判断员工重回正轨能胜任岗位工作，继续执行正常的PP。对于问题行为的根源，经理人以辅导的方式继续跟进。

■ 双方同意若员工达不到工作的要求，协议以合理方式让员工离开，或调到一个级别和能力相符的工作岗位上，由经理人负责与HR协调执行。

■ 根据PIP的客观结果，经理人判断员工表现依然达不到工作要求，但是员工不认同，双方无法达成共识。在这种情况下，经理人有权决定请员工主动离职，关键是经理人在PP和PIP等公开制度下曾合理与尽力帮助员工，便可做到问心无愧。纵然员工有可能提出劳动仲裁，只要经理人在过程中留有帮助员工的材料证据，通常也会得到合理的判决。

有不少企业负责人和高管经常带着怀疑的口吻问我下面几个问题。

■ "在竞争激烈的环境中建立高绩效的铁军，我们应该更果断地去芜存菁，坚决采取末位淘汰的人才管理铁律，哪有时间去关心不达标的员工？"

- ■ "我们已经实行绩效管理，PP的目标和考核标准也写得很具体，为什么还要PIP？"

- ■ "如果照你的建议来做，会耗费经理人的大量时间和精力，PIP不就成了一个形式？"

  对此我喜欢将PIP比喻为一家医院的深切治疗部（Intensive Care Unit，ICU），这样来理解PIP就容易了。

- ■ 人才管理必须要包括淘汰机制，关键是淘汰标准如何制定。是根据员工单一业务目标完成情况还是全面绩效评估结果？是简单的"一刀切"（最末位的x%）还是以绩效评级决定淘汰数量？在做出淘汰决定之前员工有没有"自我救赎"的机会？这些问题涉及企业对人才价值和管理成本之间如何平衡的看法，也是企业的基本用人方针。

- ■ 有趣的是，大多数企业主都喊着"人才就是一切"的口号，到底是真心还是假意，可以从企业的人才制度和做法中一窥端倪。如果在"人尽其才"上都不愿意花上一点功夫便加以淘汰，这样的企业和"血汗工厂"又有多大区别？

- ■ 良好的企业人才管理需要在选、用、育、留全链条上都做好，就像医院需要在疾病预防和治疗的各个环节都做好一样，企业不能只通过一种机制做好人才管理。

- ■ 困难员工像是医院的病人，而经理人的其中一个角色就是医生，需要本着专业操守和业务能力帮助病人，不能流于形式、敷衍了事。绩效严重低于标准的"重症病人"需要特殊治疗，PIP作为企业的ICU，通过经理人的特殊计划、重点关注和加强员工的重视程度（紧迫感、服从性等）等手段，将员工短期绩效表现提升到合乎要求的水平。

- ■ PIP的目的是"救人"，我们固然希望"病人"能够"起死回生"，但由于是"重症"的缘故，也有可能"救不回来"。虽然PIP像是员工的最后机会，但这个永远存在的风险，不应妨碍"医生"救人的目的，也不能因此随便做出"死亡"的预设。

我的一段经验可以印证PIP的真实作用。改革开放不久后（1993年前后），我在广州聘请了很多年轻人，这些员工素质很好，但是由于没有接触过外企，不少人都"水土不服"，早期表现不佳。我们有效地结合了绩效管理和PIP，成功"拯救"了不少员工，帮助他们表现出应有的水平。后来这些员工大部分在公司发展不错，有些更成了业界精英。

但是很遗憾，不少企业管理者和经理人错误地理解或执行PIP，流于形式的过程将PIP变成淘汰员工的"机制"，大大背离PIP的原意，让员工闻PIP色变，产生抵触情绪，破坏了帮助员工的最后机会。

这里分享PIP的原因，正是希望为PIP正名。就算有些企业没有正式的PIP机制，任何相同原理的做法也是值得鼓励的。

## 做最坏打算和最乐观希望

在经过PIP工作努力过之后，假如员工还是没有办法达到要求，经理人需要下决心放弃，因为员工勉强留下来可能会对业务和团队产生更多不良影响。如果员工只是业务能力不足而没有其他问题行为的话，经理人可以考虑是否降级或有其他部门的岗位更适合他的能力，但是千万不要把困难员工留给别的部门。经常看到一些经理人为了不想面对"跟员工说再见"的困难决定，轻率地把困难员工"推荐"到别的部门去，实在是十分不专业的做法。

"早知如此，何必当初"。经理人想要避免"跟员工说再见"时的尴尬，最好是在招聘和管理时更加用心。但是当那一天来临时，经理人无论如何都要坦诚面对管理者的责任，做到问心无愧，不能把工作和责任推卸给HR（这是极其常见的经理人行为）。

专业的经理人会在做决定之前跟HR充分讨论员工的情况，达成一致的看法（包括员工的可能反应）。"跟员工说再见"有两种方式，一是劝退，二是辞退。就像当初面试一样，经理人应该正式面对面地告知员工，解释原因并且商议最合适的"再见"方式。如果之前经理人真的用心帮助过员工，PP和PIP工作到位的话，员工大多已经有心理准备，更容易接受经理人的建议。

在正常情况下，劝退是"好聚好散"的最佳体现，既可避免日后发生纠纷，也保护了员工的名声（可能还有相关的薪资福利），甚至某天员工还有回巢的可能。

万一员工不接受劝退，经理人也不能临阵退缩，只能选择主动辞退。经理人要清楚无论是PIP还是绩效管理，出发点都是帮助员工。只要之前的工作做好，就算要跟员工对簿公堂，经理人也会无愧于心，之后要做的就是尽力在仲裁过程中保护企业的合理利益。

最后，需要一提的是那些破坏企业"红线"和法律的行为并不在讨论范围之内，因为只要这些情况出现，无论它们是否出自困难员工身上，只能就事论事直接以纪律处分对待，这样才能保护企业的根基。

# 20 教练辅导：发展潜力

## 🧊 经理人的教练角色（Manager as a Coach）

在英语中，coach作为名词时一般指运动或某项技能的教练，而动词则是"辅导"或"特别指导"的意思。在现代西方企业管理中，无论是名词或是动词，coach都是一个非常重要的概念，不断出现在商学院的管理课程和企业的文化与日常管理中。

过去数十年，随着社会、经济和教育的发展，组织理论对人性的研究越来越多，员工（尤其是知识工作者）在企业中的地位得到大幅提升，经理人和员工也从过去的老板和下属变成更加相互依存的关系。

现代企业认为大多数员工有自我成就的心理需要和发挥个人潜力的驱动力，因此可以在帮助员工学习和提升技能的同时，提升企业的组织战斗力，达到双赢。一些颇具规模的企业愿意扮演帮助员工成长的角色，甚至提出了员工"终身学习"的观念和做法。

学习固然是员工的责任，但同时也对经理人的角色提出了更高要求，近年的领导力和管理培训（风格、方法）中，无不强调经理人的教练角色和辅导工作，一些颇具规模的企业甚至设有正式的员工辅导计划，将责任落实到各级经理人身上。

一时之间"教练"和"辅导"这两个词变得非常流行，在外企中动辄会听到"coach一下某某"这类对话，但是在细听和观察之下，会发现真正了解、愿意和能够在日常工作中扮演教练角色的经理人凤毛麟角。

对大部分我接触过的经理人来说，教练的任务就是帮助员工把手上的工作做好，他们嘴上的"coach"实际上是"监督"和"指挥"的意思。这听起来合情合理，毕竟管理的任务就是要把业务目标完成。教练并不真正关心员工是否变得越来越好，自然也不会了解（或接受）教练的另一个重要的责任——帮助他们成为更优秀的员工。

前者重点是当前的事（业务），后者关注人（员工）的发展，需要更长时间，而且结果也更难控制。在这样的情形下，为什么经理人还应该花时间在人身上？

我们可以尝试从职业足球运动中寻找答案，在历史中有多少天才横溢的年轻球员昙花一现，终其一生无法发挥全部潜力？而那些最终成功的，除了个人天赋之外，如果没有足球俱乐部（训练系统）和教练帮助，又有多少能够成为一代巨星？著名的足球教练瓜迪奥拉就曾说过他教不了梅西球技，但是在他的帮助下（通过体能训练、饮食控制、经验传授和合适位置安排等手段），梅西得到爆发，成为（最）伟大的球员，也成就了他所在的足球俱乐部长达10年的黄金岁月。

事实上在职业足球运动（或其他团队竞技运动）中，教练有两个角色：事和人。一是事，即战术演练和部署，以及临场排兵布阵和指挥，其目的自然是赢得比赛；另一个是人，即指导球员提升技术、体能和团队配合能力，使他们能更有效地执行教练布置的战术，帮助球队赢得比赛。在这个过程中教练不断激发球员的潜力，而胜利又会进一步帮助他们成长，形成良性循环。足球教练的事和人角色相辅相成，缺一不可。

好的足球教练善于鼓舞士气、安排战术和临场应变，但真正伟大的教练要在此基础上，加上发现球员潜力的"慧眼"，以及帮助他们成为更好球员的辅导能力。同样，优秀的经理人除了具备超强的业务和绩效管理能力之外，也需要像足球教练般帮助员工不断进步，发挥自身最大潜力，与企业互相成就。

## 🔶 什么是辅导

经理人扮演教练角色，帮助员工发挥最大潜力去完成业务目标，是现代企业管理的重要观念之一。能力越强的员工越有机会承担更多、更大的责任，因此教练的重点工作之一在于赋能员工，使其不断突破个人能力上限。

赋能包括3个部分：一是提升现有技能的水平，今天能做的事情如何做得更好；二是学习新的技能，不但让今天的工作更有效，也为今后的发展打基础；而最难的第三部分，是如何提升员工的自我学习能力，减少对经理人的依赖，并最终成为能独当一面、传承下一代的员工。

赋能是长期工作，需要结合耐性与实际。中国人传统上师父带徒弟的"传帮带"方式，其实和教练带学员有很多类似之处。经理人赋能员工的方法也不外乎3种：系统性培训、一对一辅导和轮岗与升迁。

系统性培训需要经理人将要传授的知识/技能进行结构化分解和重组，按一定逻辑有系统地给员工讲解。系统性培训的优点是预制的内容让一致性提高，方便重复使用在多个员工身上，对某项知识全面了解和打基础很有帮助；缺点是相对单向（就算有互动）的传授让经理人难以评估员工的吸收效果，较难差异化地满足每个员工的个人需要（和进度）。

经理人要想针对个别员工进一步和更全方位赋能，除了个别更进阶的培训之外，一对一的辅导必不可少。

很多经理人把辅导和监督/指挥混为一谈，他们会把业务和工作进度沟通当作员工辅导，实际上这是业务管理；他们会对员工表现进行反馈，实际上这是绩效管理。真正的辅导工作，目的不是完成当前的某个业务目标，不涉及具体的某个任务的策略讨论（但会用来做例子），也不是对当前工作表现的评估。

一对一辅导是最有力同时也是最耗费精力的赋能手段，经理人必须小心用好有限的时间，以获取最大的回报。毫无疑问，经理人会将优先级放在潜力更高的员工身上，但这不代表他所花的时间要最多。不少"高潜"（高潜力员工）只需要轻轻点拨便已足够，倒是那些潜力巨大但差距不小的员工会让经理人更费劲。与此同时，经理人辅导员工乃责无旁贷的工作（除了那些正在"ICU"水深火热的员工），对于潜力平庸的员工经理人只能以差异化对待，但不能完全置之不理。对员工潜力和目前差距的评估，是经理人对优先级和投入时间的主要考量因素。

由于是一对一的关系，这种赋能方法可以针对影响员工发挥潜力的各方面需要对症下药，从性格和价值观等内在因素，管理风格、团队协同等软技能，到各种业务知识的硬技能，还有员工自己不知道的或已知但需要提高的问题，都在范围之内。

我在外企工作时，每周都会尽量安排两三个员工的会面，他们全是公司人才库中的员工，跟我建立了辅导的关系。我会事先说明这些会面不谈业务，只要是员工关心或跟他们发展有关系的都可以讨论；至于形式和地点，我更喜欢离开办公室，这样可以让员工更像在跟朋友聊天，更能畅所欲言。

一对一的辅导是一个持续的过程，没有确定的结束日子，更多要看员工的需要和学习意愿，有不少员工甚至在升迁到别的部门之后，依然跟我保持联络，这正好反映出经理人在企业中的另一种价值。

有些"现实"的经理人会计较"为他人作嫁衣裳"的"风险"，担心把员工培养起来却为别人所用，这只体现出经理人自身的短视和不自信。为自家企业培养人才，本来就是所有经理人的工作，聪明的CEO一定会这样要求，甚至将其作为考核经理人能力的指标之一。

害怕员工学得一身武艺后跳槽的，更应该明白经理人的精诚辅导和培养，本来就是企业中最强大的"留人"手段，能抵上别人翻倍的薪资。而经理人自己想要升迁，也需要为自己先找到合格的"继承人"，才能顺水推舟。所以为己为人，经理人都应该做好辅导工作。

无论经理人在做员工计划时如何安排优先级，在辅导时都应该"有教无类"全程投入。我不相信"王侯将相宁有种乎"，每个人都有一定的能力和潜力。更多的时候只是当事人不知道自己的问题所在，或觉得自己能力不差应该走得更快、爬得更高，又或者因为自己不如人家感到前途暗淡、陷入迷茫，这些都需要"过来人"帮忙。只要他想走得更远，有愿意为之学习和改变的意志，都值得辅导。

经理人的经验再丰富、辅导再用心，员工也要经过身体力行才有机会真正学会。好的辅导必然需要结合实战演练，最终极的考验则是应用在工作岗位之上。经理人赋能的最后一步，就是有计划地预备和安排员工承担更大的挑战——轮岗和升迁，员工将学到的本领，通过岗位需要的能力或规模延展，挑战员工潜力的上限。

一路走来，我庆幸辅导过的除了我的直属团队之外，还有"隔层"的员工、HR推荐的其他部门的"高潜"，还有一些"毛遂自荐"希望我给他提供帮助的人。作为一名职业经理人，我的满足感的最大来源之一，是培养出自己的"继承人"、上级和比自己成就更高的人才。

## 🔷 有效的辅导

辅导是经理人和员工之间一种正式而双向的关系。俗语说"一个巴掌拍不响"，有效的辅导需要经理人和员工一起完成。在关系开始时经理人要承担起建立和引导的工作，切忌把辅导员工变成树立威信、拉近距离或鼓励员工士气的团建活动。

辅导员工不是纯粹的科学，没有固定的成功格式，但和其他管理能力一样，它需要知识、方法和技巧。经理人通过有意识的锻炼，随着辅导的人数、次数和经验的增加，自身的能力也会得到提高。以下分享的是我多年来积累的一些经验。

- 教练的承诺——时间、精力和耐心

不少企业设有正式的员工辅导计划，却没有收到显著的效果，原因不是计划不完美，而是经理人出了问题。业务压力太大、对工作过于短视，或将心思放在工作以外的事情上，往往会使经理人将员工辅导变成例行公事，甚至置之不理。不要小看员工的观察能力，经理人有没有用心，员工从交流中一眼便可以看出来。

跟所有事情一样，经理人要真心想帮助员工成功，才会有成功的希望。

从我成为经理人那一刻（1990年）开始，无论业务多忙，每个月我一定会安排固定的员工会面时间，不谈业务（只会用来做例子或案例），只谈员工自身的问题和发展。在此之前，我会在平日特意观察，把有用的信息记录下来，用在和员工的交流上。

只要是跟我有正式辅导关系的员工，我都会和他们协商好见面的频率，以及下一次的时间，从不轻易把辅导的会面挤掉。遇到实在紧急的情况，我会亲自跟员工说明原因（电子邮件、电话或在过道上），另定时间。

时间投入和优先级代表经理人对员工的承诺与诚意，员工看在眼里，一目了然，也会做出相同的反应。

经理人投入时间和精力后，如果遇上不愿意被人辅导（帮助）的员工，会变成"竹篮打水一场空"，这样的员工就算勉强接受了，也不会真正学习或付诸实行。话说回来，没有人会拒绝别人帮忙，唯一的原因就是不知道自己有需要（问题），或不相信别人能够帮助自己。

经理人要想辅导取得效果，必先做好功课，清楚员工的工作表现、能力的优缺点，才能从中找到他的问题；还要评估他的潜力"天花板"，了解个人动机和对工作的野心，才能适当地唤醒他接受辅导的需要。尤其是自视很高的员工，往往会觉得自己已经很好，只有在他认知到潜力如何跟事业发展关联起来时，他才会接受需要改变和提升的现实。

但是有时候就算员工知道自己的问题，也不一定会愿意学习、提升自己。不少员工告诉我他们曾经努力过，但因为种种外在（有企业或前任经理人的）原因，终究没有任何好的结果。这种被环境磨平的心态在平庸的企业和困难的时候尤其常见，员工一旦对企业失去信心，很难对经理人（尤其是新来的）产生信任。这时候经理人要以更大的耐心和诚意，通过行动取信于员工，才能得到他们的充分配合。

不少对员工辅导一知半解的经理人，经常把持不住，一不小心便将会面变成业务汇报和讨论，让员工对辅导的性质产生怀疑，以为只是新瓶装旧酒。一旦员工下了错误的结论——"老板根本不是关心我个人"，要改起来事倍功半。

对应的办法是经理人时刻要提醒自己和员工，把会面的目的牢牢记住，不让交流跑偏。只要条件许可，我会选择脱离业务繁忙的时间和地点，比如在一个项目或季度结束以后，找一个相对安静的环境，让彼此都暂时不被业务和工作困扰，可以静下心来，讨论如何帮助员工成长。

- 辅导的工作——从目标到行动的闭环"管理"

在这里我用上双引号的"管理"，原因是经理人应当以管理的思维和纪律去做好辅导工作，但与此同时，员工有自由去接受或拒绝辅导。只有在你情我愿的情况下，"管理"才能起到作用。所以辅导工作的第一步，便是要建立对彼此的信任，让员工接受经理人的帮助。

在员工愿意接受赋能之前，经理人最有力的辅导是通过观察和以事实支持，指出员工的优点和缺点，提出改变的建议，让员工信服。

经理人在辅导前要对员工进行了解，并通过反馈与反复讨论，和员工共同确认需要提升或改变的技能（业务、专业、管理、沟通等）、态度和行为，重要的是要把员工取得进步会带来什么样的价值，跟员工的事业发展关联起来。

有了这些共识，经理人和员工可以按能力提升的价值与难度，制定阶段性的辅导目标，分而治之。

接下来经理人要将正确或更有效的观念、视野、知识、方法、技巧、态度、行为等，通过各种手段与员工分享和向其传授。在这个过程中经理人的自身经验最为重要，无论是成功的还是失败的都值得员工借镜，也是最有说服力的例子。

经理人也应该充分利用员工自身经验作为例子，指出好的行为如何带来好的结果，有问题的做法如何带来其他问题。这样的反馈就像在员工面前放了一面镜子，可经常让员工发现一个"不一样的自己"。在某些专业的领域中，经理人也可以邀请第三方的"专家"（可以是其他同事）进行分享和传授。

在这样的对比下，员工更容易看到自己的不足和具体改变的需要，经理人提出建议也会变得顺理成章。但是再好的建议如果不落到实处，也无法带来真正的变化。就像体检报告建议多吃某类食物或多运动一样，如果没有变成具体的计划，单靠个人的主观意志效果很难保证。

经理人需要将建议化作具体的行动计划，利用日常工作或某个项目的机会，让员工得到演练的机会。员工和经理人分别将不同角度的体验与观察记录下来，在下一次的会面中复盘讨论。行动可以从易到难、由小到大，通过反复演练、复盘和打磨，将新的技能固化下来。以行动为本的辅导，是提升个人能力的最佳方法。

- 辅导的心理学——专注员工个人

经理人需要具备心理咨询师的素质，这一点在辅导员工的工作中充分体现了出来。从开始时建立信任、确定目标、提出建议、制订计划到结果复盘，员工都需要愿意接受经理人的辅导，才有机会成功。

经理人要专注于人，处处从关心和同理心出发，以聆听、认可和鼓励为手段，让员工逐步接受自己。

在反馈时经理人与员工要坦诚相对，不怕说真话，尤其是在指出员工的问题和提建议时。善用各种例子、不怕分享过来人的成败的经验教训和看法，能有效缩短经理人和员工彼此之间的距离，增加经理人的可信度。

在计划行动、演练和复盘时，经理人应尽量创造能受控制的机会，让员工在相对安全的环境中尝试，对做得好的充分肯定，也允许合理的错误出现，给予员工足够的耐性。这一切都有助于提高辅导的效果。

辅导关系能否确立的关键是经理人和员工是否认为辅导有价值，经理人"江郎才尽"尽力了或发现"孺子不可教"，可以无愧于心及时终止；员工觉得"都学会了"或"没什么用"，也可以提早"毕业"。当然最好的结果是帮助员工提升和事业发展，甚至将关系延绵到工作之外，升华至亦师亦友的层次，经理人的教练成就和满足感，莫过于此。

## 🔷 IDP 员工发展计划

经理人的工作之一是为企业培养人才。辅导工作做得好，员工能力得到提升，便应当将其用在更重要的岗位，让其承担更大的责任。就算员工能力还没达到可以胜任升级的工作，轮换到另一个同级的岗位上，也可以扩大员工视野、促进其对业务的了解和锻炼某方面的技能，为下一步做准备。辅导与轮岗升迁的关系密不可分。

但是员工的升迁或岗位调配不应该随机发生，经理人不能总在岗位出缺时才急忙思考谁能够顶上去，又或者当员工被人挖走时才想到以升迁留住员工，这些都无异于临阵磨枪、临渴掘井，对企业和员工都没有好处。

业务和组织变化迅速，想让员工在合适的时间出现在合适的岗位上，要求经理人细心计划，跟企业的人才供求体系紧密联系，才能做好人才"撮合者"的角色。

企业要有系统性地组织和考虑人才管理制度，其中员工的个人发展计划（Individual Development Plan，IDP）至为关键。IDP是不少企业用来帮助员工发展的正式工具，通常用在"高潜"身上，但也有对一般员工开放的做法，只有身在PIP中的员工会暂停IDP讨论。

企业实行IDP有两个好处：一是表达企业对员工的重视，愿意帮助他们发展事业；二是为企业培养人才，满足业务发展需要。员工有机会表达自己的兴趣、诉求和得到了帮助，自然也会增加对企业的好感。在这两者中间的纽带，正是经理人的辅导工作。

顾名思义，IDP是一个由员工负责提出的计划，内容应该和辅导一致，经理人也应该根据辅导内容决定是否和如何支持。一旦同意之后，经理人需要跟员工密切配合，负责创造合适的机会和监督IDP的执行，而员工则要维护计划的执行，对自己的前途发展负责。

在辅导过程中，经理人会发现员工的兴趣、能力、潜力和发展需要，根据这些内容，再结合企业的潜在业务需要，形成IDP的内容，具体如下。

- 事业目标和兴趣。包括经理人或个人贡献者的选择、在哪方面发展，以及希望走多远，例如成为一个业务部门的主管（副总裁级别）或资深的技术专家（副总裁级别）。

- 发展需要。包括需要提升的技能（专业、管理等）、工作经验、态度、行为、价值观等。例如：需要单独领导一个团队完成一个千万元级别的复杂项目，展现策略、执行和管理能力；或需要加强技术的钻研，取得质的突破，获得同行的尊重。

- 具体发展行动。针对所需提升的领域，确定相应的具体行动，由员工和经理人分别负责，例如在3个月内带领团队使某某客户培养出一个千万元级的商机，并在12个月之内赢下；或针对某某项的技术，在未来12个月内成功完成市场化的案例。

- 下一个工作岗位（级别）。通常分为两个时段，短期的一般在6~18个月，中期的在3年之内，由经理人和员工共同商量潜在适合的工作部门与相应的岗位（以及满足的条件）。

虽然这些未来岗位可能因组织变更出现变数，也可能因员工未达到能力要求而"落选"，但是IDP代表了企业与经理人对员工的重视和对员工兴趣的尊重，在大部分情况下能提高员工努力向上的驱动力。

IDP通常以一年为周期，在年初（或与员工的入职周期同步）由员工提出与经理人讨论，在经理人同意后提交上级主管批准。假如主管对IDP有不同看法或者因在未来岗位上有其他竞争者，会将IDP返还经理人，让其与员工再行协商，或由主管亲自与员工讨论，尽量做到客观可行。

有人说IDP的概念很好，但实行起来工作量不小。对此我的看法是，辅导工作和IDP同是为了员工的发展问题而生，如果企业和经理人真心重视人才，就算没有正式的员工辅导计划和IDP，也绝不妨碍经理人为员工发展投入时间和精力的意愿。

# 21 以功计得：激励与加薪

## 以功计得（Merit Pay System）

在计划经济时代，一切利益从单位集体出发，员工所得以平等和平均分配为原则，对特殊和重大贡献者，更多以荣誉（劳动模范、先进工作者等称号）为主要激励手段。在这样的制度下虽然涌现了不少值得尊敬的模范员工，但比例毕竟很小，对于大量一般的员工来说，每个人在"大锅饭"中能分享到的基本没有差别，工作的积极性也容易随时间流逝逐渐降低。现在的年轻人或许对此没有感性认识，但是在改革开放之前，这种工资制度一直在影响着我们。

改革开放后我国引入市场经济，通过供求的"无形之手"为发展注入活力。随着对外开放的深化，西方企业的管理经验开始进入大众视野，引领企业学习和运用更多市场化机制。它们奉行的Merit Pay System——我称之为"以功计得"制度，便是其中一个核心管理思想和制度。

以功计得的概念其实非常简单，它同样建立在公平的基础上，但强调以功绩决定个人的所得，员工业务成果和贡献越大，收入和发展机会越多。它基于员工具有上进心和自驱力的信念，通过功绩和所得彼此循环刺激，不断推动员工个人为企业建功立业，走入一个正向循环。

比起无差异化的薪酬所得制度，以功计得无疑更能释放员工的能力和积极性。在获得市场化红利之后，企业逐渐看到人才的重要性，为了吸引更多人才，它们加速向以功计得靠拢，陆续引入国外相关的做法。

但是我国的企业发展历史毕竟很短，这些企业管理制度的精神并没有被完全了解和吃透，如何跟我们的文化、思想相融合也未必考虑清楚了。

举个例子，我经常看到"多劳多得"（没有人说"多功多得"）和"没有功劳也有苦劳"这些传统观念不断出现在绩效管理和对员工的评价当中。虽然劳动的过程是创造功绩的必然条件，但是如果经理人（和员工）把劳动付出等同或甚至凌驾于功绩之上，会错误引导员工偏离目标和结果的重要性（以为只要努力或按照领导的意思执行就可以），导致以功计得失去应有的作用。

同样，中国文化对忠诚十分看重，视之为十分宝贵的个人品质，但是如果经理人将员工所得跟忠诚而非功绩挂钩，很容易出现本末倒置、消磨员工战斗力的情况。试想如果企业养的都是一群忠诚但表现平庸的员工，将很难在日益激烈的竞争中生存。

也许劳动付出和忠诚对某些组织（比如不牟利的或慈善组织）的作用更大，但是一旦企业认同并选择以功计得的理念，我们就要学会如何做好平衡，否则一不小心站到以功计得的对立面时，将会产生严重矛盾，企业的管理也会受到影响。事实上不少企业空有以功计得的制度之名，执行起来流于形式，没有实际效果，究其原因大多跟企业和经理人的观念不清有关，甚至出现"对别人要求一套、对自己不一样"的双重标准。

在以功计得的制度中，功绩以员工业务目标的达成情况和结果为衡量标准，通过绩效计划和绩效评级落实，而员工所得则会反映在薪酬高低（加薪幅度）和激励多少上。虽然以功计得奖励的是"过去"的功绩，但是这并不妨碍企业"事先张扬"将目标和激励挂钩，员工可以事先清楚地计算出达成（或超过）预期结果的所得，驱动个人向该方向努力。

好的以功计得制度能够推动员工努力上进，鼓励内部健康而良性的竞争，帮助建立高绩效文化和团队。它的成功关键在于管理制度的设计和执行，是否能够将以功计得的精神贯彻到整个企业之中、反映在文化和价值观之上。管理者能否为企业设计合适的制度，是否心口如一地在各环节执行到位，员工的日常行为和精神面貌，最能直接让人感受到以功计得带来的前进的能量，也掩盖不住那些人浮于事和"少做少错"的氛围。

在绝大多数的情形下，以功计得的制度面向所有合乎条件（全部员工或某个职能）的员工，所以它必须秉持公开、公平和公正的原则，经过企业正式审批，不能私相授受，也不应该是事后犒劳或随机发生，否则会失去员工的信任。

好的以功计得需要从目标、计划、执行过程到结果落地，处处细心思考、精心管理。它除了驱动员工向共同的业务目标前进，也要跟企业的人才管理和发展发生紧密联系。

事实上，在现代企业管理中，大部分人力资源制度和政策是围绕以功计得的理念建立的（见下图）。企业中的岗位薪酬设计、绩效管理和人才管理的相关制度，更是落实以功计得最重要的工具，将员工所得通过绩效加薪、激励政策和晋升等手段落到实处。

以功计得的相关制度/手段

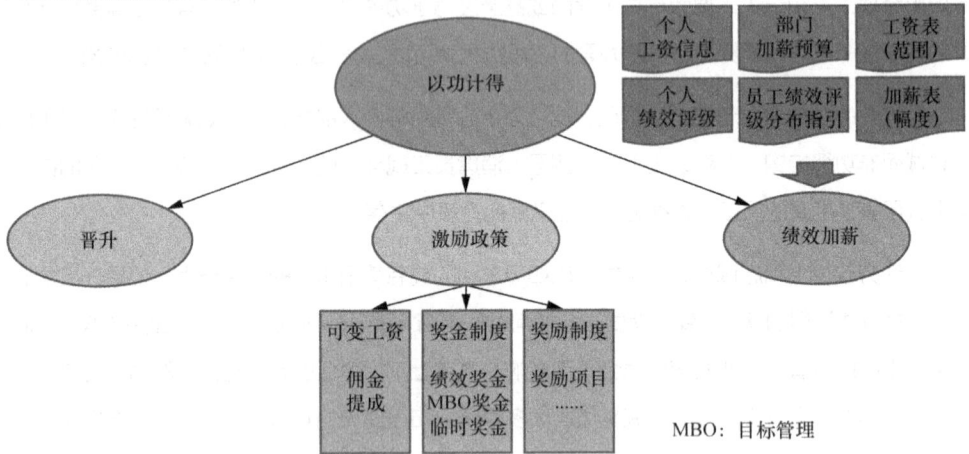

MBO：目标管理

在落实的过程中，经理人扮演极其重要的角色，他们是否用心和称职，将决定以功计得是否能真正落地，要让员工感受到它的公平存在。以功计得虽然听起来简单，要做得好一点都不容易，哪怕只有一两个经理人掉以轻心，没有"把好这个关"，也可能会导致这个理念支离破碎。

在我的经理人生涯中，对表现优秀的员工给出"物有所值"的加薪和激励，是我最乐意做的决策；看到他们喜出望外的笑容和目光，是我最有成就感的时刻之一。

但是与此同时，我意识到这个权力其实更是分量十足的责任。不要小看给错的后果，无论是那个人不配还是失去应得的奖励，也不管责任是（你的）判断错误还是制度缺陷，这个错误最终都会影响这个员工的发展、经理人在其他员工心里的信任度，甚至团队的战斗力。

所以经理人必须清楚理解与善用企业的以功计得理念和相关的人力资源制度，一知半解的认识和走过场式的满足流程只会让员工离心离德、团队各自为战。

以功计得和HR中的酬劳与福利（Compensation and Benefits，C&B）范畴息息相关，这中间包括的岗位薪酬制度（包括绩效加薪）、激励政策、员工福利和晋升制度等，除了满足员工的基本"安全"需要（和政府对员工的保障要求）之外，还负有重要的激励功能。

以下的内容将会就绩效加薪和各种激励政策等进行解读，有关晋升的内容则会在下一章和另一个重要观念——人才管理一起展开。

## 🎁 绩效加薪（Merit Increase）

有些组织机构（例如政府和非牟利组织）并不奉行绩效加薪，而是采取年度按级别划一的加薪制度。这种加薪的幅度主要根据生活水平上升程度（通胀指数）和市场同类工作的竞争力而定，员工的绩效评级表现不在考虑范围（或比重很小）。

这里讨论的绩效加薪是特指在同一个级别内，应员工在绩效周期内（通常是一年）的表现而做出的工资提升。在以功计得的制度中，加薪与否和幅度多少视企业整体表现和员工绩效评级而定。

- 工资结构

  想了解绩效加薪，我们要从工资结构的基本概念开始。企业将工作按职能需要分为不同岗位（销售、技术、财务、行政、人力等），岗位又因职责的范围大小、轻重（体现在招聘的能力水平）而存在级别的高低，并被赋予有竞争力（考虑市场因素）的工资范围，以吸引能力匹配的人（内或外）入职。

  "以岗定薪、引人入岗"是以功计得理念的基础，企业需要不同能力水平的员工承担不同的岗位和职责，只有将他们"放到"合理的级别和相应的工资水平中，员工之间的能力、职责和功绩才有可比性，绩效加薪才会有意义。反之，如果"以人定岗、因人定薪"的话，以功计得很难在企业层面系统化落地。

  工资（范围）表（见下页表）涵盖企业所有岗位和级别的工资水平，通常以正常工资或OTE（在下面解释）代表。每个级别都有一个工资范围，上下级之间的工资范围会有所重叠，这两者跟企业所在的人才市场和自身的成长性与人才理念有关。

| 级别 | 销售 | | 技术 | | 财务 | |
|---|---|---|---|---|---|---|
| | 专业人员 | 经理人 | 专业人员 | 经理人 | 专业人员 | 经理人 |
| 10 | 75K~110K | 75K~110K | 75K~110K | 75K~110K | | 75K~110K |
| 9 | 56K~80K | 56K~80K | 56K~80K | 56K~80K | | 56K~80K |
| 8 | 40K~60K | 40K~60K | 40K~60K | 40K~60K | 40K~60K | 40K~60K |
| 7 | 28K~42K | 28K~42K | 28K~42K | 28K~42K | 28K~42K | 28K~42K |
| 6 | 20K~30K | | 20K~30K | | 20K~30K | 20K~30K |
| 5 | 14K~21K | | 14K~21K | | 14K~21K | |
| 4 | 10K~15K | | 10K~15K | | 10K~15K | |
| 3 | | | | | 7K~11K | |
| 2 | | | | | 5K~8K | |
| 1 | | | | | 3K~6K | |

K表示"千"

工资范围是每个级别最低点和最高点工资的级距，通常以最高点除以最低点的倍数表述，范围越宽，倍数越大。以上面工资（范围）表中的例子来说，工资范围的最高点大约为最低点的1.5倍，假设某员工以某级别最低点入职，工作表现优异因而连续得到20%的加薪幅度，他会在两年后走到工资范围顶端。如果是一个每年获得7%加薪的员工，将要花5年时间才能达到同样的水平。企业可以通过工资范围的宽度设计，为员工提供同级别内的提升空间，这同时也反映出企业对员工在级别内"逗留"时间的平均规划。

另外，级别之间工资的重叠是指某级别的最高工资和上一级别最低工资的差距。以上面工资（范围）表中的例子来说，级别9和10的经理人的工资范围重叠为5K（80K~75K），约为级别9工资范围的6.7%。重叠越小代表级别之间的职责大小分得越清，同时也代表晋升是员工获得更高工资的主要路径。企业可以通过工资范围的重叠设计，反映出自己对员工成长的要求和渴望。越是快速成长的企业，工资范围的重叠通常越小。

工资范围宽度和重叠的整体设计，是企业用人策略不可或缺的部分，在为企业发展需要服务的同时，也为员工提供"横向"（同级别）和"垂直"（晋升）的提升空间。员工绩效加薪和晋升路径图（见下页图）中显示的是某员工A的加薪和晋升路径。这个员工入职时级别为5级，在经历12个绩效"横向"和"纵向"加薪周期之后，成为目前的9级经理人。

| 10 | 75K~110K | | | | A | |
|----|----------|--|--|--|---|--|
| 9 | 56K~80K | | | | ✖ | |
| 8 | 40K~60K | | | | | |
| 7 | 28K~42K | | | | | |
| 6 | 20K~30K | | | | | |
| 5 | 14K~21K | ✖ | | | | |
| 4 | 10K~15K | | | | | |

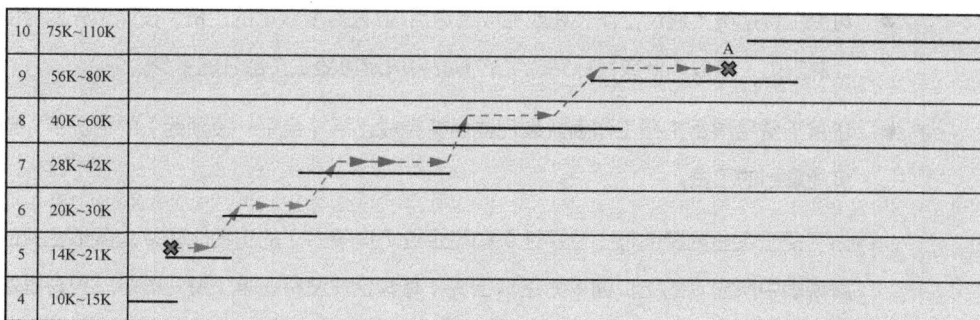

- - - - - 专业人员
- - -► 经理人或专业人员

在工资表中，对每个岗位和级别设定了工资范围，员工入职时企业会根据员工自身条件（学历、能力、经验等）决定其落入哪个级别和具体工资水平，因此同一岗位和级别的员工很可能会有不同的工资起点，出现不同的工资渗透度（Penetration）。

个别员工在工资范围里的渗透度对绩效加薪幅度的影响将会在下面介绍。在员工工资渗透度图（见下图）中，员工A目前的工资是65K（千元），在级别9工资范围的渗透度是37.5%。

| 级别 | 销售 | | 技术 | | 财务 | |
|----|------|------|------|------|------|------|
| | 专业人员 | 经理人 | 专业人员 | 经理人 | 专业人员 | 经理人 |
| 10 | 75K~110K | 75K~110K | 75K~110K | 75K~110K | | 75K~110K |
| 9 | 56K~80K | 56K~80K | 56K~80K | 56K~80K | | 56K~80K |
| 8 | 40K~60K | 40K~60K | 40K~60K | 40K~60K | 40K~60K | 40K~60K |
| 7 | 28K~42K | 28K~42K | 28K~42K | 28K~42K | 28K~42K | 28K~42K |
| 6 | 20K~30K | | 20K~30K | | 20K~30K | 20K~30K |
| 5 | 14K~21K | | 14K~21K | | 14K~21K | |
| 4 | 10K~15K | | 10K~15K | | 10K~15K | |
| 3 | | | | | 7K~11K | |
| 2 | | | | | 5K~8K | |
| 1 | | | | | 3K~6K | |

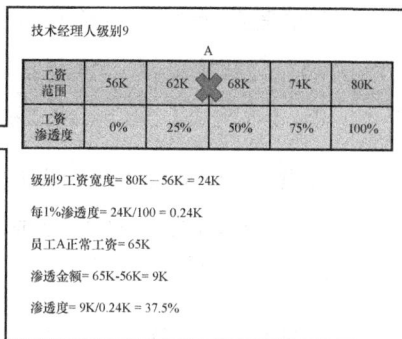

技术经理人级别9

| | | A | | | |
|------|-----|-----|-----|-----|-----|
| 工资范围 | 56K | 62K ✖ | 68K | 74K | 80K |
| 工资渗透度 | 0% | 25% | 50% | 75% | 100% |

级别9工资宽度 = 80K − 56K = 24K

每1%渗透度 = 24K/100 = 0.24K

员工A正常工资 = 65K

渗透金额 = 65K−56K = 9K

渗透度 = 9K/0.24K = 37.5%

在以功计得中，员工的工资被分为两个部分：基本工资（Base Pay/Salary）和可变工资（Variable Pay/Salary）。某类员工的一部分工资会和各种激励手段挂钩，他们希望能够拿到更多，但当然也有可能更少。

正常工资（100%）= 基本工资（$x$%）+ 可变工资（100%−$x$%）

■ 基本工资是员工（在不因事故被扣薪水的情况下）哪怕表现不好也一定会拿到的部分，属于员工的最低工资保障。

- 可变工资是员工通过工作表现或完成特定目标/任务所获得的工资。按照事先厘定的计算规则，绩效高低或目标完成度的情况将决定可变工资部分的多少。

- 正常工资是指员工在工作绩效表现或目标完成正常（合乎一般预期）的情况下，应该能拿到的工资。

  为了便于企业内跨岗位（公平性）和跨企业（竞争力）的工资比较，大多数企业的薪酬表中所显示的工资通常为正常工资（有些企业没有正常工资的概念，只有基本工资，很难和其他企业做工资调研比较）。

举个例子，如果正常工资为100%，假设基本工资占比$x$%，可变工资的比例为100%-$x$%。当基本工资的$x$%越大，可变工资的比例越小，员工的"风险"越低，反之则越高。

为了平衡员工所承担的风险，可变工资设计的上限会超过100%-$x$%，让表现优秀或超额完成特定目标的员工有机会获得比正常工资100%更多的收入。基本工资$x$%比例越小，可变工资的上限会越高，反之则上限越低。

这样企业可以根据工作岗位和级别的性质与需要，设计不同的比例，引导不同岗位和级别的员工。而在没有奉行以功计得的组织（或部门）里，不设可变工资（100%-$x$% = 0%），这时候正常工资等于基本工资，员工所拿的工资不会受绩效表现或目标完成度影响，但同时员工也可能会失去积极性。

正常工资的另一个相关说法叫"达标收入"（On Target Earnings, OTE）。OTE起源于销售岗位，指的是当达成100%销售目标时员工能获得的基本工资加上可变工资（佣金）的总和。

正常工资的原理和OTE一样，只是由于销售佣金收入往往会在季度或年度末进行结算，OTE通常会以年度金额的方式表述（我们常说的"年薪"）。而随着以功计得制度的广泛流行，一些企业将所有岗位的正常工资有时候也称为OTE。

- 绩效加薪的概念

  - 加薪发生在员工开始工作之后，员工先要有表现后才会有加薪，这是加薪和工作表现的基本因果关系。

  - 虽然加薪的本质是对员工过去绩效的肯定，但同时也包含了企业对员工未来表现的期望。经理人希望加薪能带来相应的激励作用，让加薪幅度高的员工对未来更可期，让加薪幅度不理想的员工及时觉醒。

- 加薪是企业（经理人）向员工发出的表现优劣的反馈信号，目的是引导所有员工进入不断提升表现的良性循环，避免员工出现每况愈下的恶性循环。在以功计得中，加薪是企业建立高绩效文化和团队的重要手段，不是为了简单地维持劳资关系的"平均主义"。

- 员工加薪和企业经营情况唇齿相依，企业能用于加薪的整体预算和幅度应当反映企业的经营情况。"覆巢之下焉有完卵"，在业绩不良时企业很难有钱给员工加薪，所以员工该明白天下没有免费的午餐，要想加薪幅度理想离不开自身的努力表现，以帮助企业经营得更好。

  经理人要让员工明白加薪不是福利制度，并不是必然发生的，企业也没有义务要弥补物价指数的上升，只能凭经营结果说话。就算在有条件的日子里，经理人也必须将有限的加薪预算用在刀刃之上，这是因为加薪幅度再小，它的影响也是叠加（连续4年获得19%加薪的员工，工资会翻一倍）和延续不断的。

- 在以功计得中，每个岗位级别的工资范围，为员工提供获取在同级别内更高工资的空间，员工可以通过绩效表现争取更高的加薪幅度，提升其工资渗透度，甚至追上/超过入职时工资更高的同级员工。

- 好的工资制度在加薪幅度上设有一定范围，这个做法有两个作用。一方面，在相同的绩效评级下，允许经理人向工资渗透度低的员工提供比渗透度高的员工稍高的加薪幅度，鼓励他们不断向前超越；另一方面，这个做法也赋予经理人更多灵活性，在肯定某员工过去表现的同时，提供在范围内的更多加薪幅度，可激励有潜力的员工在未来做出更大贡献。

- 虽然加薪的影响是叠加的，但也是最容易被员工忘记的激励手段（只有经理人、员工和HR等少数人知道）。在我的经验中，加薪带来的喜悦很少能维持超过3个月，直到有一天我给自己算了一笔账，在第一年我的工资加幅是20%，5年后的加薪值等于第一年的工资。我在老东家前后工作20年，第一年的加薪为我后来的加薪奠定了更好的基础。

  所以加薪的真正激励作用在于它的长期效应，经理人要学习如何沟通加薪的价值，否则善忘的员工很快又会觉得工作太累活太多。经理人还要懂得如何利用加薪幅度拉开优秀和平庸员工之间的距离，让以功计得能够落到实处。

举个例子，两个起薪点同为10000元的员工同时入职。其中一个连续3年绩效评级优秀，每年获得20%的加薪；另一个绩效达标，每年获得5%的加薪。撇开晋升的机会不谈，3年后他们的工资分别为17280元和11576元，前者是后者的1.5倍，这就是经理人要善用加薪作为激励手段的最有力证明。

■ 正确的加薪除了可将以功计得和员工优劣区分落到实处之外，还可以提高优秀员工的满意度和忠诚度，相反不正确的加薪很可能会引起士气降低问题。

无论是出于经理人的个人喜恶还是对绩效管理的不上心，绝大部分不正确的加薪源于不正确的绩效评级，因错误"差评"带来的低幅加薪无疑会让当事员工感到不公平，错误的"好评"更会让其他同事看在眼里心有不服。虽说加薪信息应属员工机密，但企业"没有不透风的墙"，早晚会被其他员工发现。

而且由于加薪的叠加效应，一旦出现错误的加薪幅度（无论是"好评"还是"差评"），往往需要耗费两三个加薪周期才能调整过来。不少"空降"的经理人都曾经吃过前任留下的加错薪带来的员工士气降低问题的苦果。

● 绩效加薪的步骤

✓ 工资（范围）表——保持更新，以反映人才市场竞争情况

由于人才市场的供需是动态的，HR需要通过市场调研（正式或非正式）更新工资表，以确保所做的加薪决策和工资范围配合一致，保持和提高人才的竞争力。

✓ 加薪总预算和平均加薪幅度——有多少钱用在绩效加薪上

在任何企业里员工支出都占比不低（高的甚至占所有支出的六七成），所以企业在制定年度目标和预算时，都要从环境、业务、组织、效率/生产力、人力市场竞争等多方面考虑人力数量和成本占比，小心计算员工的总支出预算。

这个预算包括员工平均加薪幅度百分比，作为激励和吸引/留住员工之用。由于结果影响到所有员工的有关支出（工资、激励、福利等），企业需要经过多番财务和数据测算，平衡企业负担能力（员工总支出的占比和下一年度的业务预测）、上一年度的整体表现、对员工激励和市场竞争力等各种因素的影响。

企业将所有员工工资总额乘以平均加薪幅度百分比，会得出能够用在加薪上的总预算金额，CEO会根据企业整体和各部门的表现——主要是CEO和直属部门管理者的绩效评级，将加薪预算分配给部门管理者，再由他们分配到下一级部门，直到所有员工身上。

✓　加薪（幅度）表——落实以功计得的原则

加薪（幅度）表是将绩效评级和具体加薪幅度关联起来的关键工具，事关以功计得的落实，HR通常会在CEO的指引下完成该表。

加薪（幅度）表是以功计得制度的"一把尺"，一视同仁没有部门之分（除非在特殊情况下，例如某类岗位的人才被市场"疯抢"）。在加薪时，一些企业会对低级别的员工有所倾斜，因而有两个稍微不同（高和低级别）的加薪（幅度）表。

如下表所示，加薪（幅度）表以绩效评级为主要标准，相对于员工被要求的绩效目标，表现超出预期越多的加薪幅度越大，相反低于预期者很可能颗粒无收。另外，工资渗透度较低的员工也会（在相同评级情况下）相应得到较高的加薪幅度，作为对员工交出同等水平表现的认可。加薪幅度通常以范围形式出现，绩效评级高的范围可以适当放大，为经理人提供更大的灵活性。

| 工资渗透度 | 绩效评级 | | | | |
|---|---|---|---|---|---|
| | 1<br>非常低于预期 | 2<br>低于预期 | 3<br>合乎预期 | 4<br>超出预期 | 5<br>非常优秀 |
| 高于工资范围<br>>100% | 0% | 0% | 0%~2% | 2%~7% | 7%~15% |
| 高渗透度<br>70%~100% | 0% | 0% | 2%~4% | 4%~10% | 10%~18% |
| 中渗透度<br>30%~70% | 0% | 0% | 4%~6% | 6%~11% | 11%~20% |
| 低渗透度<br>0%~30% | 0% | 0%~3% | 6%~8% | 8%~13% | 13%~23% |
| 低于工资范围<br>< 0% | 0% | 0%~5% | 8%~10% | 10%~15% | 15%~30% |

注：本表适用于级别7~10的员工。

这样企业就能够通过对加薪（幅度）表内各个数字（加薪幅度范围和渗透度）的设计和调整，拉开或收窄员工之间的收入差，奖励连续不断有超预期表现的员工，推动高绩效文化的开展。

✓ 部门员工绩效评级分布指引表——部门表现先于员工表现

这是以功计得制度中的另"一把尺"，用来确保员工整体绩效评级不会和企业表现脱节，适用于企业里包括CEO在内的所有员工。

当董事局（或大股东）给出CEO的绩效评级以后，CEO根据自身评级按照分布指引为直属员工做出具体绩效评级，如此类推，直到最基层员工。部门（管理者）绩效评级决定部门的员工绩效评级分布比例，并以此计算相应的加薪预算总额。

如下表所示，部门的绩效评级越高(5：非常优秀)，部门内员工能获得更高评级的人数比例越大（≤15%）；相反(1：非常低于预期)则获得低评级的人数比例越大（≥15%）。

| 部门员工绩效评级分布 | 部门（管理者）绩效评级 | | | | |
|---|---|---|---|---|---|
| | 1 非常低于预期 | 2 低于预期 | 3 合乎预期 | 4 超出预期 | 5 非常优秀 |
| 1 非常低于预期 | ≥15% | ≥12% | ≥8% | ≥6% | ≥3% |
| 2 低于预期 | ≥20% | ≥18% | ≥17% | ≥14% | ≥12% |
| 3 合乎预期 | 55% | 55% | 50% | 50% | 45% |
| 4 超出预期 | ≤8% | ≤12% | ≤17% | ≤20% | ≤25% |
| 5 非常优秀 | ≤2% | ≤3% | ≤8% | ≤10% | ≤15% |

值得注意的是，在指引表中评级高（部门员工绩效评级分布指引表中的4、5）的人数分布百分比不能超过规定比例，评级低（部门员工绩效评级分布指引表中的1、2）的人数分布百分比不能低于规定比例，而中等（合乎预期）评级的人数分布百分比相对固定。这种被称为"强制分布"（Forced Ranking）的设计，目的是"强迫"经理人更认真细致地考核员工表现，更好地区分开优秀和不达标员工，避免平均主义的出现。

通过对指引表内的各单元数字的调整，企业可以拉开或收窄员工绩效评级的差距，再和上述的加薪表联动，合力推动高绩效文化的落地。

✓　员工绩效评级和个人信息——经理人认真执行加薪策略，落实员工加薪

当经理人掌握了工资表、部门工资预算、加薪（幅度）表和部门员工绩效评级分布指引表等信息后，便可以基于员工的个人情况给出加薪的建议或决定。我以下图中的员工A为例进行说明。

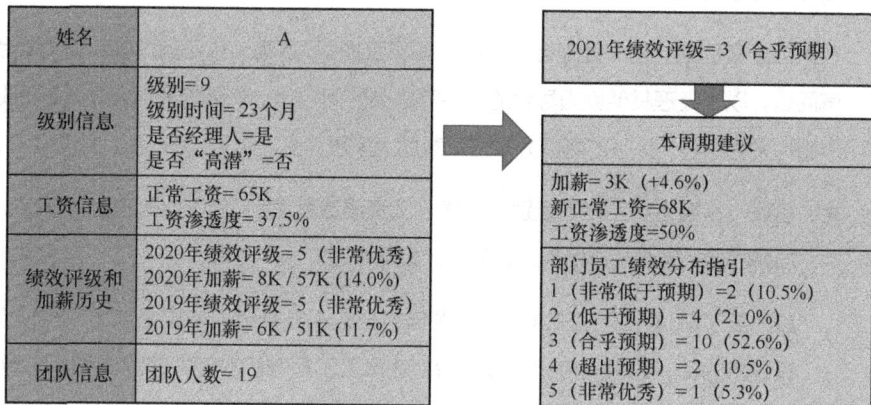

| 姓名 | A |
| --- | --- |
| 级别信息 | 级别=9<br>级别时间=23个月<br>是否经理人=是<br>是否"高潜"=否 |
| 工资信息 | 正常工资=65K<br>工资渗透度=37.5% |
| 绩效评级和<br>加薪历史 | 2020年绩效评级=5（非常优秀）<br>2020年加薪=8K / 57K（14.0%）<br>2019年绩效评级=5（非常优秀）<br>2019年加薪=6K / 51K（11.7%） |
| 团队信息 | 团队人数=19 |

2021年绩效评级=3（合乎预期）

**本周期建议**

加薪=3K（+4.6%）
新正常工资=68K
工资渗透度=50%

部门员工绩效分布指引
1（非常低于预期）=2（10.5%）
2（低于预期）=4（21.0%）
3（合乎预期）=10（52.6%）
4（超出预期）=2（10.5%）
5（非常优秀）=1（5.3%）

如上图中的资料所示，员工A是一名老员工和一线经理，经过12个绩效周期的打拼到了目前的9级。也许因为本身潜力已经走到尽头，虽然上两次绩效评级都是"非常优秀"（部门员工绩效评级分布指引表中的5），但是员工A并没有被公司定义为"高潜"。他目前的工资65K，渗透度37.5%，属于中渗透度。

根据现周期的"合乎预期"（部门员工绩效评级分布指引表中的3）评级，他本轮的加薪幅度为4%～6%［见前面的加薪（幅度）表］。他的经理人在考虑了他的未来潜力和渗透度后，建议给他4.6%的薪资加幅，加薪后的工资为68K。加薪后他的渗透度会达到50%（还有"横向"空间）。

员工A带领的团队有19人，按照他的绩效评级，他获得相应的部门绩效分布指引（部门员工绩效评级分布指引表）。如果他认为员工的绩效分布需要和指引有较大出入，他对员工的绩效评级必须经得起推敲，并准备充分的论据去说服他的经理人减少个人喜恶对评级的影响。

● 处理例外情况

任何系统都会遇到例外情况，绩效加薪也是如此。一些企业会在两个正常加薪周期中间

设有例外加薪周期（Off Cycle Increase），用来"批量"处理突发和例外的情况，只有在非常必要时才做例外处理。

为了例外处理不被滥用变成常态，企业对员工特殊情况的审视格外严格。经理人会被要求对业务影响、人才士气等做出充分的论证，包括对员工本人以及团队其他员工的公平性考虑。此外，经理人还需要为例外处理所带来的额外工资对整个部门的成本的影响做出合理考虑和应对。

在大部分案例中，例外处理会出现在重要员工挽留/激励、纠正因过去错误而导致的士气问题，以及处理其他原因导致的不平等之类的问题上。例外处理对经理人的判断力和原则性尤为考验，以下的场景分享可以帮助大家思考。

- 场景一：某老员工在同级别中多年，工资渗透度达到了100%或接近100%，这次加薪的话一定会超过级别工资范围。如何处理？

  首先要了解这个员工在这个级别多年为什么不能升级？如果是能力不足以驾驭升级要求的话，经理人应该坦诚对话，让员工了解升级对能力的需要和员工的不足，再寻求帮助他提升的计划。

  如果员工能力已经到了潜力尽头难再进步，但在现级别工作能够交出好的表现（评级），可以考虑酌情增加一点表示对员工的认可（这意味着经理人要从总预算中"挤出"一点预算，可能会对其他员工产生影响）。与此同时，经理人也要如实和员工沟通，告诉他除非他的能力有所突破，目前的级别已是极限，而由于他的工资渗透度已经达到范围上限，将很难会有较大的增幅。这样的讨论将员工发展的责任"交回"个人身上，推动员工思考是否能够不断学习进步，提升个人能力以胜任更重大的工作。

  当一个员工的工资达到范围内的尽头时，经理人首先要搞清楚的问题是员工的能力和潜力，而不是第一时间想到申请例外处理。

- 场景二：某新员工入职薪资在同级中偏低但表现优异，在偶然情况下他发现自己的工资比其他同期同级的员工低，因而感到不值。经理人希望以超过加薪（幅度）表中最大幅度（低渗透度、高评级）的形式加薪，将工资提到跟其他同级别的员工一样。

奖励员工固然重要，但这样的做法会带来其他问题，一是让这个员工产生"难以复制"的未来期望，二是打破了工资制度（也影响了加薪预算总额），三是经理人不确定新员工的表现是否能够持续。

更好的方法是经理人坦白告诉员工，并以加薪表中适用的最大幅度予以加薪，然后提前申请（不告诉员工）在例外周期中做出二次加薪，进一步拉近（或弥补）距离。这样经理人有机会在例外周期前观察员工，确保他的表现不是昙花一现，而例外的加薪更能给员工带来额外的刺激。如果加薪预算不足，也应该坦诚告之，鼓励员工继续强势表现，争取下一个周期的理想加薪。

■ 场景三：某能力和表现一般的员工，工作比较刻苦耐劳而且"听话"，是前任经理人最喜欢的人。在过去的两三个周期中，他都得到超过真实表现的绩效评级和加薪幅度。新的经理人接任后发现问题，该如何处理？

首先要做的是在现周期如实反映员工的绩效评级，让他重新认识工作的要求和自身的能力/表现。经理人可按照绩效评级中允许的最低加幅调整该员工的工资，鼓励他提高工作表现，达到之前的水平，证明他的价值。如果他的工资渗透度还是偏高，在下个周期根据绩效评级继续调整到合适位置。

■ 场景四：某老员工因不满意工资水平提出离职，刚"空降"的经理人发现员工表现"合乎预期"，但工资偏低（跟其他同级人员及其表现比较），目前他在负责一个重要的研发项目，临时换人可能会产生不利影响。如何处理？

在我的经验中，这种情况很多时候跟经理人过去对员工的辅导和发展关心不足有关，员工既工资不高又看不到希望，自然心灰意冷下堂求去。但是离职原因的关键，更多的是经理人缺乏沟通和管理，工资往往只是"压死骆驼的最后一根稻草"。

一般经理人的第一反应是建议提薪到合理水平以挽留员工，但我的建议是应首先了解所有的情况，经理人才能决定以什么策略处理。了解员工的能力、目前表现、过去绩效和加薪历史，寻找比同级同绩效员工工资偏低的原因，判断现有工资水平是否合理，是经理人首先要做的事情。

即便是员工正在参与一个关键项目，也不能简单地提出例外加薪处理。如果员工现有的偏低工资是由于过去的工作表现确实不如别人，经理人更应该利用这个项目的机会，鼓励员工拿出高绩效去赢取下一次更高的工资提升，这时候如果轻易建议例外处理，不但会破坏绩效和加薪的因果关系，也可能会引发员工更多不合理的期望。

如果员工果真是被过分低估或忽略，利用例外加薪处理是可以的，但无论如何经理人都需要加强对员工的沟通和管理，以免重蹈覆辙。

■ 场景五：某表现优秀的员工提出离职加盟友商，员工当前工资/级别与表现/能力相符。经理人为了挽留员工，希望破例给予晋升和额外的加薪。

和场景四一样，这往往是沟通和管理的问题。假设经理人对员工的背景熟悉，他要判断目前员工的优异表现是否只是"昙花一现"。假若员工持续表现优秀，经理人是否已经将他纳入企业的"高潜计划"中培养，是否有IDP协助他的发展？员工是否相信和满意？如果答案都是否定的话，经理人应该承担管理失职之责。上级经理人应该及时介入挽回员工的信心。

如果这个优秀员工满意他在公司的发展前景（对经理人也满意），而离职纯粹是因为友商的工资过于吸引人，经理人应该和HR紧密合作，通过企业各种已有机制，包括例外加薪处理、其他一次性挽留或长期激励手段等，尽力设计出一套能挽留员工的"组合拳"。

需要例外处理的情况很多，这里不能尽录。但是从这些要求例外加薪的场景中可以看到，工资高低往往只是冰山一角，问题的出现大都和经理人有关，从绩效管理和人才管理，到了解员工、辅导员工和充分沟通，任何一个环节的松懈与缺失都可能破坏绩效工资制度的作用和员工的信任。

例外加薪处理应该用在少数真正有需要的场景中（外在原因），而不能成为替失职的经理人埋单的工具。

## 🎁 激励手段（Incentives）

企业的激励手段除了绩效加薪外还有其他"招数"，让员工愿意为之付出更多。这些激励手段不管形式如何，都是用来表彰员工在过去一段时间里或一件事情上突出和特殊的结果、贡献或行为。虽然有些激励手段"事先张扬"，但也有员工事先不知道的意外惊喜，而且无一例外都是后发的。

为了便于企业计划、计算和比较，也为了让员工直观地"看到"预期所得，不少激励手段都会以工资为基础，以其倍数或比例来表述，当然也少不了利用奖金（绝对金额）、股票（期权数量）、有价值/意义的奖品，或者这些手段的组合。无论激励手段以什么形态出现，其设计目的只有一个——让员工对目标感到兴奋。

你可能会问，如果绩效加薪如上面所说的那么重要，为什么企业还需要其他的激励手段？道理其实不难理解，虽然工资（加薪）是员工最直接和看重的收益，但由于它涉及全体员工，考虑到整体和体量大的因素会让它失去一些灵活性，比如在经济不景气时，企业依然要为员工的稳定提供保障，不能动辄大规模地改变工资体系。同时，尽管加薪可能让某些绩效表现突出的员工喜出望外，但总体来说它的"惊喜系数"（Surprise Factor）并不高，也做不到针对某类工作、人群和行为结果提供更精准与额外的激励。

于是企业在工资（加薪）之外提出更多元化的激励手段。和绩效加薪一样，它的原则必须对适用人群一视同仁，而且公平、公正和公开。无论激励手段的创意是什么，其性质不外乎分为以下3类。

- 可变工资（Variable Pay）

  企业首先想到的是在工资上做文章，改变工资结构，提出可变工资制度。

  $$正常工资（100\%）= 基本工资（x\%）+ 可变工资（100\%-x\%）$$

  如前文所述，在以功计得制度下，以员工表现和达成目标/任务的情况决定最后获得多少工资；表现好的时候，他会获得比应该拿到的正常工资多的工资，企业希望通过这样的方法刺激员工多做贡献。按照事先厘定的计算规则，绩效高低或目标/任务完成度将决定可变工资的部分是多少，再加上基本工资便成为实际的到手工资（税前）。

  可变工资制度最早用于销售性质的岗位，原因无须言喻；但越来越多企业也将它用在高级经理人身上，因为他们的工作范围所及，很多都会直接影响企业业绩。再加上高管的酬劳水平更高，如果不跟业绩挂钩，会给企业的人力成本带来很大压力。

  发展到后来，收入、现金、毛利、净利等逐渐成为可变工资绑定的衡量标准，而无论具体的计算方法如何，大体可以分为佣金和提成两种。这两种方法的基本原理一样，其中的主要不同之处在于佣金制度中的可变工资（100%-x%）是正常工资（100%）的一部分，而提成制度通常没有正常工资的概念，员工所获得的可变工资并不包含企业对员工的"正常"期望。

  ✓ 佣金

    所谓"正常"期望，便是企业要求/期望员工能完成的业务目标。在佣金制度中量化的具体业务目标和员工的可变工资关联起来，员工每完成1%的业务目标可以相应获得可变工资（100%-$x$%中对应的工资金额）的1%，如此类推。

当员工完成100%的业务目标时，他可以获得全额的可变工资，再加上基本工资，正常工资便可以收入囊中，而企业也因此得以收获之前要求员工完成的结果，各得其所。

在最坏的情况下（业务目标完成度为0%）员工只能获得基本工资。这样的结果员工自然不愿意看到，因为正常工资的设定，无形中为员工预设了经济上的期望，也带来了一定的下限（Downside）风险、压力和推动力。

为了平衡风险，企业需要提供足够的激励空间让员工感到兴奋。在完成目标超过100%以后，佣金制度允许员工在某个上限（Upside）的范围内继续获取超额的可变工资，甚至以更高佣金率（比如1%的业务目标对应1.5%或更多的可变工资金额）的"加速器"为员工提供更多的刺激。

只要业务目标的数字合理，而制度中可变工资的潜在上限超过最大的下限风险，员工心里的"那本账"会算得清楚，眼睛也会发亮，积极性会被彻底点燃。下面以下图中的某分公司总经理A的佣金为例说明。

| 员工信息 | A |
|---|---|
| 岗位工资结构 | 岗位：分公司总经理<br>岗位正常工资（100%）=基本工资（60%）+佣金（40%）<br>佣金比例=收入额目标（80%）+毛利额目标（20%） |
| 员工业务目标 | 收入额目标=5000万元<br>毛利额目标=2500万元 |
| 员工工资信息 | 正常工资（年化）=68K×12=816K<br>基本工资（年化）=816K×60%=489.6K<br>佣金（年化）=816×40%=326.4K |
| 佣金率信息 | 收入额目标：1%=50万元<br>收入额佣金：1%=326.4K×80%/100=2.611K<br>毛利额目标：1%=25万元<br>毛利额佣金：1%=326.4×20%/100=0.653K |

| 目标完成度 | 佣金计算规则 |
|---|---|
| 0%~100% | 1%=1%（完成1%获得佣金1%） |
| 100%~110% | 1%=1.5%（完成1%获得佣金1.5%） |
| 110%~130% | 1%=2.0%（完成1%获得佣金2.0%） |
| 130%以上 | 1%=3.0%（完成1%获得佣金3.0%） |
| 最低完成度 | 70%，低于70%佣金为0 |

| | 员工A：业务结果与佣金/工资收入 |
|---|---|
| 业务结果 | 完成收入额=6000万元<br>完成毛利额=2000万元 |
| 目标完成度 | 收入额=6000万元/50万元=120%<br>毛利额=2000万元/25万元=80% |
| 佣金计算 | 收入额佣金%=100%+1.5%×10+2.0%×10=135%<br>收入额佣金=2.611K×135=352.49K<br><br>毛利额佣金%=80%<br>毛利额佣金=0.653K×80=52.24K |
| 工资收入 | 佣金收入=352.49K+52.24K=404.73K<br>基本工资=489.6K<br>总收入=489.6K+404.73K=894.33K<br>正常工资比例=894.33K/816K×100%=110% |

由上图可见，员工A最后在收入额的完成上做得不错，达到120%，但是在毛利额上有所不足（80%），在佣金比例的加权后员工最后获得404.73K的佣金，总收入达到894.33K，比正常工资的816K高出接近78K。

在这个例子中，员工A正常工资的40%（326.4K）来自佣金，根据佣金计算规则他的下限风险发生在70%的目标完成度，低于这个水平A将得不到任何佣金。相反，在佣金"加速器"的帮忙下，A要获得与326.4K相等的额外佣金，他只需要达到145%（100% + 10% x 1.5 + 20% x 2.0 + 15% x 3.0 = 200%）的目标完成度即可，不需要做到200%才能得到两倍的佣金。值得一提的是，在例子中佣金规则并没有设立上限，也就是说员工有机会获得超过更多的佣金。

企业在设计佣金制度时，要充分考虑员工"看到"的上下限以及存在的可能性和风险，只有在员工认为他的潜在所得大于风险时他的积极性才会被真正激发。

✓　提成

提成只用在销售性质的岗位，对业绩金额（通常是收入、毛利或订单签售额）"提取"一个百分比的数字，作为销售的收入报酬。和佣金制度一样，销售人员完成业绩越多，得到越多。

提成和佣金的最大分别是没有正常工资，只强调基本工资的概念。没有正常工资意味着可变工资（提成）部分跟企业对销售人员达成业务目标的要求基本没有直接关联。企业唯一可以做的是，针对每个拿到同等基本工资的销售人员实施最低销售目标的要求，但是即便如此这种方法也无法对个别销售人员进行精细化的管理和激励。

为了提供足够的刺激，企业会在提成比例上做文章以吸引销售人员，有时候甚至会上不封顶让他们"尽情赚钱"，在这样的制度下员工更像是在替自己打工。

在提成制度中员工最起码会拿到基本工资，只要销售人员觉得这是个可以接受的数字，多做或少做的主动权落在他们手里，下限风险也将会降低，而风险则更多由企业承担。在最坏（下限）的情况下，销售人员做不出成绩，而企业提供了基本工资却颗粒无收，是活脱脱的"赔了夫人又折兵"。

为了弥补提成制度的不足，企业会从实际出发加入应对措施，比如尽量把基本工资降低，或要求销售人员负责自己的差旅和招待费用，一方面降低自己的风险，另一方面增加员工压力，并以此提高员工的"饥饿感"。但是这样做又可能会带来副作用，比如在企业吸引不来好的销售人员之余，经常也会出现因销售人员为了节省费用而影响到赢单机会的情况。

因此提成制度更适用在某些对销售人员能力要求较低的环境，例如相对刚需或简单的产品，以及开放和低饱和度的市场。这样的市场更适合"初生之犊"，只要销售人员愿意付出努力多跑，便有收获的机会，变成典型多劳多得的制度。

● 奖金（Bonus）

奖金是指当某个业务目标被达成时，企业付给员工的一次性奖励，大多以现金（固定或以工资倍数表述的金额）或股票期权的形式出现。和佣金/提成的"百分比"概念不一样，奖金大多是"零和一"的关系，只有在充分达成目标后奖金才会生效。

奖励的目标可以是财务指标（收入、现金、毛利、净利等）、过程指标（应收账期、客户满意度、客户投诉率、员工满意度等）、员工绩效评级和特殊贡献（例如一次性的项目成就、长期忠诚等）。

这样的多元性让企业可以将奖金制度用于各种级别和岗位，因而名字各有不同，有时候也会和可变工资组合使用。但无论其应用场景为何，奖金大致可以分为以下3类。

✓ 绩效奖金

通常直接以绩效评级作为标准，提供固定金额或以工资倍数表述的金额奖励。绩效奖金通常在某些非销售岗位中用作可变工资来取代佣金/提成，当达到某阶梯的绩效评级时，员工会获得相应的绩效奖金。

✓ 目标管理奖金

将绩效期中重要的目标（财务指标、过程指标、特殊项目/贡献等）列出，完成的话企业提供固定金额或以工资倍数表述的奖励。在一般情况下，目标管理（Management By Object，MBO）奖金提供对象为高级经理人和非销售岗位。MBO奖金可以替代佣金/提成作为可变工资，或在正常工资水平以上激励员工。

✓ 临时奖金

大多数的奖金是"事先张扬"，但也有些是意外惊喜，不过这种做法越来越少，通常只有在企业整体业绩表现亮丽时才会提供，例如某些企业喜欢发放的年终奖。

总的来说，奖金可以用来刺激短期业绩，也可以通过发放时间的控制推动长期目标的达成；有的跟可变工资搭配使用，也有的加持在正常工资之上，让员工获得更多收入。奖金的出现，大大弥补了可变工资适用性和灵活性的不足。

● 奖励（Awards）

如果说奖金制度比可变工资灵活和适用性广，奖励制度更是如此。只有企业想不出的名堂，没有不能奖励的事情，老板们尤其喜欢"论功行赏"时那种霸气的感觉。为了避免各自为政，不少企业设立由 HR 统一管理的正式奖励制度，表扬各种对企业有价值、有贡献的员工和行为。

一般来说奖励制度没有预设的具体业务目标，不存在完成度（可变工资）或达成与否（奖金）便能否得到的标准，它的"提名制"更强调某类员工/成就/行为的特殊性甚至唯一性，例如下面几项。

■　最佳团队、最佳员工、最佳经理人、最佳销售、最佳案例等各种"最佳"。

■　客户满意度、重大客户突破、获客成绩、应收账成绩、技术创新、重大项目交付等各种特殊成就和表现。

■　围绕价值观和长期服务等各种彰显企业人才观念的特殊贡献。

在企业制度中定义有价值的奖项，列明以下内容并在企业内公布。

■　奖项名称和目的。

■　奖项数目/时间频次和奖励内容。

■　提名标准（包括适用人群和与目的相符的贡献、成就、行为等）。

■　决策方法（包括选择标准、决策者等）。

■　公布和颁发方式。

每个奖项都应该有清晰和详细的目的、标准和流程，由经理人提名员工，经决策后按既定方式公布，尽量做到公平、公正和公开。经理人应当对奖励制度大力推广，让员工以此为努力方向，但切忌私下有任何承诺，以免产生私相授受之嫌。况且员工具体获奖与否一定是事后的意外惊喜，错误的期望越高只会让失望越苦涩。

奖励可以授予个人或团队，内容可以是现金、期权、奖品、奖状等。但值得一提的是，奖励制度的激励作用不但来自奖励本身，很多时候更来自企业范围内（外）的公开表彰和认同，公布方式和场合实际上也是奖励内容的重要一环。

我的老东家的奖励制度和奖项都是相对完善的，面向全体员工的奖项由 HR 负责发布，针对部门特殊需要的则由部门负责，但都使用统一的流程管理。虽然已经是30多年前的事情，但是如今我依然记得自己出席IBM亚太地区大会领取"最佳新人奖"的情景，除了奖金和奖品（第一代笔记本计算机，大约5千克重）之外，满满的仪式感包括酒店套间、私人旅游服务、总裁晚宴、上台接受奖状嘉许等，将激励的力量发挥到极致。

好的奖励制度跟可变工资激励制度相辅相成，为各类各级员工提供最大的激励作用。经理人在利用这些手段时，应当注意避免/减少它们重复用在同样的人和事之上，有时候过度的激励会让员工产生不切合实际的未来期望，也可能让其他员工产生"酸葡萄"的感觉。

在我成长的年代，还有一种激励方式叫"特殊待遇"（Perquisites），通过对高级别员工提供更多福利和精英身份象征的待遇，驱动员工"往上走"。曾几何时，更高额的保险/体检、更大的办公室、私人秘书、商务会籍、专车服务、私人停车位、头等/商务舱位等都是常见的特殊待遇。

但这是一把"双刃剑"，有人会因此堕入骄傲和懒惰的陷阱，也有分化上下级别之间距离的问题。随着管理理念和竞争环境的改变，这类做法正在快速被淘汰。在今天提倡公平的企业氛围和高昂的经营成本的环境下，有限的激励资源会被用到其他手段之上。

作为总结，我把本章中的绩效加薪、可变工资、奖金制度和奖励制度的激励作用归纳在下面的表中，希望经理人认真了解它们的原理和消除过去的误区（如有），找到适合自己部门的最佳"组合拳"。

激励作用比较——绩效加薪、可变工资、奖金制度、奖励制度

| | | | 激励效果 | |
|---|---|---|---|---|
| | 激励时效 | 激励预见性（员工） | 物质价值（相对工资而言） | 非物质价值（认同/荣誉） |
| 绩效加薪 | 长期 多年/叠加 | 可以估算（部分喜出望外） | 中到高 | 个人（经理人） |
| 可变工资 | 短期 一年/一次性 | 可以估算 | 中到高 | 个人（经理人） |
| 奖金制度 | 短期或长期 一年/一次性 或多年分发 | 可以估算 | 中 | 个人（经理人） |
| 奖励制度 | 短期或长期 一年/一次性 或多年分发 | 喜出望外 | 低到中 | 公开（企业/部门） |

# 22　人才管理：晋升与挽留

## 🔲 人才管理

CEO都说人才是企业最宝贵的资产，需要长期投资。这句话说起来轻松，真正做得好的为数不多；如果做得不好，不但变成空话和员工眼里的笑话，更可能让企业走向衰亡。

企业人才绝少"横空出世"，不能等到"闻战鼓才思良将"，也不是每个员工都像诸葛亮般等待"三顾草庐"。人才问题需要各级经理人和一套系统化的制度，在选、用、育、留的每一步上细心经营。从面试到入职，员工被放入一个大的人才"漏斗"，通过个人工作表现和经理人的慧眼识英，才能逐步成为企业的人才。然后这些人才被进一步培养、放到更重要的岗位上发挥更大的作用，周而复始，直到员工达到潜力的极限。

人才管理制度必须跟业务目标和组织需要紧紧相连，为向企业源源不断地供应人才保驾护航，能力再强的人不被用在刀刃上等同浪费，水平不足的被放在关键岗位上会形成薄弱环节，削弱整体战斗力。另外，也要让人才尝到甜头，在帮助他们提升能力之余，还要提供足以发挥他们最大潜力的岗位。只有在企业和员工同时双赢的情况下，人才管理才算得上成功。

在企业中人才管理制度通常由HR负责协调，但真正责无旁贷的是CEO和各级经理人，不成熟的经理人会认为自己只是"配角"，往往因掉以轻心而犯下不可挽救的错误。人才管理不但要求CEO对企业做出全盘部署，更需要各级经理人从个别团队开始，从小而大相互配合。为了企业组织能力的最大化，经理人有时甚至要牺牲部门利益，将人才放到最有价值的位置上。

经理人的责任和作用至关重要，他首先要扮演好"伯乐"的角色，发现员工中的"千里马"。从招聘时的用心筛选到入职后的绩效管理，经理人的人才选拔作用都是关键性的，一旦发现人才之后，不遗余力地培养和合理任用也同样重要。

不少经理人自身也是企业百里挑一的人才，自然期望上级主管认真对待人才管理（对自己有益）。轮到自己如果只是一知半解或敷衍了事，又如何对得起企业的青睐？系统化的人才管理制度，包括人才定义、评估/选拔、培养和供求匹配 4 个部分（见下图），我将在下面展开。

人才管理与绩效管理/业务管理的关系

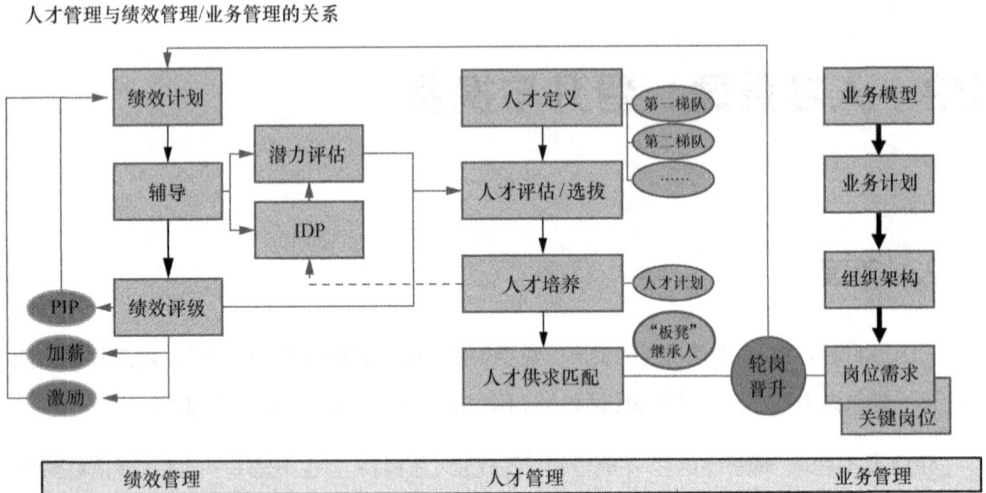

| 绩效管理 | 人才管理 | 业务管理 |

- 人才定义

  谁是人才表面上不难定义，但在人事复杂的企业中，"一千个人眼中有一千个哈姆雷特"，如果没有一个共同标准，不但容易产生分歧，质量难以保证，而且人才会沦为私相授受、结党营私的工具。

  平常提起人才常以能力衡量，越是能力强越是人才，但人的能力分类依据各异，人才也分为多个方面。不同企业的具体人才标准不尽相同，但原则大同小异，大多围绕能力展开定义。由于能力相对抽象，企业一般会通过两个方面去衡量人才：员工的绩效表现（评级）和潜力评估。

  ✓ 能力和潜力

    能力可以分为现在的能力和未来的能力。一方面，员工目前的能力有多少被用到工作之上，最能够通过过去一段时间内的贡献展现，根据职责难易（不同级别的绩效计划）和绩效评级来判断。有些企业担心一次好评有可能是幸运之神眷顾，会以多次绩效评级作为评判标准。

    另一方面，企业希望员工的能力会随着时间推移、培养锻炼和经验增加而进步，这样员工便可以伴随企业一起成长。潜力是能力的未来式，能力的进步空间常以潜力代表，空间越大潜力越高，空间可以不断扩大，潜力也能不断延伸。但是潜力比能力更为抽象，经理人评估员工的潜力，除了要回答"他的能力是否在将来能满足更大的职责"的问题之外，还应利用第三方反馈才能做到相对客观。

未来潜力是否能兑现谁都说不清，得看是否"天时、地利、人和"，以及员工自身的努力。为了减少由潜力不确定性带来的风险，企业只能通过"多步走"的方式，逐步帮助员工兑现潜力。员工也不能妄想一蹴而就，只有努力提升技能和持续高绩效表现，才能赢得更多证明自己的机会。

（1）能力（绩效评级）和潜力（评估）俱佳的员工自然是顶尖人才，企业应当重点关注和培养，通过快速轮岗或晋升，再配合适当的培训和辅导，不断延伸员工能力，测试他的潜力极限。

（2）目前（包括过去）表现优秀但是潜力一般（差不多到头了）的员工，从贡献角度来说也可以算是人才之一，但是这意味着现在的工作职责可能已是他的极限（他的潜力是否能提升属未知数）。错误的晋升容易造成企业与员工"双输"，但是不给员工机会又可能让员工失望，这时候经理人要小心管理员工期望，坦诚的沟通、持续的评估和辅导对于延伸能力至关重要。

（3）潜力高但是目前表现一般的员工是另外一种需要细心关注的人才。这种员工身上通常带有一些特别的亮点，让人抱有希望，但过去的平庸表现又令人忐忑。一般而言，这意味着员工还没有成熟或者有些明显"短板"，这时候经理人的辅导可以先从潜力入手，鼓励员工改变和挑战自己，意识到并弥补现有的平庸和不足，并且在可能的范围内给予更多历练，轮岗（不是晋升）可能是个不错的选择。

人才定义的作用是网罗合适的人才加以培养和任用，为此HR需要建立人才库以方便管理。但需要注意的是，虽然人才越多越好（没有企业会嫌人才太多），但HR和经理人不能为了凑数而降低标准，又或者将个人喜恶凌驾于标准之上。

人才管理具有战略意义，关乎企业能走多远，因此人才定义必须和业务关联，标准一定要合乎最低要求，而且要坚定执行，一旦有任何放松让伪人才加入人才库，很容易出现滥竽充数的情形，变成员工眼中的笑话。

✓　人才库的数量、分层和分类

人才库中的人才多少，取决于以下3个变数。

A：符合人才定义标准的筛选结果。

B：支撑业务发展所需的重要岗位的人才数量和种类。

C：支持人才培养的资源，比如教练资源、培训费用和额外的薪资激励等。

这其中A代表人才潜在供应，B代表人才潜在需求，而C则是企业在财政年度内能够拿出来支持人才管理的预算。

在大多数企业中，B（需求）都是高于A（供应）和C（资源）的，而其中A往往又高于C。

如果A低于B和/或C的话，表示企业的人才不足，企业需要想办法寻找更多人才。

如果A大于B和/或C的话，表示企业的人才"过剩"，这通常是一个伪命题，因为它几乎不会发生，但如果真的出现更可能代表CEO的业务发展目标不够果敢，造成浪费人才的情况。

如何取得这3个变数之间的平衡是人才管理的重要一环，企业常用的方法是根据业务发展的宏观需要，设定（一个或多个）人才比例（比如占员工数10%）指引，然后按照当年A、B、C的实际情况做出微调，进入人才库的最后名单通常由CEO批准。

除了人才比例外，企业也可以适当将人才的重要性分层，处以差异化对待。比如上述能力和潜力俱佳的员工，自然应该比目前表现优秀但是潜力一般的和潜力高但是目前表现一般的员工更为重要。不少企业将人才库分为两层，目的就是要将更多机会和资源更精准地倾斜到"第一梯队"，同时增加人才储备，为"第二梯队"的成长做好准备。

企业需要多方面的管理与专业人才去满足经营和竞争的需要，在人才管理上自然也有所区分。最常见的分类是将人才分为两类：管理人才和专业人才。

- 管理人才（Management Potential）。经理人在现代企业中的作用举足轻重，以一个1000人的企业为例，经理人的数量少则数十、多则上百，视乎企业的成长和流失速度，每年都有不少补充和扩充的需要。有些规模更大的企业，甚至对高管人才进一步细分，重点栽培。

- 专业人才（Professional Potential）。现代企业越来越重视专业人才（技术、销售、市场、生产等）对企业的贡献，愿意为他们提供更多的职业上升空间。在人才库中划出一定比例的专业人才，有助于培养和留存各职能中最重要的非经理人员工。

下图为人才定义的举例。

人才定义——比例、分层、分类

- "第二梯队"：人才池
  - 基础人才储备，具有成为"第一梯队"的潜力
  - 价值观＋绩效＋潜力
  - 11级以下所有员工

- "第一梯队"：高潜力管理人才
  - 持续表现优秀且有潜力成为更高级经理人
  - 价值观＋绩效＋潜力
  - 高留存价值：不可或缺
  - 11级以下所有员工

- "第一梯队"：高潜力专业人才
  - 持续表现优秀且有潜力成为更高级专业人才
  - 价值观＋绩效＋潜力
  - 高留存价值：不可或缺
  - 11级以下所有员工

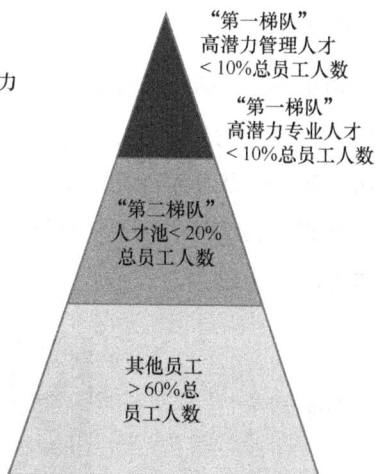

- 人才评估/选拔

人才库的建立和更新决定在一段时间内企业的人才潜在供应量，但是影响人才质量的因素则要追溯到寻找和面试员工时。经理人的日常工作、员工互动、观察以及辅导交流，很大程度上决定了人才的质量。

如下图所示，企业为人才的绩效评级和潜力评估定下了具体标准，为了避免员工表现的幸运成分，企业要求员工具有相对持续稳定的高绩效评级（2年内1次年度绩效4+，季度没有低于3）；而就潜力评估而言，则对级别设有最低（6级或以上）和发展空间（+1级）的要求。

人才评估/选拔——绩效评级、潜力评估

- "第二梯队"：人才池
  - 绩效：2年内最少1次年度绩效4+，季度没有低于3
  - 潜力：6级或以上，+1级潜力
  - 或+2级潜力，且2年内2次年度绩效3

- "第一梯队"：高潜力管理人才
  - 绩效：3年内最少2次年度绩效4+，季度没有低于3
  - 潜力：6级或以上，+2级潜力
  - 可以再细分关键岗位级别潜力

- "第一梯队"：高潜力专业人才
  - 绩效：3年内最少2次年度绩效4+，季度没有低于3
  - 潜力：6级或以上，+2级潜力

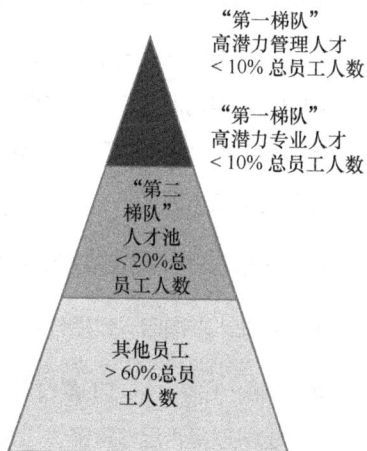

员工入职后首先进入企业的人才"大漏斗"，经理人按照企业制定的人才定义标准，通过一个或多个周期的绩效评级，加上对员工的潜力评估（过程中加入其他同事的意见）为企业评估人才。

如下图所示，经理人将团队所有员工的绩效评级和潜力评估结果放进人才"九宫格"进行区分，将"绩效高/潜力高"的员工列为"第一梯队"的候选人才，将"绩效高/潜力中"和"绩效中/潜力高"的员工列为"第二梯队"的候选人才。针对这些员工，经理人将绩效评级和潜力评估信息，包括他们的优缺点和发展需要等逐一记录并加以论证，然后提名给HR汇总。

人才"九宫格"

●绩效评级（持续稳定的表现）
　■低
　■中
　■高

●潜力评估（发展空间）
　■低 = 发展空间已到合理/过高水平
　■中 = +1级（发展空间）
　■高 = +2级或以上（发展空间）

| | 潜力低 | 潜力中 | 潜力高 |
|---|---|---|---|
| 绩效高 | 员工A | "第二梯队"人才<br>员工C<br>员工F | "第一梯队"人才<br>员工H |
| 绩效中 | 员工M | 员工B<br>员工E<br>员工G | "第二梯队"人才<br>员工D<br>员工M |
| 绩效低 | PIP<br>员工J | | |

HR分层、分类汇总所有部门的候选人才后举行人才讨论会，决定最后的人才库名单。认真和激烈的论证为人才质量尤其是"第一梯队"做出终极把关，对企业是否能达到目标的高度有举足轻重的影响，因此人才库的员工可进可出，既没有绝对保证，也不可能是终身制。

人才库的名单一旦定下以后，经理人需要及时和员工沟通，鼓励员工谋求进步，挑战超越自己，但切忌对员工未来做出过分承诺，皆因一切都要看员工的能力和表现。经理人也要对那些"被退群"和"有期望但未入选"的员工进行辅导，在坦诚沟通原因之余鼓励他们再接再厉。

HR在更新人才库之后需要进行各种人才分析，包括但不限于以下几项。

■ 企业人才图谱：包括分层、分类、人口类和背景等数据，帮助企业了解人才的组成。

■ "第一梯队"人才的最终潜力分析：帮助企业了解人才储备的情况（比如跟关键岗位的关联是否足够紧密），指导组织设计和人才补强的方向。

- ■ 人才的整体技能分析：了解需要提升的能力和方向，指导后面的培养和培训工作。

- ■ 人才的进/出分析：了解企业人才的整体变化情况，了解新增和退出人才背后是否具有系统性的特点，为经理人提供进行个别员工辅导时有用的信息。

　　和绩效管理一样，人才评估/选拔也是周期性工作，通常发生在年终绩效评级之后、新一年来临之际。获得青睐的员工此时会备受鼓舞、热情洋溢，经理人需要把握机会，利用企业提供的各种培养和激励手段，推动员工不断向前。

- ● 人才培养

　　人才的培养从一个高质量的IDP开始，由经理人和员工共同完成，深入探讨员工的能力提升和发展需要后，再配合企业发展方向，为员工拟定事业发展规划。经理人的辅导交流和前面分享过的方法一致，在这部分中我将从企业角度去考虑对人才的统一培养。

　　HR要从制度层面出发为人才培养保驾护航，除了在薪资和长期激励上下功夫，确保他们愿意寻求突破之外，还要建立机制定期聆听他们的声音和想法，了解他们的动态和绩效表现。这个类似于"政委"的工作通常由HR承担，为直属经理人提供第三者的观察和反馈。HR也可以为人才物色跨部门的资深员工作为他们的特别教练，开阔他们的视野。

　　所有企业的人才培养计划都带有功利性（包括那些自称为"大学"的企业人才计划），就是员工在能力不断提升的同时，要能承担更重要的职责，"扛起更多的事情"。企业永远不会像真正的高校一样"有教无类"，人才培养的原则也一定是知识/技能和应用结合、理论培训与实战工作交错进行，务求将这方面的成本和风险降低，提高回报。

　　不少企业设有人才计划（Talent Program），通过各种手段帮助人才获得更大的事业发展，延长他们为企业服务的时间，达到双赢。人才计划由HR负责，适用于人才库中的所有员工，内容通常包括如下。

- ✓ 激励

　　最常见的是工资的考虑，这通常体现在相同绩效评级下的加薪幅度最大化。另一种常见的是股票期权奖励，这种做法往往跟服务时间挂钩，鼓励人才为企业长期服务。

- ✓ 培训

　　针对分类的人才（经理人和各种专业）技能需要分析，HR会组织相关的培训。资源丰富能力强的企业，甚至会设立内部的"大学"，或派送人才参加外部课程，从知识和资质的层面上帮助员工。

✓ 升迁机会

培养人才的最好方法，是把他们放到"舒适区"以外的工作上，一方面让他们熟悉企业里的其他环境和面对的问题，另一方面挑战他们能力的极限，为他们未来承担更重要的职责做准备。无论是平级迁移还是快速晋升，都是希望在实战中磨炼人才的各种能力、检验他们的成色，以及测试他们的潜力极限。

一旦证明他们能够胜任挑战，持续的高绩效评级会让他们继续留在人才库中，等待下一个机会的到来，形成"直升机式"的"向上旋涡"。

除了轮岗和晋升之外，另一种常见的培养方法是组织人才帮助企业解决一些困难问题。这些难题可能和成长、效率、部门墙、文化等企业常见的"老、大、难"问题有关，用来锻炼和测试人才的解决问题、创新、领导力、团队合作等"软"技能。

● 人才供求匹配

人才需要有用武之地，人才管理的最后一步便是要做好供求的匹配。企业每年提出的业务规划带来或多或少的组织和/或岗位改变（就算是成熟企业也会变革），这些组织和各种人事变动会形成新的人才需求。如果没有合适的人才及时补充，业务开展速度将备受影响。一个关键岗位的出缺，往往引起一连串人才迁移堵塞的连锁反应，为此一些企业会对关键岗位到岗率进行追踪。

将供求有效地关联起来，不但能满足业务计划的进程，也关系到企业是否能发挥所有储备的组织能力，同时让员工感觉受到足够重视。为此HR会关注每个人才过去一段时间的岗位变动情况，确保流动性和晋升率保持在合理水平。

但由于新组织和现有岗位出缺的时间不一定能预知，企业最好的应对策略是提早做好供应链管理，按照人才的发展需要（轮岗、晋升）和目前情况判断其准备程度，将人才放入各已知部门和关键岗位的候选名单中，提早匹配。

✓ 继承者计划（Succession Plan）

企业中每个设有经理人的部门都是一个执行单元，经理人负责带领团队完成工作任务，他的去留对部门的作战能力影响不小。继承者计划要求经理人为自己（和个别重要岗位）提早物色继承者，未雨绸缪，做好预见不到的准备，减少对业务延续性的影响。

一些企业甚至规定没有合格继承者的经理人不能升迁，相反也会因继承者等候太久而深入了解原因（比如经理人因表现不够突出或临近退休而"挡住"了后人），寻找最佳的出路。这样的做法一方面在无形中加强了经理人自身向前的动力；另一方面将人才流动的责任加到他们身上，避免出现局部人才"堵塞"。

在每周期提名人才的同时，经理人要提出继承者名单（和人才提名的评估一致）。继承者可以来自本部门或其他部门（经协商鼓励跨部门人才流通），按员工的准备程度分为现在、12个月内和24个月内等（具体时间看企业需要）。候选人应该绝大部分来自于人才库，库外的例外人选通常表示人才缺口或人才选拔过程出了问题。

继承者名单由经理人提出，经上级经理人会同所属各部门经理人共同审议，打通部门间横向迁移或晋升之路。如果上级经理人对继承者名单不满意，还可以进一步请HR协助在更大范围物色。

✓　关键岗位"板凳"（Critical Bench）

至于那些企业级的关键岗位，比如CEO、所有一级部门主管或"首席"专家，继承者管理更为重要，一方面这些岗位出缺更少，另一方面人才供应更有限，培养和准备时间也更为漫长。

在球类运动中后备球员不知道什么时候机会来临，但是为了做好随时登场准备，他们平常训练的刻苦程度一点不亚于主力。西方企业喜欢用后备球员所坐的板凳来形容关键岗位的继承者，同样是希望他们明白自己任重道远，要努力为自己的"出场"做好预备。

关键岗位"板凳"名单来自"第一梯队"（企业最顶尖的人才），HR在周期人才库更新时，先从所有"第一梯队"中提出具有关键岗位潜力的员工作为候选人。在组织好每个候选人的档案并进行分析后，HR会召开会议与CEO和相关岗位目前的负责人共同讨论，决定"板凳"名单。

由于关键岗位的重要性极高，"板凳"中的人才准备时间也会比继承者计划更长，有时候会超过3年，甚至达到5年之久，时间越长反映出CEO对关键岗位人才培养的重视程度越高。但对于高潜力的年轻人才来说，机会与风险并存。一方面他们会得到企业最好的培养；另一方面快速的晋升和轮岗也会极大程度考验他们的各种能力（包括面对压力和失败），测试他们的潜力极限。

虽然"板凳"是企业的终极"人才库"，越是有规模的企业遴选过程越是严格，选出的人才也往往已被千锤百炼，但这并不代表他们的地位稳如泰山。在高绩效的企业中，培养和实战交替会将人才的能力与潜力表露无遗，一流的"板凳"工作是企业核心能力的重要一环。

总的来说，人才管理的目标可以从企业和员工两个角度来看。从企业组织方面看，有以下几个目标。

- 厘清业务与人才之间的关系。

- 增加人才储备（种类和数量）。

- 提高人才士气（能量）、归属感和忠诚度（服务时间）。

- 做到人尽其才，激发人才最大潜力，做到人尽其才（能力和潜力）。

- 做好人才供应管理，及时满足岗位需求。

- 提高整体的组织能力、效率和竞争力。

从员工个人方面看，人才管理的目标有以下几个。

- 提升个人能力和潜力。

- 厘清个人发展的需要和路径。

- 加速个人发展，达成自我实现。

撇开百年老店不说，企业要做到持续发展，系统化的人才管理必不可少，但是系统化不代表一定要复杂，重要的是科学和客观，以及和业务需要的强相关。就算是中小企业，只要有志向做大做强，都可以从简单入手；只要把握好人才管理的原理，都可以应自身规模吸引对等人才；只要人才管理比同级别竞争者做得好，便能提高组织能力，形成相对的竞争优势。

人才管理的成功需要企业上下协同，包括CEO的强势领导、HR的严谨执行和各级经理人对人才尽心尽力。我把人才管理过程中各部分工作的分工在下页表中列出，供大家参考。

人才管理分工责任

| 责任 | 各级经理人 | HR | CEO |
|---|---|---|---|
| 人才管理：目标达成 | 部门 | 联合负责人 | 总责任人 |
| 人才管理：过程、质量 | | 负责人 | |
| 人才预算：培训、激励 | | 负责人 | 决策人 |
| 人才定义 | | 负责人 | 决策人 |
| 人才评估：绩效评级、潜力评估 | 负责人 | | |
| 人才辅导：IDP、辅导 | 负责人 | | |
| 人才提名 | 负责人 | | |
| 人才"九宫格"分析 | 部门负责人 | 企业负责人 | |
| 人才库：建立、更新 | | 负责人 | |
| 关键岗位定义 | | 负责人 | 决策人 |
| 继承者计划 | 负责人 | | |
| "板凳" | | 负责人 | 决策人 |

# 晋升（Promotion）

加薪和晋升就像孪生兄弟一样形影不离，不少人以升职加薪来表达自己的愿望或期许朋友在职场路上发展顺利。上一章我们谈到过绩效加薪，在这里也探讨一下晋升的意义。

加薪不一定升职，但在大多数情况下升职会带来加薪并且幅度更大（只有在特殊情况时例外，比如升级的员工薪资已经在下一级别的顶端），对员工而言可谓"名利双收"，因此晋升的吸引力和加薪相比起来有过之而无不及，是最强的激励手段，经理人不可不知，更不能滥用。

- 晋升的本质和原则

  作为最重要的以功计得和人才管理的手段，晋升意味着企业将员工从某级别升迁到职责范围更大的级别，并且愿意为此付出更高的工资。但如果员工在升级后还是干和原来一样（大小）的事情的话，这意味着企业的成本上升，而员工的输出没有增加。很明显这样的账是不合算的，因此结论是晋升必须有更大的职责支撑，前提条件也需要包括以下3点。

  - 员工达到更高级别所需能力的最低要求。

  - 无论是新岗位还是原岗位提升一级，新级别应当要求相应的工作职责范围扩大，通常体现在业务目标的重要性、完成难度或带领团队的规模上。

  - 企业有足够的薪资资源来满足晋升带来的成本。

经理人在晋升的决策中扮演重要的把关角色，他要以合理的成本和高效的方式完成企业交托的任务。经常听到经理人说某某员工的绩效表现好而且能力提高不少，所以值得（在原岗位）升级，这个条件是不够充分的。举个最容易明白的例子，某销售人员被提升一级，虽然工作性质没有改变，他需要承担的销售指标必然更大，否则不可能发生。

如果员工能力真值得升级，负责任的经理人应该主动为员工规划和寻找更大职责的岗位去支持他的晋升，而不是升级不加活；同样经理人也不能将一个岗位交给一个能力不足的员工，牺牲企业的利益。

晋升需要持续的业绩表现来支撑，原因是企业需要相信员工能够驾驭升级后的责任；晋升还要看潜力，因为员工在现有级别非常优秀不代表能够胜任下一个级别，潜力永远根据下一个级别评估。经理人可以在一定程度上冒风险提拔，但不能在明知员工能力不足的情况下置风险于不顾，更不能公器私用滥用晋升，将它变为收买人心、结党营私的工具。

- 管理晋升

企业为人才提供晋升机会的目的是业绩和发展需要，员工争取晋升是为了获取更多收益和自我成就。晋升对双方都具有重要意义，只有在双赢的情况下才算成功。好的晋升互相成就，坏的则两败俱伤，任何单方面的好处都不可持续。

缺乏人才管理观念的企业容易出现用人唯亲的情况，或者只在有需要时才想起人才重要，在紧急情况下只能在市场上高薪"购买现成"的人才。当这些情况出现频繁时，好员工会觉得心寒，人才会下堂求去。

另外，也有不少绩效表现好的员工，在每次年度升级时问"为什么那么多好机会都轮不到我"。这可能是员工没有意识到自己能力不能胜任，但更严重的问题是从来没有人告诉他原因和升级的标准。

晋升的原则如果没有被充分宣讲，员工（尤其是人才）的期望便无从管理，甚至在企业业绩很差的年头还有员工会问"为什么今年的晋升机会少了"，而不是思考如何通过帮助企业为自己创造机会。

企业不想误人误己，应当从规模不大时就建立科学的人才观、用人原则和基本的人才管理制度，然后随企业发展逐步深化。企业还要确保经理人让所有员工都了解了晋升原则，尽职尽责将人才管理执行到位。

经理人经常遇到和晋升有关的问题，我把其中一些产生误区的例子跟大家分享。

（1）某员工在目前的部门和级别上已经工作了很多年，表现虽然不怎么出彩，但对工作非常熟悉、驾轻就熟，刚好经理人要转岗到另一个部门，离开时向上级主管建议将该员工升级为部门经理，认为"该轮到他了"。

这是典型的"没有功劳也有苦劳"的例子，员工在目前岗位上可以说得上称职，但是否具备部门经理的能力和潜力经理人并没有说清楚，经理人也没有提出其他员工的可能性，显示出对人才管理的概念不清或考虑不周。

从侧面看，企业对晋升没有一套科学办法才出现了这样的被动场面，上级主管此时需要盘点部门内和其他相关部门的员工，在合理比较后决定最适合的人选。管理岗位的继承者计划是人才管理的重要组成，上级主管需要及早建立机制，避免问题再次出现。

（2）隔壁部门的经理升迁了，这边部门有一个表现和潜力双优秀的员工，但是经理人不愿意放人，并希望通过升级将他继续留在部门原有岗位服务。

原岗位升级（升级不加活）并不符合晋升的原则，以这样的方式将员工留在原部门也许有特殊理由，但是对企业整体用人和员工发展很可能不是最好的结果，而且用人成本肯定增加。

合格的经理人应当和优秀员工共同制定IDP规划发展，将员工的兴趣、发展路径和岗位继承者提早考虑，避免临时仓促做决定。这样经理人也可以站得更高，帮助企业提升整体组织能力，间接彰显自己的管理才干。相反，缺乏人才管理意识的经理人，很可能会像这个例子一样导致企业、部门和员工的"三输"结果。

（3）某年轻员工入职半年表现很好而且潜力突出，经理人想要破例晋升（一般是两年），加大其职责范围，但担心其他员工不高兴。

这是经理人幸福的烦恼，问题的关键不是时间多久，而在于该员工的能力和潜力是否确实经得起推敲。为了增加判断的信心，经理人可以针对新岗位某方面的能力要求，设定一些特殊任务或目标进一步考验员工，同时邀请第三方帮助观察和反馈，判断员工的绩效评级和工作亮点是否有足够的说服力。

经理人要从鼓励的角度让员工向新岗位发起挑战，就算任务失败也不以为耻，反而应该帮助员工分析原因；如果"成功"就要果断支持，并且清晰解释破例晋升的原因（能力和潜力），为其他员工树立榜样，强化高绩效的文化。

（4）部门中一个表现优秀、能力出众的员工提出离职，理由是其他部门的员工升级都比他快，经理人认同由于本部门业绩发展速度不及其他部门，升级的机会确实少些，但为了挽留这个员工，建议给他在原岗位特殊升级。

优秀员工值得被挽留，只是没有计划的原岗位特殊升级既不是好的，也不一定是唯一的办法。很多时候员工提出离职的理由只是"压死骆驼的最后一根稻草"，对现有工作、机会、团队甚至经理人的不满才是深层的原因。虽然员工已经提出离职，经理人还是应该进行积极沟通，挖掘真正原因，才能对症下药。

在正常的情况下，这样的员工应该值得做好IDP和职业规划，发展路径相对清晰会让员工明白晋升的机会和条件，而经理人也能通过辅导、沟通了解到员工的想法，不至于陷入被动。

如果经理人能和员工重新建立（或还存在）互信，也许可以先以其他HR激励或挽留奖励措施表达企业对该员工的重视，然后和员工一起规划晋升路径（包括本部门和其他部门），尽量做到"三赢"（企业、部门、员工）。当然如果情况已经不受控制，选择只有4种：在原部门找到责任更重大的工作支持升级、原岗位特殊升级、其他部门合适岗位支持升级，以及放弃挽救。无论是哪一种选择，都不可能是"三赢"。

类似这样的晋升问题很多，这里只是列举一二。晋升原是企业激励员工的重要手段，但是如果使用不当，会带来很多问题。为了避免紧急和被动的例外情形出现，经理人要认识到晋升的本质和原则，明白有效的晋升需要合理和提前规划，并投入时间了解员工（尤其是优秀的）和进行日常沟通。

## 🎁 留住人才

再完善的管理制度、再出色的经理人，还是难免会有员工不满下堂求去。每次优秀的人才离去不但是企业的损失，也是对经理人信心的打击，成本甚至不能以金钱衡量，经理人有必要尽最大努力留住人才。

- 经理人的责任从沟通开始

  每当上级主管问到某员工离去的原因时，经理人给出的答案几乎只有两种——企业的问题（工资、文化、发展、团队、竞争力等）和个人/外部的原因（吸引力、兴趣、机会等），反省自己工作不到位的凤毛麟角。无论员工离开的真正理由是什么，经理人作为企业和员工间的"枢纽"都有不可推卸的责任。

最常被忽略的责任是沟通。我经常发现并感到惊讶，员工对企业和管理的方向、政策和制度，非但不清楚或无感，甚至有截然不同的看法。经理人没有（时间）把重要信息向员工诠释，员工只能对正式发布的文件各自解读。我也见过不少经理人在绩效管理全过程中只通过电子邮件传达，没有交流沟通，可想而知对员工的工作状态，经理人只有表面的认知。

别小看沟通的作用，员工的不满往往从很小的问题开始，持续的不沟通会让员工和企业产生隔阂与误会，逐步走到对立面上。我不要求经理人将员工当成家人甚至私交很好的朋友对待（能够和愿意这样做的当然很好），但是专业和适度的沟通是经理人最起码的责任，也是员工应该获得的权利。

有了用心沟通的意识，经理人在绩效和人才管理时自然会更有效果，过程中有任何问题也更容易察觉，可以提早面对。当经理人养成了沟通的习惯和具备了沟通能力，再加上细心观察便不难从个别现象中（比如绩效评级、离职率、自发加班等）发现系统性问题，防患于未然。

- 预防胜于治疗

避免人才流失最好的方法是预防，等到人才提出离开后就算你能成功挽留，通常也需要例外处理。例外不但会带来额外的企业经营成本，成为"先例"后很可能引起其他的连锁反应。

有些经理人认为职场人员来来往往再正常不过了，只要离职率在正常范围就好了。好员工离职固然不好，但或许更根本的问题是"不好的员工为什么能进来"。先不论好员工一个能抵上几个一般员工，单从招聘、培训、导入的成本（包括时间）来说中途换人也是"亏本生意"（只是亏多亏少而已）。经理人能在招聘时提高好员工的命中率，对后面人才流失的问题也会有所帮助。

经理人预防人才流失需从日常做起，定期沟通和聆听他们的声音与想法，了解他们工作上的情况、动态和绩效表现。经理人不要吝惜提供赞美和关心、反馈意见和合理批评，大部分人才有足够强大的心脏和分辨能力，对任何真心的帮助都能感受到。此外，人才最看重的是企业对他的看法，IDP和发展辅导能让员工感受到企业的重视，是最好的预防措施。

● 表面现象往往不是真正原因

"这里工资太低，别人的条件太好了。"

"这工作不是我的兴趣、方向，我想尝试别的工作。"

"我太累了，想做些轻松一点的工作。"

"我想回老家去。"

"我想回学校去充实一下自己。"

…………

在大多数情况下，薪酬并不是人才离开的主要原因，只是"压死骆驼的最后那根稻草"，而很多时候经理人虽然知道以上这些个人、外在原因属于表面说法，却更愿意选择相信，因为在经理人的潜意识中，它们可以帮助自己"免责"。

我的经验告诉我这些理由可能是为了避免尴尬、让我"知难而退"的说法，只有继续挖掘才能找到真正的原因，也只有这样才有一线机会留下人才，就算失败起码也能够帮助解决一些问题，避免重蹈覆辙。

真正导致人才离开的原因是他们对企业的不满或失望，企业是否心口如一做到宣扬的愿景和文化价值观，团队氛围是否能激发员工士气，人才是否得到尊重/认同和进步/发展空间，有没有受到不公平对待等，才是更深层次的原因。

这些问题部分或许超出经理人的控制范围，但是它们都会因为直接经理人的"作为或不作为"而被放大或缩小。日常的沟通、观察和关怀做得到位，人才会更容易看到好的方面，也更能理解和包容不足，愿意和企业一起寻找解决方法。

● 如何留住人才

很多次我跟即将离开的人交流，最后都会得到"我没有看到希望"的结论，这是他们对现状的不满的情绪表达。"哀莫大于心死"，很少有人会拿辞职作为工具，因为对于他们来说这样的决定成本也是巨大的。

在了解到人才离开的真正原因之后，经理人唯一的方法是"动之以情、晓之以理"的沟通，可以从以下几方面展开。

- 以共情和坦率的态度聆听他的吐槽和意见，承认合乎事实的现状不足（无论是企业还是个人），并且征求建议。

- 将他在企业过去取得的成功（应该有），跟他的个人目标和兴趣关联在一起，让其看到此刻离去的可惜。

- 通过例子帮助他看到企业对他过去和未来的重视，消除这方面的任何疑虑（这是关键）。

- 帮助他客观分析留下来对他的个人发展有什么好处。

- 从经理人的角度出发，提出在工作上如何提供合理机会让他进步和发展的建议，例如申请特殊激励、制定IDP、物色更资深的高管作为他的教练等。

- 帮助他列出包括留下来的所有选项，逐一分析，但是将最后的决定权交予他。

以上所列的是沟通内容的逻辑要点，真正的交流如何发展千变万化，经理人要做好事前准备，临场要灵活变通。沟通的重点是要跟人才重建信任，让他重新看到希望，帮助他做出"最好"的选择。如果有帮助的话，不妨邀请他尊重的人与他交流。

历史告诉我，挽留想要离职的人才的成功率不到一半，失败固然会让人沮丧，成功也不值得骄傲，无论结果如何，经理人都应当反思人才为何离去，如何能避免以后犯同样的错误。

人才管理是经理人处理员工关系的管理体系，而晋升和挽留人才，加上上一章的激励和加薪，则是体系中的重要管理手段，也是经理人完成企业和员工所托付的责任所必须掌握、必须用好的能力。

# 23　营造组织氛围

## 🎁 组织氛围（Organization Climate）

常听到职场里的人吐槽"公司虽然成功，但是条条框框太多，很难施展我的全部能力""团队的气氛很严肃拘谨，很难提起工作的干劲"，又或者"我做得再好好像都没有老板或别人认可，还是得过且过吧"。但也有人会说"我的公司氛围很好，在这里工作很开心"，甚至"就算团队现在环境不好，我都愿意为它努力"。不管你的企业是大是小，无论你是老板或者只是个经理人，自然希望听到的是后者。

人们喜欢用氛围来形容对所处环境的感受，以上员工感受到的无形气氛我称之为组织氛围，可以看得出它的好与坏直接影响到员工在其中的行为和意愿。但组织氛围到底是企业"与生俱来"的"不可抗力"，还是人为创造的因而能够被改变，或者只跟企业的成功程度有关？

我在老东家的管理生涯中学到一个重要的概念叫 Organization Climate，直接的翻译是"组织气候"，从它内容的含义来看，就是组织氛围的意思。

和大自然气候影响着每个人一样，不管你喜不喜欢组织氛围它都是客观存在的，对在里面工作的员工"一视同仁"。地球上不同的地域会出现不同的气候特征，同样在企业中各个部门也有着各自的组织氛围。最明显的例子是同在一个企业中干销售工作，每个团队都有各自独特的氛围和风格。

大自然的气候可以通过肉眼可见的自然现象去察觉，相对而言组织氛围看不见摸不着，它是每个员工对所属团队工作环境的认知和感受叠加而成的。当大部分员工对工作环境产生相同感受时，这一感受便成为团队当时的组织氛围，反过来影响每一个员工的行为和意愿，形成"我们是怎样做事儿"的态度、方式和风气。

组织氛围一旦形成对团队每个成员都有影响，不同的只是感受和适应的程度。就像有人更喜欢温暖和湿润的气候，也有人习惯凉快和干燥的环境。当然，如果气候不稳定，每日天气变幻莫测，忽冷忽热或时雨时晴，也会让人难以适应。所以严格来说组织氛围没有绝对的完美，员工只能在心中的理想氛围和实际感受之间来回适应，找到自己的平衡。

了解组织氛围的特点和影响后，再来看看它是如何形成的。无论企业如何组织和开展业务（较传统的职能部门划分，或最近流行的"阿米巴"式），工作都会被分解到多个部门或团队完成。每个部门或团队在围绕一个共同目标努力时，它的成员（经理人和员工）会形成自己的组织氛围，而这种组织氛围也会随部门间（或上下级）的合作，感染其他部门的人员。

因此，组织氛围受企业整体和各个部门的人与事共同影响形成（见下页图），是企业、各部门和部门中成员（经理人和员工）三者在工作时有意或无意之间互动的结果。

影响组织氛围的关键因素

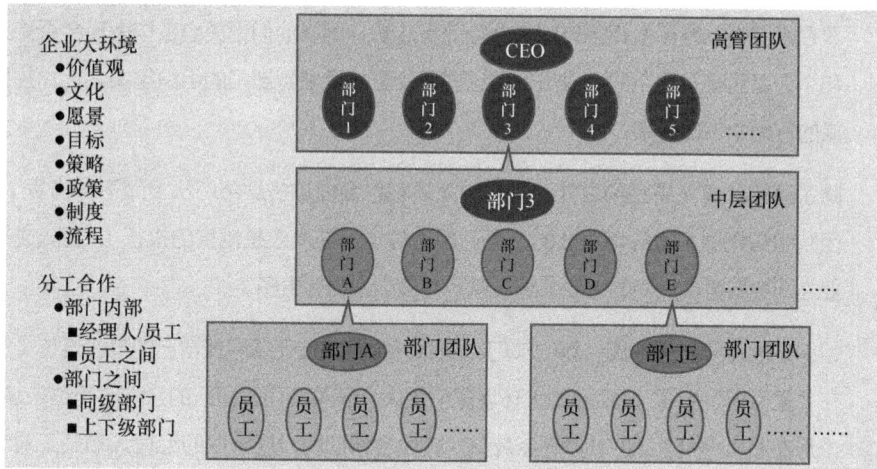

- 员工的影响

  每个团队都会有几类员工，"资深"的员工在团队中时间已久，往往见证了团队的大部分经历，对团队有深刻的认识和感受。他们对现有的组织氛围影响最深，也会在有意或无意中让新来的成员"接受"这种气氛。"新来"的员工在加入时，一定都对企业（和团队）有一定的好感和期望（除非是无奈加入），除了少数特立独行的之外，通常寻求尽快被团队接受，也是最容易受到影响的一群。团队中还有第三类员工，那便是从其他部门调入的，这类"内调"的员工对企业整体很熟悉，同时会带着在之前部门的感受进入团队。视乎他们的名声、地位和态度如何，"内调"员工是影响团队组织氛围的一个变数。

  在新建、重建或现有团队的正常更替中，这3类员工的数量比例不一，影响力也有轻重。当他们在同一团队中聚合，他们对工作环境的不同感受会通过彼此的交互而互相影响。当大多数员工感觉开心或不开心时，这种气氛会蔓延到整个团队；而每个员工也会把自身独特的体会和经验感受，在日常交互中传播给其他员工。

  组织氛围是团队成员集体感受的"寒暑表"，而员工是它最直接的缔造者。

- 企业的大环境影响

  企业的价值观、文化、愿景、目标（期望）、策略、政策、制度、流程等复杂因素，定义了所有员工所在的工作大环境，也为企业的整体氛围奠下基调。从CEO开始，每个部门在它的引导下展开工作，自然会影响到员工对部门的感受。

217

在这个大环境下团队成员会判断大家是否志同道合、工作是否有意义和挑战性、工作边界是否清晰、能否发挥各自所长并且获得成功。同样他们也关心工作表现会否受到认可和个人是否有发展空间。成员们的这些感受会被反映到部门的组织氛围之上，并且在日常的行为中表现出来。

除了直接让成员感受到之外，企业的大环境也会通过各层部门从上而下影响各个团队。团队组织氛围跟大环境一致的（无论是价值观、文化还是制度的执行），团队成员和企业之间会有更多共同的感受，组织氛围共通之处也会更多。

组织氛围需要时间形成，新的部门、团队开始时往往还在寻找自己的身份定位（又或者在"蜜月期"中），受企业的大环境影响更大。随着部门、团队的合作时间越来越长（6个月左右），来自企业的影响会减少，其他合作部门、团队中的经理人和员工对组织氛围的影响会越来越大。

- 其他部门合作的影响

  部门、团队的分工合作是企业最基本的运作手段，没有一个部门、团队可以单独完成所有任务，但只要一个部门、团队不合作便足以使企业整体目标无法完成。作为部门、团队的一分子，成员的工作感受必然受到其他部门的直接或间接影响。

  各个部门、团队是拥有共同目标，还是各自为政；彼此有没有明确分工，是否各司其职；合作时有着畅顺的沟通，还是不闻不问；执行时有没有互相扯后腿，落到孤军作战的局面；论功行赏时有没有感到上级厚此薄彼；甚至是最基本的日常相处关系，都会影响到团队之间的合作。要让成员们觉得可以彼此信赖，共同取得成功。

  部门之间的良性竞争会相互促进，恶性竞争会相互攻击，其对团队组织氛围的影响可见一斑。聪明的CEO和经理人都应该学会善用部门合作。

- 经理人的影响

  许多经理人并没有意识到组织氛围的存在和重要性。以我为例，在早期的经理人生涯中，我以为只要达成上级下达的目标便算成功，在一心追求成功的过程中，难免有时会忽略团队中员工们的感受，组织氛围阴晴不定，等到后来接触到有关概念后，才恍然大悟注重起来。

  事实上每个部门、团队的经理人（领导者）对组织氛围的影响甚为巨大，因为他们负有拟定目标/策略/工作方式、解决困难、调解矛盾和发挥人才战斗力等重要责任，同时也握有企业所赋予的各种相应权力，包括员工的"生杀大权"。

经理人目标不清、章法凌乱、是非不分、用人唯亲、赏罚不明的，不能让员工看到成功的希望、没在该出手时出手帮助、不用好每个员工的才能、不能用好制度公平对待所有人的，都是破坏组织氛围的"最佳配方"。不论是故意还是无心，经理人的一举一动都牵动着员工的工作成败、奖惩和个人发展，也直接影响到员工的感受。

经理人还有一个重要的责任，就是要把企业中合理的事情（价值观、文化、目标、策略、制度、流程等）承上启下，尽量和企业始终保持一致，这样团队的组织氛围也会和企业整体的文化与氛围更为一致，上下同心同德。当然，如果遇到不合理的事情，经理人也需要及时反馈，同时避免团队受到不良的影响。

要建立良好的组织氛围并不容易，一旦被破坏，修补将更加困难，所以经理人需要扮演好自己的角色，善用手上的权力和影响力，通过不同的沟通、手段、决策和个人行为等，在"理法情"之间做好平衡，为员工带来正确和正面的感觉，才能营造良好的组织氛围。

组织氛围是员工和经理人对所在团队感受的结果，这些感受固然受自身和彼此的动机、经验和期望左右，同时也受到企业大环境和其他部门的影响。在合适的组织氛围下，员工觉得能力有所发挥，（整体和个人的）成功更有希望，工作更有动力，他们的潜能自然更有可能被激发。

## 🔷 高绩效团队中的士气与组织氛围

现代企业讲求高绩效，这样的团队有3个条件："对的人""对的事"和"对的心"。要做到高效执行和使命必达，团队需要集合拥有共同价值观、相似品质和合适能力的人。"对的人"在一起能为成功提供良好的基础，但是要成为高绩效团队他们还需要怀着"对的心"去做"对的事"。"对的事"指的不单是团队拥有合理、共同而清晰的目标，也包括完成目标的策略和方法。

"对的心"是指这些人具备完成任务的心态和动机，接受企业目标在先而个人动机在后的顺序，而且对团队感觉良好，愿意将团队利益放在个人利益前面。团队员工有"对的心"，士气必然高昂。

有人说"高绩效团队不断打胜仗是保持高昂士气的唯一方法"。业务上的胜利固然能激励士气，但是只依赖"打胜仗"并不足以在长时间内维持士气，原因之一是在"打胜仗"时员工很多不满意的事情可以先放在一边，但是等到高兴过后原来的感觉会重新浮现，进而影响士气。

再者，团队不会天天"有仗打"，业务的成功往往是通过众多小事累积而成的，惊天动地的场面并不经常出现。一方面，企业总不能天天都给员工"打鸡血"，因为这样的做法难以为继。另一方面，万一"打败仗"了又怎么办，领导者总不能让团队的士气自由坠落，这样的大起大落犹如坐过山车，"心脏不够强大"的员工可能承受不了，团队的输出也就变得不稳定。

通过"打胜仗"得来的士气时效较短，高绩效团队需要持久的士气去确保稳定高效的输出。组织氛围具有更强的持续性，和它的形成需时较长一样，它对团队的影响时效也更久。良好的组织氛围不但能在"打胜仗"时发挥作用，在困难中它也能稳定人心、凝聚团队，在逆境中更能激发团队的韧性和抗压能力，帮助团队维持更平稳的输出。

无色、无味、无臭的空气，在含氧量高时让人心旷神怡，PM2.5浓度高时会让人感到窒息，组织氛围以同样的方式在不知不觉中影响着团队中每个人的士气。

许多研究指向组织氛围和高绩效团队的正向关系，良好的氛围鼓动人心，让"对的心"将"对的人"和"对的事"紧紧拴在一起；相反，不良的氛围会把三者弄得支离破碎，人浮于事，甚至离心离德。

## 解读高绩效团队的组织氛围

人类用可观察或感觉到的冷热、干湿、阴晴、风力等维度来形容自然气候，为了便于记录和比较，我们创造了温度、湿度、降水量、晴天数、气压、风速等标准加以表述，以各种方法进行衡量，例如汞（俗称水银）柱的膨胀程度被用来衡量温度高低，风向标的风杯转数被用来计算风速快慢。

同样，虽然组织氛围无色、无味、无臭，但员工会以各种言词说出他们对组织的感受，也会通过工作中的行为和表现将它们变得肉眼可见。虽然世上没有绝对客观的方法去衡量人的感受（做不到水银柱般的精准），但在心理学和社会科学中，有着大量不同的调查和研究手段，对行为、意见和态度等进行分析。

常听人说"我们团队的氛围很好/不好"，虽然这句话听起来让人放心/担心，但到底好在什么地方、不好在哪里？在企业经营走向精细化的年代里，我们对组织氛围的认识也需要与时俱进。

无论企业是否借助调研工具去衡量组织氛围，都不妨碍我们对它的维度进行区分。就像冷热、干湿、阴晴等之于气候一样，总有那么几个维度最能代表高绩效团队的组织氛围，帮助我们聚焦在最能牵动员工内心的方向，就算没有绝对量化标准，也足以对症下药。

那么到底高绩效团队应该具备什么样的氛围？换句话说哪些维度最能影响高绩效团队的发挥？有的团队崇尚纪律严明、注重执行，有的认为自由的气氛更能激发员工的动力，有的更注重团队和谐、合作无间。团队氛围应该是轻松的、民主的、高压的、一板一眼的，众说纷纭、各有所好。

常识告诉我们，只有当团队所有人或大部分人对工作、个人和团队的情况都满意时，氛围才算良好，工作的输出质量才能持续维持在高水平上。

- 工作环境的满意度

  员工首先最关心的是他赖以成功的工作环境和条件，包括企业的大环境、团队目标、上层的期望和要求、各部门给予的配合，以及制度与流程所赋予的权责合理性和灵活性等。

  员工越是觉得工作环境有利于目标达成，越会觉得有干劲。这句话包含了3个员工潜意识中考虑的问题，一是目标是否"够得着"，二是质量要求是否"做得到"，三是工作的过程是否"能做好"。员工会在这三者中做出自己的判断，能够找到平衡的会对工作环境满意，找不到的会觉得在这里做事很难。

  员工对团队工作环境的满意度，是影响高绩效团队组织氛围的基本要素。毕竟在目标不清、有责无权，但要求很高的环境下，员工是很不情愿投入工作的。

- 个人需要的满意度

  除了工作环境之外，员工最关心的便是工作能带来对个人需要的满足。员工来企业工作的根本目的，是通过贡献换取个人的经济利益、自我成就和发展进步（马斯洛的理论）。员工会通过在团队环境中所看到和感受到的奖励、认可、发展、学习和自由度等，对发生的可能性不断做出判断，决定自己愿意投入的程度，从而影响组织氛围。

  团队是否具有基于公平的认可和奖励氛围，员工判断能否发挥自己的能力，直接影响到工作输出质量，而工作输出质量也是高绩效团队必备的条件。

- 团队投入的满意度

  团队成员之间是最亲密的战友，他们最关心的是一个人孤军作战还是众志成城，在逆境时是否有人与自己共渡难关，彼此之间有没有信任，是否合作无间，是不是对团队全身心投入，这些都会影响到员工对团队成功的信心。

信心高的会让各成员加倍投入，因为成功可期；信心不足的会让员工犹豫自己的付出是否值得，最后沦为"旁观者"。员工对团队投入的满意度，是高绩效组织氛围的"最后一块拼图"。

作为一个团队的领导者，经理人需要提高对组织氛围的系统化认知，不能被一知半解甚至无知耽误了使用维持士气和提供团队战斗力的重要武器。

从以上3个员工关心的角度入手，我的老东家总结了一套模型理论帮助经理人看清组织氛围。经理人可以将下图所示的6个维度作为指引进行自评、他评，以及和员工沟通分析，判断出属于自己团队当时的组织氛围。

高绩效团队的组织氛围——6个维度

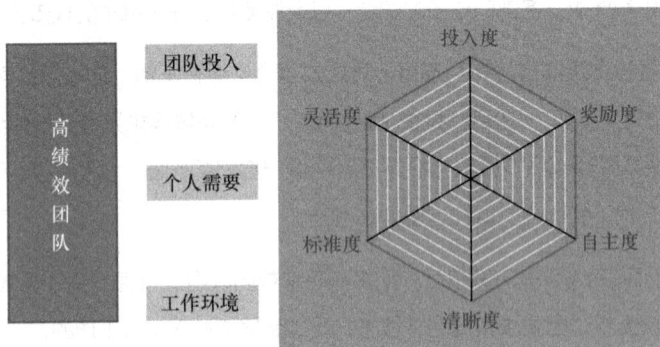

- 清晰度（Clarity）

  用简单语言来说就是"员工认为他们清楚地知道团队对自己的期望，而且明白这些期望跟团队与企业目标、策略、制度的关系"。感觉程度越强，清晰度越高，对上级要求和工作的条条框框也就越清楚。

  组织目标和方向明确、规则（流程制度）和责任分明、对员工的期望描画清晰等是清晰度高的特征。在这样的环境中，员工能够时刻说出企业对他的工作期望以及它们跟组织目标的关系。高清晰度使员工能够做出更好的工作安排，对如何为目标做出贡献更有底气。

  相反，如果企业的目标、组织、岗位绩效和规则设计出现问题，或者团队的目标、方向和沟通混乱，都会使组织氛围的清晰度下降，导致员工无所适从和生产力低下。

作为经理人，在清晰度上的管理抓手，应该从业务方向、目标、组织架构、策略计划、权责等地方入手，并通过及时有效的沟通，让员工清楚"做什么""怎么做"和"为什么这样做"。

● 自主度（Responsibility）

也可以翻译为"责任度"，它的意思是"员工感觉他们被上级充分授权同时对结果负责，可以在不需要事事请示上级的情况下独立处理大量工作"。自主度越高，员工责任感越是强烈。

自主度高的组织氛围意味着员工觉得他们被充分授权拥有更多自主空间，不必每样事情都请示上级。他们富有合理的冒险精神，并且愿意为结果承担相应的责任，经理人只需要提供明确的权责和足够的支持，强烈的责任感会驱使员工以结果回报。

自主度低的团队更愿意执行上级的指令，这种氛围更适合一些重复性高的流水作业式工作，经理人需要预设固定的工作步骤（指令），否则往往需要审视工作细节或者要求员工事无巨细都先得到同意才能执行。当然，过多的请示也意味着员工不会（也不愿意）承担责任和做决定，更不用说冒险创新了。

要提高自主度，管理抓手可以从员工工作流程中的授权设定开始，强调对结果负责，并对主动和理性冒险的行为加以鼓励。

● 标准度（Standards）

用大白话来说，标准度是"员工觉得上级为团队和个人设定了富有挑战的目标，而且要求人人精益求精，不断提升个人表现"。标准度越高，通常表示员工感到团队的整体水平（要求和表现）越高。

在高标准的团队里，不满足于过去成功的态度被根植于团队文化中，在工作上不断改良与提升是思维和行动的常态。这样的团队敢于接受挑战，压力会推动每个成员成为"模范生"，谁都不愿意成为落后的一员。个人能力和抗压力强的员工更有机会成为出色的员工，吃不消的会感到无限压力。

相比之下标准度低的团队没有感受到来自目标的太大挑战和永不停止的提升要求，在团队的"生存环境"相对轻松的同时，较少的压力有可能造成向上动力不足，使团队变得平庸。

"追求卓越"是高标准的常见标签，为团队和员工制定高目标和绩效要求是经理人的主要管理抓手，对错误的低容错度也是手段之一，但要注意高目标和高要求不等于"不可为"，否则员工会因为觉得拼尽了全力也做不到而失去信心。

- 奖励度（Rewards）

简单来说就是"团队成员感到只要工作有成果便会得到上级的认可和奖励，而且跟员工的贡献和表现成正比"。奖励度越高，员工会觉得工作价值越高。

高奖励度的团队建立于公平的基础之上，再高的赞誉都有充分原因不会让团队骄傲，合理的批评只会让员工加倍反省。赏罚分明的氛围让员工更愿意为目标付出努力，他们为的不仅是经济或物质上的奖励，也重视精神层面的认可。在这样的环境下，团队对错误的包容性相对更高，尤其是在遇到困难时，往往能将战斗力提高。

相反，低奖励度的氛围容易让员工失落，感觉无论自己表现如何都得不到合理的奖励或认可，个人需要难以得到满足，努力的动力不断被消磨掉。这种现象在员工认为团队对企业的贡献大于回报时尤其容易出现，或是觉得团队里的赏罚不均，名不副实的奖励落在贡献少的员工身上。"老板不为团队争取奖励""老板太抠"和"鞭打快牛"等是导致奖励度下降的常见原因。

企业要提高整体的奖励度，调动各个团队员工的积极性，需要建立以功计得的绩效管理和奖励制度。经理人的主要管理抓手则是在团队中公平地用好这些制度，切忌偏私和形式主义。经理人还要敢于为员工争取合理奖励，通过有效的沟通（会议、庆祝等）让工作成果和奖励挂钩，及时又可见。除此之外，长期的员工辅导和发展帮助也会被员工视为认可的一种表现。

- 灵活度（Flexibility）

灵活度是指"员工感受到在完成工作过程中受到非必要的政策、制度和流程对工作的干扰和约束，以及上级对创新想法的接受程度"。灵活度越高，员工感受到的约束越少，能更多运用独立判断能力，也更愿意尝试创新。

灵活度是高绩效团队相对较高级的氛围，因为当员工在经济物质层面的需要得到满足时，他们会进一步追求自我价值的实现。能够按照自己的想法或办法去做好工作，会加强员工对自己能力的肯定，提高个人满足感。但是高灵活度并不代表员工能完全随心所欲、不守法依规，皆因一切创新都必须为了更好完成团队或企业的目标。

在高灵活度的团队中，员工整体满意于（或适应）团队的政策、制度和流程，认为可以帮助（或不会制约）他们完成任务。他们懂得如何合理利用规则去提高工作有效性，或觉得有空间运用自己的判断和创造力去解决问题。

在低灵活度的团队中，员工感觉团队的约束比较多，能够适应的员工会认为跟随制度和流程也无不可，不能够适应或习惯不受约束的员工会感到束手束脚，能力施展不开。

对灵活度高低的需要跟团队的工作性质有关，职能要求严格按照流程规则办事的工作（例如生产线、会计等）需要的灵活度较低，需要员工更为独立地以自己的方式解决问题的工作（例如研发、销售等）需要的灵活度较高。经理人要根据职能性质的需要决定灵活度的重要性，善用制度和流程（在适当的时候坚持和放松）去支持目标，再加上合理的人才任用，才能合理调节出合适的灵活度。

- 投入度（Commitment）

用大白话解释投入度就是"成员以作为团队一员为荣，大家志同道合彼此信任，愿意为共同目标付出额外力量"。投入度越高，团队合作越是无间。

高投入度的员工忠于团队（甚至高于企业），充满荣誉感。团队成员之间互相信任，共同为目标努力，甚至愿意在不问收获的情况下付出更多。他们对经理人同样信任，敢于在他的领导下挑战难度更大的目标。

相反，低投入度的员工对工作敷衍了事、得过且过，更像是在混日子的人。团队军心不齐，大都看不到成功的希望，更多为自己的利益筹谋，自然不会真心投入，更不会关心团队目标。遇到企业整体环境不好时，投入度低的团队会出现超高的流失率。

相对于前5个维度的组织氛围，虽然投入度对大部分人来说更易理解，但是做起来很难。投入度不能光靠经理人的私人关系、感情、"鸡血"和"心灵鸡汤"提高，它还需要前面5个维度的有力支持。一个不清晰、不自主、低标准、低奖励和不灵活的组织和工作环境，很难打动员工主动加班加点去拼。

经理人除了要通过个人魅力、能力、热情、工作态度，以及对员工的尊重、关心、激励和培养赢得员工信任之外，还需要做好以上5个维度的建设，才能营造高投入度的组织氛围。

对任何员工来说，有谁会不喜欢在一个工作环境（清晰度、自主度、标准度）称心、能满足个人需要（奖励度、灵活度）和员工充分投入（投入度）的团队里工作？就算这些不能代表高绩效团队的全部组织氛围，经理人以此为基础下功夫，虽不中也不远矣。

## 🔹 合适的组织氛围

顺着这个逻辑来看，这6个维度的绝对值越高越好，毕竟我们都希望成为那个传说中的"六边形战士"——无弱点、无死角，但是在现实中这几乎无法做到，起码在我的管理生涯中还未观察到有哪一个团队在某个时间段上能够做到。不过话说回来，高绩效团队是否需要高的组织氛围绝对值？绝对意义上的高组织氛围是否存在？

无论企业处于什么行业，崇尚哪种文化、组织和管理制度，比如像我们熟知的谷歌/奈飞和富士康/万达这两类极端风格的企业，都能在商业世界中取得成功。它们的成功离不开的是各自团队的贡献，但显然这些团队的组织氛围不可能一样，它们唯一相同的"最大公约数"，是都总能找到适合自己的氛围，不断为企业输出高绩效。

在高绩效团队的组织氛围中，"合适"是一个相对概念，是团队不同角色成员之间的感受碰撞产生的结果。

组织氛围反映团队成员（经理人和员工）的感受，每个成员受到自己的动机、经验和期望的影响，对同样的事情会产生不同的感受。在一样的气温下，不同的人感受可能截然不同；同样，温暖和寒凉的气候也都各自有人喜欢。"合适"的团队氛围并非一成不变，它会随时间和员工的习惯适应程度而改变。

团队氛围的变化是成员们彼此在当前环境中不断适配的过程，他们在磨合中观点和感受相互影响，合作时间越久、一起经历的起伏越多，对环境的适应程度也会越高。就像在热带地区长大的人对高温天气习以为常，但是哪怕是到了一个温带地区，开始时也会觉得难受，但是经过一段时间的适应之后，往往也就习惯了。

- 理想与实际（Desired vs. Actual）

  团队想找到"合适"的组织氛围，成员和环境要互相适应，他们有可能改变对团队的实际感受，也会在不知不觉中调整自己对氛围的理想期望。下面的例子是从员工的角度看他们和环境如何互相适应（妥协），并影响理想和实际感受的。

- 企业初创时具体目标和工作边界相对模糊，员工普遍对清晰度的要求不那么高。

- 在行业整体萧条时，员工对奖励度的期望会相对降低，觉得低些依然可以接受。

- 在高度流程化的业务岗位中，员工按操作步骤工作已经足够，不需要太高灵活度。

- 在高度军事化的文化中，上级指示足够清晰，员工对自主度往往不会有过多想法。

- 在一家管理成熟、分工清晰的企业中，员工更愿意接受既有工作方法，对灵活度的要求会适当降低。

- 在一个高标准的经理人的领导下，员工对标准度的要求往往会自然被带高。

- 成员合作多年相互熟悉的团队，对彼此投入度的期望相对会比其他团队高。

从以上例子可以看到，企业的大环境、部门间合作、团队的成熟度以及合作时间等，都会影响员工（和经理人）对组织氛围的相对看法。"合适"的组织氛围，极有可能是员工（和经理人）的理想氛围与实际感觉两者之间妥协的结果。而越是成熟的团队，对不同环境越容易适应，越有机会找到"合适"的组织氛围。

所以在分析组织氛围的各个维度时，不能单看评估的绝对高低（偏高、偏低），更重要的是相对的"合适"程度，而团队成员（员工和经理人）理想氛围和实际感受到的氛围的差距是判断"合适"与否的两个因素之一（另一个因素是员工和经理人之间感受的差异），差距越小越觉得"合适"。

当差距越大时，员工的适应难度越高，需要的时间越长（甚至适应不了），而经理人也一定会感受到。不过这正是他的职责所在，他需要在提高评估偏低的维度之余，尽力缩减员工心中理想氛围和实际感受到的氛围的差距。

我以一个虚构的团队加以说明。如下页图所示，这个团队员工们的理想氛围（虚线）对标准度、灵活度、奖励度和投入度有较高的期望，对自主度和清晰度的要求相对较低（这可能是一家初创企业）。虽然在自主度和清晰度上员工实际感受到的和理想的差不多，遗憾的是在其他几个维度上实际感受到的要比理想的差很多（在这样的氛围下，也就不难解释为什么员工的投入度不高，而业绩很有可能不是很好）。很明显这个团队并不处在一个"合适"的组织氛围之中，经理人需要在多个维度缩减差距（除了自主度），同时提升个别维度的实际感受（比如清晰度、奖励度）。

组织氛围——员工的理想氛围与实际感受

-- 理想 —— 实际

工作环境
1.清晰度
2.自主度
3.标准度

个人需要
4.奖励度
5.灵活度

团队投入
6.投入度

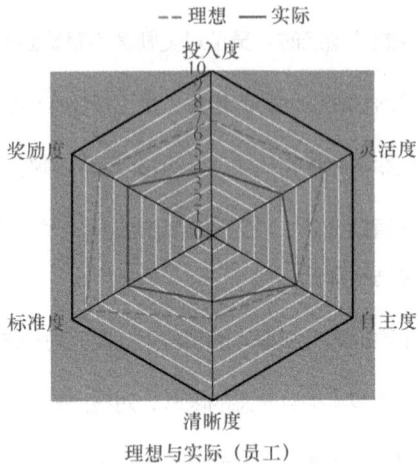

投入度

奖励度　　　　　　　　　　灵活度

标准度　　　　　　　　　　自主度

清晰度
理想与实际（员工）

为了介绍理想氛围和实际感受的概念，我在这个环节中没有着重提到作为团队成员之一的经理人，他们也会有理想氛围和实际感受（也会因此失望），二者之间的差距通常反映出经理人营造组织氛围的有效性同样需要被重视和分析，思考方法和以上例子类似。

● 经理人和员工（Manager vs. Employees）

除了员工的理想氛围和实际感受的差异之外，"合适"的组织氛围跟员工和经理人之间感受的差异也密不可分，毕竟如果团队中员工和经理人的想法总是南辕北辙的话，氛围不可能好。相反，当两者的想法和感受趋于一致时，合作起来更默契，会在不断互动中形成良性循环。

作为团队的第一责任人，经理人最愿意看到良好的组织氛围。就像天下父母都希望为自己的孩子创造最好条件的心情一样，经理人为了业务和团队良好地发展，会用尽他所知所能和被赋予的权力，做一切他认为正确的事情，为团队营造一个最佳的环境。

当这些事情和环境条件落在团队身上时，员工会产生相应的感受，形成、强化或改变团队当时的组织氛围。

很明显，员工的感受不一定和经理人所想一致，毕竟每个人的动机、经验和期望本来就不同，他们的角色和权力也不一样，再加上经理人的主观愿望（"正确""最佳"）的影响，有时候会忽略兼顾员工的感受和需要。可以想象即便是在完美沟通的情况下，无论是在理想氛围还是实际的感受上，经理人和员工之间的差异依然在所难免。此时若是经理人再偶尔犯上些无心之失，说了或做了一些让员工产生误解的事情，分歧可能进一步扩大。

以下是一些经理人与员工之间在组织氛围上产生分歧的常见例子。

- 经理人认为合理的目标和要求，员工觉得太难（标准度）。

- 经理人以为已经把工作边界和责任划清了，员工觉得不够清晰（清晰度）。

- 经理人以为对员工的奖励已经很足够，员工感到不够重视（奖励度）。

- 经理人说愿意授权，实际工作中要求员工事事汇报（自主度）。

- 经理人鼓励独立工作，但又要求员工严格按照规矩做事（灵活度）。

- 经理人要求团队齐心协力，却在日常中过分制造内部竞争（投入度）。

- 经理人在赏罚时过于主观，让员工感到不公平、公正（奖励度、清晰度）。

- 经理人在沟通时（故意或习惯）含糊不清，让员工无所适从（清晰度、自主度）。

- 员工认为在自己需要时经理人既没有提供帮助也没有解释，感到不受重视，产生无力感（灵活度、投入度）。

- 员工能力和经验不足，却要求经理人放权不要管（自主度、灵活度）。

- 员工努力工作但结果不显著，没有得到奖励时不开心（奖励度）。

- 员工不愿意放弃个人立场，却希望经理人出面要求其他员工配合（投入度）。

类似的例子有很多。虽然差异在所难免，但经理人不能袖手旁观，需要主动评估各个维度上的高低和差异。差距大的反映出截然不同，甚至是完全相反的感受和看法，经理人需要从根本上找原因；差距小的更多是轻重的问题，相对比较容易解决，只需要继续增加或减少某类行为或做法就可以了。

以同一个团队的例子继续分析，经理人和员工的实际感受在奖励度、清晰度和灵活度上有较大分歧（见下页图），虽然他们在其他维度上感受相对接近，彼此的投入度都明显不足。从这个例子可以推测，这个经理人心里难过，因为他认为已经提供了足够（很高）的奖励度、清晰度、自主度甚至是灵活度的环境，同时也没有过高的要求和标准，但没有换来团队的投入（投入度）。

组织氛围——经理人与员工的实际感受

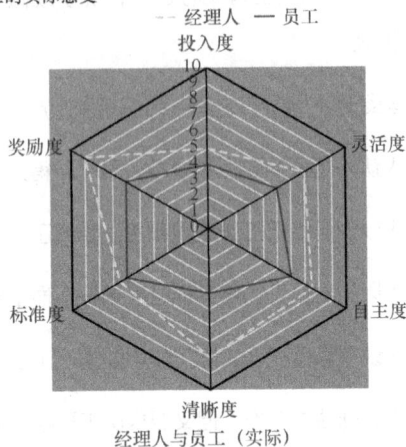

经理人与员工（实际）

这个例子只从实际感受角度说明经理人和员工的分歧问题，同样的分析也可以用在他们之间理想氛围的异同上，分析的方法大致相同。越是接近的理想氛围，经理人和员工彼此可以共同创造"合适"组织氛围的机会越大；理想氛围的差距较大的，经理人需要先从源头开始，和员工探讨共同认可的组织氛围。

再结合前面的员工的理想氛围与实际感受的例子来看，这个团队的员工在灵活度、奖励度与标准度上的理想和实际感受的心理落差，可能已经影响到日常表现；而经理人跟员工之间在灵活度、奖励度和清晰度（而且不高）之间的差距（经理人认为已经做足了，员工觉得不够），也可能在不知不觉中促使经理人和员工在日常的互动中进一步扩大分歧。而这一切都可能是导致这个团队投入度低下的主要原因。

组织氛围不单独追求绝对的高值，更重要的是在理想氛围与实际感受，以及经理人与员工之间找到"共鸣"点。团队成员的理想氛围和实际感受的差距，以及员工和经理人之间的感受是否一致，两者的重合程度共同定义一个团队的"合适"组织氛围。以此为基础再加上各个维度的相对高低评估，可以帮助决定经理人该如何对症下药，与员工一起定义和建立共同的理想氛围，营造"合适"的高绩效团队组织氛围。

## 营造组织氛围

为什么经理人需要经营组织氛围？虽然带领团队"打胜仗"能提高士气，但无法真正改变组织氛围，"人无千日好，花无百日红"，"打胜仗"后的骄傲和懈怠更容易暴露团队的问题。"合适"

的组织氛围是团队士气的最重要基础。经理人要持续经营，才能在一鼓作气之后不衰竭，保持饥饿感和争胜雄心；在困难和逆境时不气馁，保持凝聚力和合作精神。

就算是合作已久的成熟团队也会有提升的空间，如何让员工永葆初心更是经常要面对的课题。企业的大环境、团队的成熟度和人员组成不断变化，经理人若对组织氛围掉以轻心，很容易迅速失去对团队的控制。

对于那些继承别人、空降新环境或组建新团队的经理人来说，他们更需要利用人事转变带来的宝贵时间和空间，积极营造组织氛围，寻找"对的人"后尽快让新员工融入团队。经理人需要牢牢掌握组织氛围的主导权，才有机会打造高绩效团队。尤其是在人才多元化的环境中，如果任由组织氛围自然形成，结果会很难预料，万一被别有用心的人利用，很容易出现小团体问题。

相反，如果经理人善于持续运用影响力，能让一手建立的团队氛围更加固化，形成强大的高绩效文化，将高标准、结果导向、赏罚分明、灵活自主、群体合作等良好素质彻底融入团队的DNA中。这样当经理人将团队交托给继任者时，也不会因自己的离开而对团队有所影响，真正为企业做好传承。对于志存高远的经理人来说，这是登上更高管理殿堂的必要条件。

营造高绩效的组织氛围没有捷径，经理人先要提高自身的认知和意识，接受自己的不完美，不再以自我为中心，走出舒适圈与员工坦诚沟通，一起了解团队环境，分析组织氛围中的各种差距。

从下图中的4个象限可以看到，一方面，无论是经理人还是员工，都可能对实际感受到的组织氛围不满意（实际感受比理想氛围低），双方要寻找不满意的具体原因，然后决定如何缩小距离；另一方面，如果经理人的实际感受比员工好的话，可能是经理人认为已经做得足够好但是员工没有感受到（不足），具体原因也需要探讨。相反，如果员工感受比经理人好的话，因为这种情况较少出现，需要再结合双方的理想期望分析，才能决定是否有问题存在。

营造合适的组织氛围

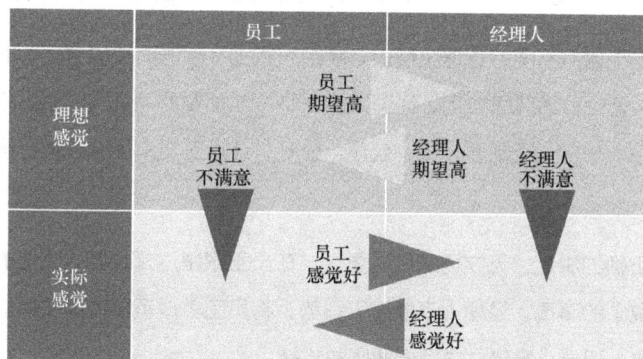

| | 员工 | 经理人 |
| --- | --- | --- |
| 理想感觉 | 员工期望高　员工不满意 | 经理人期望高　经理人不满意 |
| 实际感觉 | 员工感觉好 | 经理人感觉好 |

若经理人和员工的理想氛围差距较大，反映出双方期望的组织氛围存在差别，经理人需要与员工一起按照高绩效（经理人需要坚持）团队的要求，寻求理想组织氛围的共识。

这个过程没有固定的路径，经理人和员工需要在4个象限的高低和差距中来回摸索，直到找到共同承诺的决定和改变，包括工作方法、沟通和行为模式等，一起朝共同的理想努力，并且在一定时间内复盘（大约半年），回看是否取得进步。

双方承诺的改变旨在改变组织氛围的6个维度，围绕工作环境、个人需要和团队投入3个方面展开。

高标准的目标和质量对于高绩效文化来说不应该有任何争议（否则就不是"对的人"），关键是挑战能"够得着""做得到"。之后经理人需要营造一个清晰而公平的环境，让员工能安心尽情发挥，有法可依、有地方讲道理。目标和策略、工作边界、权责和期望，是影响组织氛围的最基本因素，为此经理人要创造有质量的沟通，上传下达双向而行，及时回应员工的诉求。此外，经理人讲道理明是非，在对的事情上给予支持，是和员工建立互信的最有效的手段。

从个人需要层面来说，员工最关心的是工作中能否充分发挥自己的能力，好结果能否得到合理的奖励认可。经理人要利用好企业提供的奖惩制度，在团队中做到公开、透明，无论是奖励（包括赞美）还是惩罚（包括批评）都需要做到不偏不倚。经理人还要了解不同员工的需要，关心他们的个人福祉和发展，让他们觉得一切付出都是值得的。

"理法情"中先从"理"和"法"入手后，再加入"情"。员工展现出来的情感上的忠诚和对团队投入的程度，决定一群人是否能"拧成一股绳"甚至"织出一张网"，迸发出更强的战斗力。

适当的团建可以加强成员之间的了解、促进友谊，但兄弟之情不是看谁喝酒更多、更爽快，不是第二天便忘记的酒后互相承诺，也不是无条件的"两肋插刀"。在高绩效文化中，真正的团队之情建立在"理"和"法"之上，帮助兄弟做正确（哪怕是困难）的决定，为他们扛起正确的事情。

经理人应该善于运用不同的管理风格去影响组织氛围，但同时要根据自身的性格特点，建立自己的个人魅力。无论行事风格如何，经理人的一举一动都要贯彻既定的原则和方法，符合企业和团队的整体利益；一言一行都要公平、公正、公开，让员工觉得团队在做正确的事，才是真正的个人魅力所在。

比起做了不正确的决定，无立场的伤害更大，在员工眼里这是经理人无能的表现，也是员工最不耻（虽然不说）的事情。经理人不能过于强势，将员工养成沉默的大多数。在确定立场之前应当鼓励员工参与，但是一旦确立之后便要坚决支持。

经理人要把团队变成"我的"高绩效团队，一定要将个人能力与魅力用在业务和团队之上，无论是有心还是无意，都切莫跑偏。

## 🔷 提防办公室政治

职场中人提到"办公室政治"，总联想到肥皂剧中的一个个小团体和一幕幕互相争斗的场面。"办公室政治"到底是什么？为什么有人谈之色变、有人觉得它是常态？

西方语言中的"政治"一词最早源于希腊，经过多年演变大体是管治社会的制度和权力的意思。当英文"Politics"一词传入中国时，孙中山先生将它翻译为"政治"，其中"政"为社会大众的事，"治"为管理，政治就是管理社会大众的事。引申下来"办公室政治"指的自然是"企业里管理员工办事的那些事"。

众所周知，现代企业都有既定的治理架构和管理体系，由企业所有者或董事会决定，所以"办公室政治"是指企业中正常管理架构、制度和方法之外，通过人际关系形成的非正式做事途径。

企业由人组成，自然会利用人际关系做事，就算放到更高的国家层面也是如此。作为行事的润滑剂这本来是好事，问题是驱动这种做事方法的往往是个人利益（晋升、奖励、避责等），与企业利益背道而驰。

这种"坏的办公室政治"下，员工以跟企业相矛盾的目标和方式做事，严重时会像雪球一样越滚越大，导致主动拉拢别人和趋炎附势寻求发展捷径者，相互抱团形成小团体，并且为了巩固势力，逐渐走上打击异己、绑架企业利益的不归路。当不同利益的人走在一起时，各个小团体在主张上的分歧必然给企业的管理带来混乱，严重破坏组织氛围。最可怜的是那些想要做事的好团队和人才，只能选择离开、归附或接受被埋没的结果。古今中外，多少原本优秀的企业都曾经深陷其中、深受其害。

经理人要做的是提高敏感度，发现这些小团体的存在，避免被它们"招揽"。除了洁身自爱之外，经理人也要了解上级，小心不要被上级无意中拉拢进他的小团体。凭实力成为上级的得力干将是好事，被其他人定义为"老板的人"则是另一回事。

对于自己的团队，经理人的坚定更为重要，既不能带头搞"办公室政治"，以利益挟持员工为自己（利益）所用，打压不服从的员工；也不应默许或纵容下属制造"办公室政治"，甚至让部门成为小团体的基地而不自知，一旦发现绝不袖手旁观，应及早制止。

经理人还要提高敏锐度，经常反省自己和观察员工的言行，避免自己无意中传递容易引起误导的信息，也要及时纠正员工的错误行为。以下一些常见的现象值得经理人注意。

- 员工过分向其他人炫耀自己跟上级的关系。

- 员工经常有意无意中打别人的小报告。

- 员工对上级过分阿谀奉承。

- 员工"帮亲不帮理"，替另一员工说好话。

- 经理人接受下属的礼物，包括过节、生日。

- 经理人/员工下班后天天找同事出去"联络感情"。

- 经理人经常要求员工无条件地遵从自己的意见。

虽然它们不一定代表"办公室政治"的存在，但为了避免存在误判，经理人应当减少或停止双方的这类言行。

回到问题根源，既然企业已经有管理架构和制度，"办公室政治"为什么会出现？很明显，"物必先腐，而后虫生"，如果企业自身的管理足够清晰、严谨和高效的话，"办公室政治"出现的机会和生存空间微乎其微。在高绩效团队中，"合适"的组织氛围本身已经为员工提供清晰的路径去完成工作和获得合理的个人利益，"办公室政治"根本没有"卖点"，所以经理人应对"办公室政治"的最佳办法，是通过以下几点专注在营造团队氛围上。

- 建立清晰的目标、绩效标准，以及公平的工作环境。

- 打造开放、透明、讲道理和直接沟通的文化。

- 不接受谣言和情绪作为讨论与决策的原因。

- 关心每个员工的福祉和个人需要。

- 洁身自爱，以身作则，通过个人魅力凝聚团队，令其以企业为本。

企业的主文化足够强大，团队的组织氛围良好，员工的思想和行为高度统一，则"办公室政治"无处生长。相反，经理人若允许它的种子落地生根，无异于自毁长城，会将辛苦经营的组织氛围破坏殆尽。

# 4

第四部分
管理之路：成为资深经理人

经理人的满足感来自工作成果和在工作过程中培养出来比自己更出色的人才，以及一份不错的经济收入（除了少数例外）。但如果你的动机是要飞黄腾达又或是永远活在聚光灯下，这可能不是最佳的职业选择。

在经历过一线经理人的阶段后，有些人可能还会去做专业职能的工作。假如你决定在经理人的道路上走下去，我有些想法跟你分享。

经理人的价值建立在结果之上，没有人会关心你付出多少苦劳，幸好功劳不一定限于替企业获得成长或赚更多钱，有时候带领团队走出艰难局面也是价值的体现。越是体量大、复杂、环境变化多的业务，越是展现经理人才华的舞台，越有机会让上级发现。

所以，经理人一定要拥抱变化，不能一味求稳；敢于接受挑战"啃硬骨头"，测试个人的极限。于我而言，好几次在困难的时候自己很受煎熬，但在事过境迁后回看都是很好的历练，在能力和自信上收获满满。

经验告诉我，经理人的工作不是单纯比赛智商和努力的游戏，而是综合能力和意志品质的专业比拼，要有精益求精的工匠精神，通过不断打磨才能做到游刃有余、处变不惊。能够在不同的岗位中学习、自我完善，是我每隔一段时间总是争取新的挑战的原因。

有人会说"虽有智慧，不如乘势"。在企业里想要更大的舞台要靠人脉资源、要有大局观，也要懂得把握机会，找到让"猪都能飞起来的风口"。机会自然不是你能控制地说来就来，但问题是当机会来时你是否能飞得更高？

# 导言　寻找复杂管理关系中的"最大公约数"

**吴岸（Albert Wu）**

现任剑桥大学南京科技创新中心总经理，业务涵盖原创应用型研究、技术成果转化、高端科研交流、创新创业人才赋能培养等。在此之前担任深圳一家上市高科技企业的高级副总裁兼国际业务CEO，并且曾出任美资Entrust Datacard公司中国区总经理、中国惠普公司副总裁兼CSO（首席战略官）等管理职务。此外，Albert曾在海外负责华为欧洲公司的技术服务、科技合作、渠道和行业市场等职务，担任飞利浦半导体总部全球市场总监、IBM伦敦总部全球咨询顾问部高级顾问，以及分别在ABB、P&G和IBM等外企在中国地区的分支机构工作。

从1997年在IBM担任初级管理者开始，25年间我经历了飞利浦、华为、惠普和蒂特卡等企业，也分别体验到外企的中国分公司、外企的欧洲总部、民企的欧洲分公司、民企的中国总部等截然不同的管理风格和文化差异。

作为这些企业的资深管理者，我从这4种不同的经历中观察到中外企业如何努力做好管理融合，以及其中一些万变不离其宗的基本原则，反思起来，很有启发。

我曾在一家国内上市企业工作。作为总部的高级副总裁，我管理整个海外团队，承担所有国际业务（占企业接近一半）的营收任务。为了追求全球市场上营收规模的增长，这家企业收购了一家欧洲公司并进行整合。总部希望能复制在中国市场的成功，利用自行研发制造的产品在欧美酒店的布草行业提高市场占有率。

但是很快我便发现被收购的欧洲公司管理团队并不接受这个"简单使命"。他们对于整个行业的变化极其敏感，特别是对总部技术解决方案的落地发展路径有自己的想法，认为与其按部就班地局限于原来酒店布草洗涤的全流程监控解决方案，不如更进一步，以原有技术为基础参与到酒店布草供应链的全流程管理，达成业界还未曾有的业务模式创新——"智能布草"。

这个"智能布草"的概念远远超越只靠硬件达成过程数据的获取，是利用大数据分析结合其他软件打造成体系的"酒店布草供应链智能决策系统"。

在工作交流中，我发现中外管理者都很强势，不可避免地产生了国外分公司和国内总部之间对于投资方向与核心业务发展战略的巨大矛盾。作为一家中国企业全球业务的管理者，我应该站在哪一边？是按总部策略强化全球业务的一致性，还是相信前线团队的敏锐洞察，接受本地市场的差异？是跟从企业的传统中国管理方式指挥下属，还是拥抱多元文化带来的不同视角？

对于我这样一个曾经分别在外企和民企的总部与分公司工作过的人，我选择把自己定位为一个协调人，将总部业务的一致性与本地业务的独特性有机地结合在一起。一方面我需要推行总部的全球策略，但不能以总部"一言九鼎"的权威自居；另一方面我需要因地制宜，却不能成为前线"特立独行"的幕后推手。我把协调人的作用体现在两个方面。

一是作为资深管理者带领所有高管（甚至包括董事会）帮助总部高管们去深度认知前线捕捉到的业务突破机会，对欧美业务再进行梳理，变"路线争执"为"战略研讨"，找到"最大公约数"——企业业绩成长和在行业价值链上的地位提升。在这个富有巨大吸引力的大格局的引领下，业务成长成为双方的共同目标。

二是引导前线团队去理解总部研发能力偏硬件的现实瓶颈和对成效的担忧。这时我请与我一起负责国际业务的CTO来发挥作用。他参与到我们总部团队与前线公司的沟通工作中，将自己决心搭建团队建立从硬件到软件的全方位解决方案作为总部能力建设下一步的战略重点分享出来（尽管这是一个还未经批准的"冒险"）。这不仅降低了前线团队的焦虑，而且刚好解决了董事长当初看CTO方案时"理想虽好，没有用武之地"的诘问。我又找到一个眼前的"最大公约数"——让总部愿意协调出资源与前线一起进行新的解决方案的打造，并参与到前线样板点的实施。

策略落地的过程并非一帆风顺，我有3点体会跟大家分享。

- 作为一个资深管理者，需要把握具体业务，在洞察格局之余，还要从善如流。

- 在跨文化的环境下，需要求同存异，对企业战略目标进行趋同性的引导。

- 将前方的经验和"奇思妙想"与总部资源优势结合在一起，使双方的长处能够集中到一点，打造出新的竞争优势。真正的管理需要落在企业发展的实际成效上。

　　在我的努力协调下，最后大家达成共识，认同总部的投资和支持能带来海外业务的跨越式成长，而企业也能从原来的"底层"硬件供应商，变成具备"软件和服务增值内容"的行业整体解决方案贡献者。

　　业务转型的结果是，企业从简单的物料追踪和流程管控，演进到具有行业前瞻性的布草资源规划，而欧美地区市场不仅顺利地实现了硬件市场份额扩张，同时中外资源共同参与自主研发的解决方案，也将整体优势扩展到整个欧美的高端酒店，使整个酒店行业布草业务的生态发生了根本性的变化。

　　更让我满意的是，中国高科技企业在整个价值链上迈了一大步，在全球得到了更大认同。

# 24　复杂与变化

## 🔷 成为二线经理人

1993年我成为老东家当时最年轻的二线经理人时，以为工作只是一次量变的过程，没想到碰到不少困难。一方面当从前是我上级会想好的事情，突然落到我的身上时，我的思考难免不够周详。另一方面有时候我的"管理之手"伸得太长，直达基层员工，会惹得原来同级的经理人同事不高兴；但是伸得不够长时，我又会因为担心失去对业务的感觉和把控而彷徨。幸好在次年我参加了公司办的资深经理人培训，这次培训及时为我提供了更多的管理思路和方法。

相对于一线经理人来说，二线经理人在管理内容上变化较大，挑战不可说不大。在我工作的那个年代，不少经理人终其一生都停留在一线上，部分一直待在同一部门里，有些被轮调"游走"于各部门却始终"上不去"。到今天，企业在人才年轻化和"后浪"的不断冲击下，一线经理人更是面临着不进则退的尴尬局面，就算你不介意，这种"终身"一线经理人的机会也是越来越少。

从普通员工变成一线经理人，工作性质上的改变是一道坎，而从一线经理人晋升为二线经理人时，管理方面的改变又是另一道坎。虽然在二线之后要取得更高级别并不容易（岗位机会越来越少，但面临的竞争更激烈），但在那之后往上的每一线工作性质的变化相对会少一些。所以作为资深经理人（在本章中指二线或以上经理人）的起点，二线经理人的基础打得越是扎实，对后面的事业发展越有帮助。

要从一线经理人成功过渡到二线经理人，充分心理准备的重要性不比技能和经验储备需要低。在今天，发展快速、人才吃紧的企业，没有时间等待一线经理人完全成熟，再优秀的人才也需要在岗位上边学边做。这时候对二线管理工作的充分理解和心理准备，会让新晋的经理人在机会来临时更为从容和在压力下不容易失去方寸。

## 🔹 管理上的复杂与变化

资深经理人和一线经理人在管理上的主要差别来自工作与环境的改变，这些改变又带出两个关键词：复杂和变化（见下图）。无论是资深经理人的工作内容还是所需面对的内部和外部环境，除了比过去大和多以外，它们更会因彼此之间的相互影响变得复杂；而当中哪怕是一点的变化反过来又会让本来复杂的东西越发复杂。

资深经理人——管理上的复杂与变化

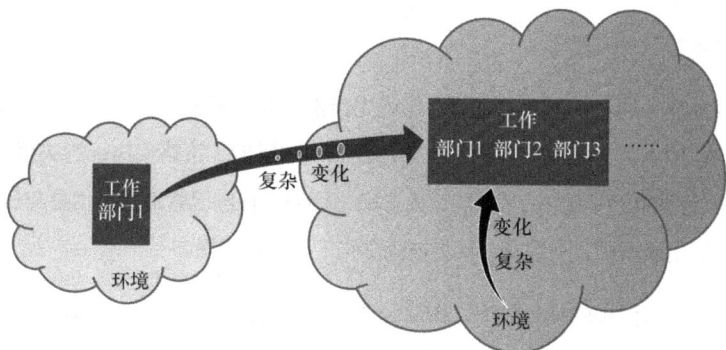

为了应对工作和环境的复杂与变化，资深经理人要做出相应的改变和调整，越是复杂改变越难，变化越快改变越要及时。当复杂和变化相继而来时，就算是能力再强的经理人有时候也会疲于奔命，这便是资深经理人工作和环境的常态，需要提前做好心理准备。

- 部门与整体的区别

  一线经理人考虑更多的是自己的部门和职能，部门之间的合作虽然重要但总的来说还是为了完成部门目标。资深经理人则往往要负责数个相关部门/职能，通过它们之间的分工合作完成更大的目标。

  新晋的资深经理人要时刻清楚自己再不是过去的部门领导，而是整体目标和利益的负责者，尤其是那些从其中某个部门提升的资深经理人，需要有超越原来部门的意识，不能给人印象在照顾旧部，否则难以服众。

  从某个区域到整个销售团队、从一个车间到整个生产部门，或是从某项技术的研发到产研全面的管理，资深经理人都需要从整体出发谋划和处理相关问题。

- 权力与责任的挑战

  有关经理人权力与责任的问题，在第 7 章已经有所讨论。

  权力衍生的利益容易让人迷失方向、走入歧途，责任（和期望）带来的压力经常使人失去冷静的心态、动作变形。资深经理人的责任和范围更广，掌控包括人才、费用支出、权限等在内的权力和资源更多，这方面的风险也水涨船高。

  如何用好手里的权力完成企业赋予的责任，思想不跑偏、动作不变形，是伴随着资深经理人（级别越高挑战越大）一辈子的心理素质挑战。

- 正式与非正式的影响

  资深经理人的责任与权力越大，影响力自然越高。于公，晋升后的业务（收入、利润、费用、成本、人才等）规模和目标往往以倍数增加，策略和执行的决策也比过去重要；于私，他的级别和身份带来的个人影响力哪怕不在自己管辖范围也是与日俱增，一举一动更受上级重视，一言一行都会被同事和下属看在眼里。

  身在更多人注视的镁光灯下，资深经理人的容错空间更小，一个草率决定、一句无心的玩笑甚至是一个无意的行为，都会被加以解读和揣测。资深经理人需要意识到自己正式和非正式的影响力，待人处世考虑要更周详。

  但这并不代表资深经理人要改变自我，变得城府更深、心机更重，更重要的是把持好公平和对的管理原则，以不变应万变的心态面对复杂与变化。

- 内部与外部环境的变化

  无论是直接面向市场还是企业内部的职能，资深经理人越是往上走越要了解内部和外部（市场）环境。

  例如负责财务的资深经理人不能只懂得如何做账目，更需要认识企业内部运营（模式、策略、产品、销售、生产等）的问题、企业所在市场的大环境和竞争情况，以及行业中财务与金融的环境和最佳实践等。负责销售的资深经理人不能只会赢单，也需要了解企业内部运营、企业所在市场的大环境和竞争情况，以及和赢单有关的所有最佳实践。可以看到，越是资深的经理人，需要关心的环境因素重合度越高。

  这些内部和外部环境的共同特点是它们的多样性与不确定性，由于影响因素繁多（有的根据事实，更多难以量化），两极化和灰度地带经常同时存在；再加上涉及的范围更广，经理人需要不断扩大自己的知识面和"雷达"探测范围（收集信息的能力），提高防范意识和灵敏度，才能及时平衡风险，将企业利益最大化。

一个对内部和外部环境变化没有意识和学习能力的资深经理人，很难为企业承担起更重要的责任。

所以说资深经理人工作的最大特点（或许可以说是本质），便是梳理好复杂与变化多端的工作内容和环境，在复杂中化繁为简、厘清方向，在变化中及时应变、寻找平衡，为达成目标创造最佳条件。

## 📦 工作内容的复杂与变化

资深经理人具体工作内容的变化，可以从以下几个方面看到。

- 价值观与文化

    普通员工和一线经理人未必对企业的文化与价值观完全理解和认同，但是如果在成为资深经理人时对它们还有所犹豫，这时候必须要做出选择。资深经理人需要在更多场合和时刻做出表率，如果从心里不认同很难每次都装得出来，没有对文化与价值观的全情投入和认同肯定早晚会露马脚，继续我行我素只会破坏企业氛围，天天活在不舒适和矛盾之中，损人害己。

    成为资深经理人意味着离企业的核心又近一步，随之而来的是更进一步去影响制度、文化甚至是价值观的机会，以及推动它们落地的责任与义务。他们有机会运用个人和职能赋予的影响力去改变不合理的部分，但前提是不能偏离主线。这要求资深经理人更深入学习和理解企业的文化与价值观，并且愿意成为它们的"代言人"，并身体力行。

- 目标与职责

    一般来说，一线经理人对单个部门负责，资深经理人需要负责的范围更大，通常涉及多个部门或职能。并且业务目标的体量更大（比如销售金额、生产规模、财务目标等），动辄是过去的数倍，而且要兼顾目标的种类更多（比如做销售的除了总体业绩外还要负责各细分产品的业绩，搞生产的除了总体产量还要负责客户满意度和供应链等），工作内容自然更为复杂、担子更为沉重。

就以销售职能而言，过去在一线岗位时可能只负责区域工作，晋升以后从大客户、区域、渠道到呼叫中心、产品和服务等，通通都要一肩挑。撇开业绩指标不说，单是各个销售职能的不同特点，就已经足够资深经理人"喝一壶"了。

就算是内部职能如生产和财务部门，从相对单一的职能变成多职能和多任务互相交错，虽然每个职能都有一线经理人负责具体工作，但是需要"上手"的知识也肯定比过去多。

更加沉重的目标、职责范围扩大、工作复杂度提升，种种变化都需要资深经理人在心理和管理方法上有所改变与加强。他们不可能以过去做一线经理人时用的管理方法，加倍加速延续下去，这样的做法只会累死自己且吃力不讨好。很多新晋的二线经理人都曾被这个突如其来的"大浪"拍得"鼻青脸肿"，甚至直接"没顶"。

- 策略

一线经理人为了达成部门目标，更关心眼前的事情；资深经理人除了要达成更多、更大的目标外，在策略上还要放眼更远的未来，给下属指明发展方向和思考组织能力如何支撑。事实上资深和一线经理人做的策略有很强的互补性，不能停留在同一个层次上。两层策略从不同角度考虑，但同时也要做到互相衔接，才能长短兼备、承上启下、继往开来。

更为整体全面和超越短期目标的策略需要，给资深经理人的工作带来质的变化。除了花在做策略和计划上的时间更多之外，他们的思考角度、维度和深度也需要较大调整。一方面要求资深经理人快速形成对企业和业务更全面的理解；另一方面要学习将做策略的工作有效分解，让更了解具体业务的各个团队做出具体策略，与整体无缝衔接。

可以想象，如果资深经理人停留在一线经理人的策略思维上，将很难带领辖下各个团队，做出既能达成短期目标又能指向未来的策略蓝图。

- 执行

有些一线经理人处处亲力亲为，近距离监督、辅导员工之余，有时候更会亲上火线，努力的结果是让他们得到晋升。在晋升后，他们依旧沿用过去的"成功之道"，但是一个人的手能伸得多长、抱得多宽？就算是加倍努力跑得再快，资深经理人也难以一己之力去执行所有事情。况且，手伸得太长会干预到一线经理人的工作，不但打乱他们的节奏，也会影响自己在执行以外的策略和组织工作。

资深经理人别无他法，只能通过一线经理人做好执行，这种从"直接"转移到"间接"的工作方式给执行带来了新的意义。亲力亲为的精神不变，结果和纪律的要求不变，但是执行的方法和内容有所改变。

资深经理人在执行中扮演的角色，更多的是出谋划策、在重要方向和决策上把关，调配资源为计划顺利推进保驾护航，在部门合作中出面协调，让大家各司其职，在困难时鼓舞士气动员团队。所以资深经理人的执行，主要是做好对目标、计划和节奏的把控，选对和用好靠谱的人才，通过有效的管理方法让团队完成工作。但是这并不代表他们要和基层员工脱节，相反，在管理任务的过程中，他们时刻要与团队保持联系，了解执行情况，更要在关键时刻披甲上阵。

● 团队与人才

一线经理人晋升为二线经理人后最直观的变化是负责的职能、人数、工种更多，不再单一。员工的多元化程度更高，人事也会变得更为复杂，资深经理人需要花在人身上的时间和精力也会比过去多。

调和部门和人员之间的矛盾，需要更公平和有技巧的处理方法。偏心的话必然会引来另一方的不满，无原则的"和气生财"很容易招来"吃力不讨好""两头不是人"的结果。激励各部门员工的士气，让大家拧成一股绳，需要更激情和有说服力的引领与动员。不少一心一意只埋首于业务、不通人情的经理人，常常会忽略了团队的问题而导致人心涣散，反过来又埋怨员工不给力。

资深经理人另一个更重要的任务是组织能力的建设。除了绩效管理、个人辅导等用好团队的手段之外，他们还需要从宏观和整体（所需）技能、流程和制度的角度出发，让组织能够得到更全面、长远和持续的发展。

看到这里，读者可能会惊讶，以上说的所有事情大都在前面讨论过，这里好像只是再重复一遍，资深经理人也没有什么了不起的"独门武功"。的确，经理人面对的工作内容中任何一方面的复杂和变化，都离不开管理最基本的原理；越是复杂的变化，越需要经理人对管理的本质和原则融会贯通，在不同的情况下幻化出不同"招式"。

所以说，资深经理人在"看尽繁华"之后要回归管理的本质，以最基本的原则应万变。大道至简，莫过于此。

## 🎁 组织的复杂与变化

在经理人的职业生涯当中，几乎无一例外会有机会在不同的组织中工作。当他们成功时会被委以重任，晋升或空降到更重要的部门，或是被重金聘请到另一企业。当他们不顺利时，会主动或被动调换部门，甚至离开企业。在我30年的经理人生涯中，就曾有超过10次这样的经历，每当这样的事情发生时，我都需要面对新的组织带来的额外复杂和挑战。

新的组织意味着不同的部门、文化、规模（成熟、中小、初创等）、企业（国企、民企、外企等）甚至行业属性。过去赖以成功的管理经验，是否能被"移植"到新的环境中；个人的管理风格和工作习惯，是否能被新的团队适应。这些都是考验资深经理人管理新组织能力的关键点。

在接手某个部门或者在新的环境中工作一段时间后，组织变更无可避免地成为资深经理人的常态工作，几乎每年都需要做出或大或小的改变，但是千万不要为改变而改变，更不能因为某些个人原因（为老板的亲友或自己的好兄弟安排个好位置）而落入组织变更常见的误区。组织变更不能无的放矢，应以服务业务方向和策略上的需要、适应市场（客户、竞争对手、政策）变化、瞄准发展机遇或规避风险为目的。

在企业世界中组织变更几乎永恒不变，如何进行组织变更是经理人技能包中的重要部分。从一个组织到另一个组织，复杂和变化不可能提前预知，资深经理人需要形成属于自己的一套组织原则和章法，才能重复为新的业务建立更全面、长远和持续的组织能力（Organization Capabilities），做到胸有成竹、处变不惊。

- 组织设计

  建房需要设计和图纸，组织也一样。资深经理人是组织的设计师，他们通过对部门和岗位的划分与定义，确保组织能够达成设计的目标和功能要求。好的设计不但有利于眼前的业务需要，能够高效达成目标，同时还放眼未来发展，能为组织输出人才和所需的技能。

  组织架构的顶层设计，要从目标（长期/短期）、业务性质（产品/行业/市场）、业务模式（职能/工作流/效率）、技能/资源（成本/稀缺性）等几个角度的相关性和重要性出发考虑，针对组织的现状特点做出最合理的选择。现代流行的组织架构，无外乎有以下几种，以及它们变化出来的各种混合体。

  - ✓ 层次式（Hierarchical）

    这是最早出现的组织形态，将企业需要完成的工作分拆给多个小的职能部门来负责，然后将内容相关的部门归类交由上一层的部门负责管理，如此类推，层次越高的部门负责的子部门越多。

下图所示的是某销售部门从上至下的6层组织，从销售人员到CEO共有6层的汇报关系，是一个规模庞大的销售团队。与销售部门分工合作的还有售后、生产、研发以及财务、HR和行政等部门。

层次式组织

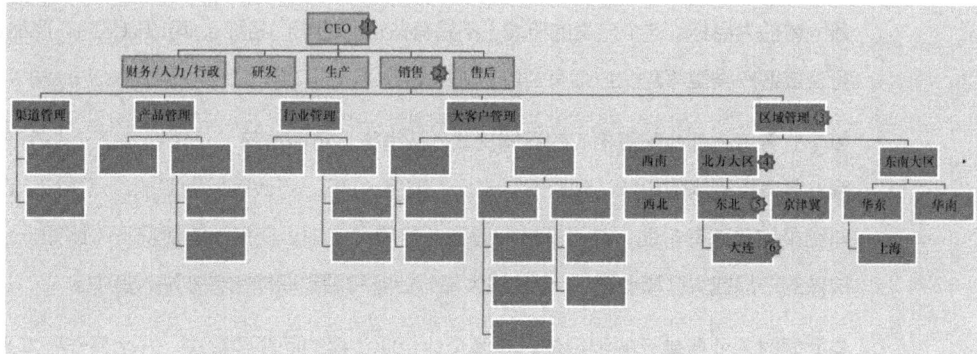

层次式组织的企业目标通常是各个职能部门（和子部门）各司其职的结果，比如某汽车企业的目标是年销售额1000亿元（以平均20万元一辆车算，约50万辆车）、毛利率25%、净利率10%、净现金流入100亿元，并在未来5年达到2000亿元。市场和销售部门（包括分销）要负责1000亿元销售额，生产部门根据市场预测和库存要求负责生产计划（+/- 50万），供应链和销售部门要负责应付/应收以确保现金流入，而研发部门则要为未来营收设计出后续车型。

层次式组织的优点是各个职能部门的分工相对清楚，岗位和技能相对集中，方便优化和职能部门内效率提升；缺点是跨越职能/部门的合作往往会被"部门墙"阻隔，拉长决策周期。这种方式适用于规模较小（资源稀缺）或业务可以高度流程化（跨部门合作）的企业。

不少企业在规模小的时候以职能（研发、生产、产品、销售、市场等）分工，将相关的工种和岗位放在一起，以层次式组织进行管理，主要目的是集中资源力量、储备相关技能，以及完善职能部门内的工作流程，确保流畅的分工合作。

✓　矩阵式（Matrix）

以层次式组织运行一定时间后，企业会发现单纯以工作职能划分部门，对各职能部门之间的合作并不"友好"，内部沟通成本不断提高。在业务扩充到某个临界点时，企业对不同细分市场需求的响应速度会碰到瓶颈，内部争执大幅增加，在疲于奔命地应付之余，更失去竞争能力。如何平衡好对快速响应市场的需要和兼顾资源/技能的最大化使用与累积，驱使企业思考新的组织形态。

业务单元（Business Unit）的概念在这种环境下应运而生，它指的是围绕（对企业）最合理的细分市场来组织资源开展工作，快速响应市场需要，以达成该细分市场的最大效益为目标。这个广义的概念（不是有些企业的部门名称），可以以区域、产品、行业或客户类型等对企业最有益的方式来划分。

每个业务单元都会配置相应的不同资源，从销售（包括售前）、产品、生产、服务等跟业务直接挂钩的职能，到研发、市场、财务、HR、行政等后勤职能，只要被认定对结果和效率有帮助，都可能被配置到业务单元之中。在极端的情况下（比如一个成熟的产品或大区事业部），企业的大部分业务和后勤职能也会被纳入其中。

与此同时，业务单元的组织依然有两个让企业头痛的问题要解决。一个是一些本来就紧缺的资源（例如技术、研发等）被纳入某个业务单元后，难以被其他部门共享，可能出现一边闲置、另一边却无资源可用的尴尬情况；另一个是一些需要以统一标准管理的职能（例如生产、财务、审计等）如果被纳入业务单元的话，很容易会出现各司各法的混乱情况。

在这样两难的情况下，业务单元很难做到真正完全自给自足（就算是独立核算的子公司，往往也需要总公司有一定的支持），企业想出"双线"领导管理方式，其中某个部门或岗位除了向本业务单元中的上级负责之外，为了加强各个职能部门之间的合作，以共同完成业务目标，同时会向岗位所属的职能部门上级负责。

这种"双线"的做法被称为矩阵式管理，其中一个为直接汇报关系（在组织图上通常以实线代表其关系，也称为"实线"汇报），另一个为非直接汇报关系（在组织图上通常以虚线代表，也称为"虚线"汇报）。

在矩阵式管理中，有些岗位以职能为主（"实线"）、业务单元为辅（"虚线"），有些会反过来，"虚实"通常由工作效率、决策速度、资源稀缺性和管理统一性决定，以达到最佳平衡。下页图中，1为业务单元主导，"实线"负责所有资源；2的"实线"则是由总部职能垂直主导。

现代企业中的常见矩阵式组织

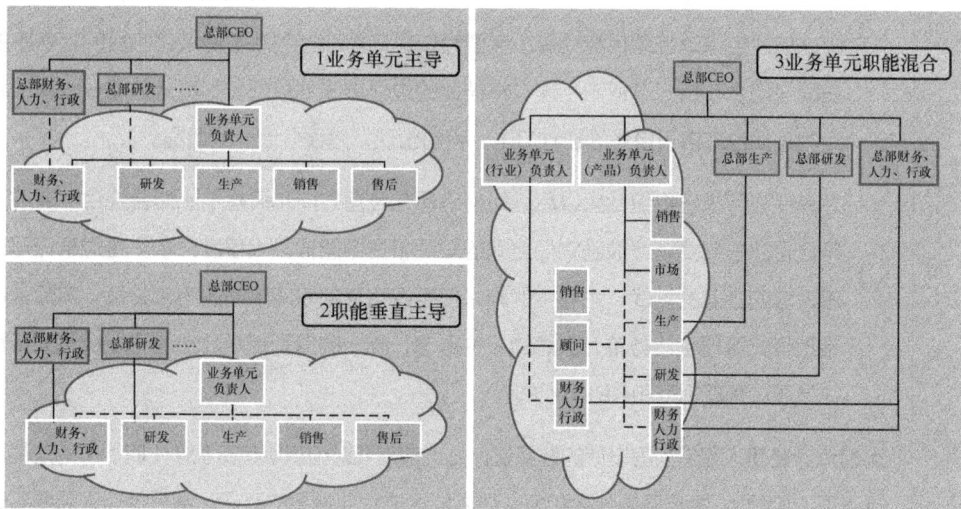

为了更有利于决策和资源调配，无论是"实线"还是"虚线"的汇报关系，这些人都受业务单元经理人的直接指挥。这时候经理人承担所有职能的高效协同，扮演整合者（Integrator）的角色，就像一个"迷你"CEO，对业务单元的结果负责；而来自不同职能的员工，也会以业务单元的目标作为依归，设定相应的职能目标。

事实上，现代企业大都已经在不同程度上实施了矩阵式管理，在多产品、多行业、多地区的大型企业中，甚至可能出现两类（或更多）业务单元的资源互相支持对方完成各自业务单元目标的复杂矩阵（见图"现代企业中的常见矩阵式组织"中的3）。我们常见的产品事业部、行业/大客户事业部以及区域事业部，都是不同程度的矩阵式管理和业务单元概念的组合与延伸。

矩阵式管理的优点是能够尽量兼顾资源共享、技能集中优化和跨职能合作效率的需要；缺点是对经理人的管理能力和成熟度要求更高，经常为了满足各个业务单元的资源要求而出现"叠床架屋"的现象，导致权责不清、互相推责的官僚问题。

✓　阿米巴（Amoeba）

阿米巴指阿米巴经营管理模式，是近年由稻盛和夫先生提出的经营管理理念，它指的是，为了提高企业的灵活性、更快速捕捉市场机会，尽量将总部的管控降到最低，鼓励员工全面自主经营、自负盈亏。这种经营管理理念像阿米巴虫般活跃，能够快速变化甚至"分裂"发展，在打破传统组织边界的羁绊之余，提高经营者的积极性，将决策下放到最前线。

阿米巴式组织以经营目标的最小需要为边界，争取达到利益最大化的目的，各职能在同一组合和目标下紧密相连，将彼此的边界感降到最低。不可避免地，阿米巴组织的挑战也来自于自身的独立自主，容易出现"诸侯分治"的情况。

尤其是在阿米巴组织壮大以后，如何确保在经营方向和风险（比如合规性）管控上符合企业总部要求，鼓励它们之间的知识和资源能够最大程度共享，是对奉行阿米巴理念的企业的挑战。企业中的阿米巴组织和总部职能之间的纽带关系，实际上也是矩阵式管理中业务单元主导的一种形态，唯一的差别是跟总部的"虚线"关系往往是通过管理规范和KPI实现的。

无论资深经理人组织顶层设计的选择是什么，都需要对组织所负责工作（职能）的过程进行梳理（流程），决定要做什么和怎么做才能达成企业赋予的责任。然后经理人需要对这些职能从技能和"工序"合理性的角度进行分析并分解，将具有共性的内容放在同一岗位内，再将有共性的岗位放在同一子部门内，形成组织的部门和岗位。

在分工之后，为了确保所有岗位能合作完成组织目标，这些岗位的工作内容又要被同一流程"跑通"，高效无缝地串联在一起。这个先把职能分解、后以流程连通的做法，是组织设计最基本的原理。

除了职能和流程之外，分解后每个子部门和岗位的目标需要跟组织目标对齐，在瞄准同一个方向之余更需要做到互补。需要注意的是岗位目标不能过分重叠，否则会驱动不同部门的员工做出同质性太高的行为，因而忽略原来的岗位分工（阿米巴式组织的岗位边界感较低，目标重合性更高）。如何平衡拿捏目标，是组织设计的另一个重要环节。

好的组织设计除了架构和分工有明显的目的性外，对各个岗位的工作内容和技能要求也有清晰的界定。总的来说无论组织有多大多复杂，设计方法和逻辑大致一样，讲究的是灵活运用。以下是组织设计的通用步骤。

- 明晰组织任务和职责范围。

- 制定周期的业务目标。

- 梳理完成任务的工作过程（流程）和具体内容。

- 分析共性，将工作内容分解到不同的子部门和岗位上。

- 检查各子部门和岗位是否能"跑通"流程。

- 确保企业/职能目标和子部门/岗位目标的上下一致性。

- 明确岗位定义、具体的工作内容和技能/能力要求，定级定薪。

- 根据目标制订计划，预计岗位和人数。

没有一种组织架构是完美的，资深经理人在接手一个新的组织时要了解现有组织的设计逻辑，才能审视和判断它的合理性。掌握基本的组织设计概念，对确定新组织的架构是需要推倒重来，还是只需要微调，都能带来一些帮助。

● 管理"虚拟"团队和"非直接汇报"员工

从20世纪90年代开始，我服务过的企业在不同程度上都属于矩阵式组织。在为这些企业服务过程中最有意思的一份工作是我担任老东家在香港/澳门特别行政区公司的总经理职务。作为该区域业务单元的"一把手"，我要对特别行政区内的业务和业绩全面负责，然而当时我辖下的2000名员工中，包括我的助理在内，却无一人直接向我汇报（所有部门都受总部职能和产品/行业业务单元垂直管理），是少数完全没有"实线"汇报关系的矩阵式组织。

我能依赖的是少量的授权（大部分权限落在总部各职能上）和个人影响力，通过扮演职能和业务单元的整合者角色提供价值，带领所有团队完成区域的目标。

无论经理人在矩阵式组织中身处垂直职能还是业务单元的负责人，都可能需要领导没有直接汇报关系的员工。如前面的图"现代企业中的常见矩阵式组织"所示，每个业务单元辖下的职能，跟总部都有"实线"或"虚线"的关系；每个总部职能的负责人也可能通过"实线"或"虚线"跟处于业务单元的员工关联。

虽然"实线"关系的经理人负责员工的绩效管理和个人发展，直接操纵员工的"生杀"大权，但是另一方面"虚线"的经理人虽然对员工没有直接管理的权力，依然能够通过目标和工作内容的设定与个人影响力领导他们，并且有权对绩效管理和人才发展提出建议与不同意见。

这样的管理方式要求"两线"的经理人更密切沟通，包括如何指挥、激励和辅导、设定共同和各自职能独有的目标，并做好绩效考核，发挥"1+1＞2"的效果。

对于我国的经理人来说这带来不小的管理挑战，原因是"虚线"汇报的管理方式跟中国人的传统思维颇有出入。在中国传统文化的影响下，团队的观念更倾向以部门为界，"我的团队"在绝大部分情况下都是指"直接归属和向我汇报"的团队。年轻的经理人经常会为"不是我的人怎么管"而烦恼，总是担心"员工会不会不听我的指挥"。

面对日益普遍的"虚拟"团队，我有几个过来人的经验，能够帮助新晋的资深经理人成功驾驭矩阵式管理。

- 现代企业再不是过去"以权服人"年代的企业，领导力已经被重新定义，而且变得更为关键，资深经理人需要不断加强自身的个人领导力，通过影响力带领团队。

- 在心态上不管是"实线"还是"虚线"，把所有员工当作是你的团队成员一样对待、关心。

- 以企业目标凝聚来自不同职能、业务单元的员工，站得更高看得更远。

- 在设定"虚拟"团队员工的目标和KPI、OKR时，充分考虑"另一条线"的部门目标，站在他们的角度去理解，并且尽量纳入考虑。

- 定期或时刻保持与"另一条线"的负责人的沟通，互通有无，确保双方的共同员工在做正确的事情。富有同理心的沟通是矩阵式管理必不可少的日常工作。

- 将每次成功都看作双方合作的成功，利用每个机会去庆祝，以此加强员工（尤其是"虚线"员工）的团队归属感。

- 关键人员和人才管理

再好的组织设计都需要人来实施和落地，任何组织都有那么一些关键人员撑起业务。

无论这些人员是经理人还是个人贡献者（Individual Contributor，IC），他们都在组织中起到举足轻重的作用。

在接手现有组织、熟悉业务的过程时，资深经理人需要处理好与关键人员的关系，做到心里有数，在稳定组织之余为长期计划提前打算；同时做出评估，为日后是否和如何使用他们做出评估。

一方面，资深经理人要尽快发现那些值得信赖的人才，他们中有些是熟悉现有业务的贡献者，有些是具有向上动力和潜力的未来之星。资深经理人要发挥伯乐的作用，HR的人才库（如果有的话）是一个好的起点，而"三顾茅庐"式的私下寻访更是必不可少。

另一方面，这些关键人员的作用并不一定是正面的，有些平庸的人由于各种历史原因占据了重要的岗位，影响着组织的运作；有些心术不正的人虽然不在其位，只是凭着个人的影响力（资历或性格），一样能够制造麻烦和噪声。

举个例子，空降的资深经理人经常会面对如何用好原组织负责人的难题，这类关键人员无论是什么原因被"拉下马"或"上不去"，他们在组织里的影响（业务和人脉的熟悉）都不容忽视，他们的内心也或多或少会有不平衡的地方，处理不好很容易变成困难员工（参考第19章），甚至导致组织短期的混乱。

当然，如果资深经理人组建新的团队，会少一些历史包袱，但与此同时起步的根基也相对弱些。无论如何，资深经理人在组织设计之后都要开始为人才管理规划，在关键人员的配置上下功夫，及早发现、物色以下几类人员，以他们对组织短期和长期的潜在贡献为依归，制定相应的对策——是弃还是留、是安抚还是重用（见下图）。

关键人员对组织短期和长期的贡献评估

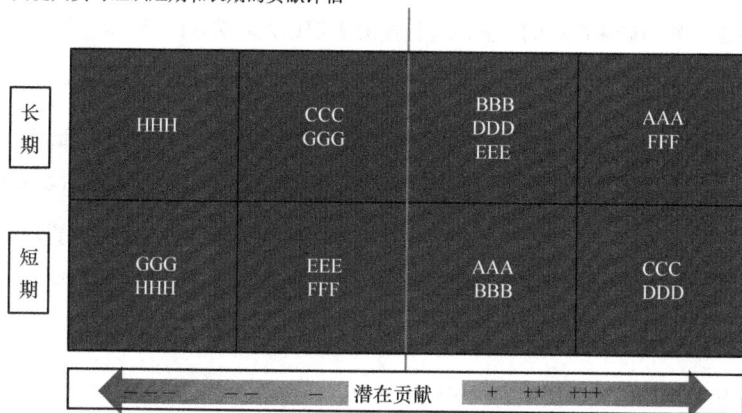

- 对短期和长期业务都有贡献者（AAA、BBB、DDD）。

- 对短期业务有贡献，但长期价值存疑或负面的（CCC）。

- 对短期是负面的，但是长期的潜在贡献者（EEE、FFF）。

- 对短期业务可能带来大麻烦的负面贡献者（GGG、HHH）。

一旦组织走上正轨，资深经理人更要贯彻人才管理的策略，包括人才发展、板凳和继承者计划等制度，系统地确保组织各个部门和关键岗位上有源源不断的人才供应。当然他还要做好表率，辅导好身边尤其是他的潜在继承者，让其他一线经理人也做好伯乐的角色。有关人才管理的讨论已经在前面几章展开，这里要提醒的是越是资深的经理人，这方面的工作越是重要。

- 技能管理

如果组织设计是为建房画的图纸，人才管理就是为使房子发挥应有功能所需的各种电器与用具的选材过程和清单，而技能管理就像是房子的水、电、煤气等能源的输送和供应安排，好让各种电器和用具能够发挥应有的功能。

以上的例子虽然并不完美，但是足以看到技能管理作为一个组织最基础的能力来源，是完成任务过程中需要被管理的最小颗粒度资源。不过现实中，我国大多数企业只停留在人才管理层面：一方面是因为我们的人才管理还没有成熟，不少企业仍在入门阶段；另一方面则是因为大家对技能管理的观念相对陌生，因而容易忽视。

随着企业成长得更大、更复杂，尤其是当企业对人力成本和效益（业务营收和利润）的敏感度与要求越来越高时，光从岗位角度去规划人才需求已经不够。事实上，不少西方大型企业早已经研究和实施了多年以能力（技能）为基础的人才模型。

举个例子，一家小企业要找10个销售人员，要求更多的"技能"，实际上可能只是要求某些行业/产品的销售经验；但是当一家大企业要招聘100个甚至更多的销售人员时，会对不同行业、不同产品、不同类型和不同级别的销售经验与能力有更具体的需求。无论销售岗位有几种，它们的技能画像（Skills Profiles）都由部分共同和独特的销售技能组成。

除了销售部门之外，类似的例子还经常可以在技术、生产等部门找到，也适用于（不同部门的）经理人岗位。管理更小颗粒度资源（技能）的好处是，不但能让招聘和培训时更有针对性，更可以帮助企业看清楚岗位人才互相流转的可能性（只要交叉学习独特的技能部分），提升资源调配的灵活性。

如下页图所示，这家企业的销售管理岗位和技术管理岗位都分为4级（7~10级），技能要求为1~5分，1分代表概念级的认识，5分代表专家级的能力。这两个管理岗位的技能种类都分为五大类，其中"技能"列中灰底的为共同的技能，白底的为独特的技能。

从这个例子中可以清楚看到，在同类管理岗位中级别之间的技能要求差距，为有志向上的员工提供了努力的方向。另外，由于不同管理岗位之间的共性技能颇多，员工也有机会通过自身的学习横向迁移。

不同部门岗位的技能画像

销售管理岗位/级别

| 技能种类 | 技能 | 7级 | 8级 | 9级 | 10级 |
|---|---|---|---|---|---|
| 专业能力 | 大客户销售 | 3 | 4 | 5 | 5 |
| | 顾问式销售 | 3 | 4 | 5 | 5 |
| | 专业谈判 | 3 | 4 | 5 | 5 |
| | 产品技术知识 | 2 | 3 | 3 | 4 |
| | 客户行业知识 | 3 | 4 | 5 | 5 |
| 业务管理 | 销售流程管理 | 3 | 4 | 5 | 5 |
| | 商机预测管理 | 3 | 4 | 5 | 5 |
| | 销售业绩管理 | 3 | 4 | 5 | 5 |
| | 内部流程管理 | 3 | 4 | 5 | 4 |
| 综合商业知识 | 本企业业务 | 2 | 3 | 4 | 5 |
| | 市场洞察判断 | 3 | 4 | 4 | 5 |
| | 财务知识 | 2 | 3 | 3 | 4 |
| 团队管理 | 绩效管理 | 3 | 4 | 4 | 5 |
| | 人才管理 | 3 | 4 | 4 | 5 |
| | 组织设计 | 1 | 2 | 3 | 4 |
| 领导力 | 沟通能力 | 3 | 3 | 4 | 5 |
| | 分析判断能力 | 3 | 3 | 4 | 5 |
| | 决策能力 | 2 | 3 | 4 | 5 |
| | 凝聚力 | 3 | 3 | 4 | 5 |

技术管理岗位/级别

| 技能种类 | 技能 | 7级 | 8级 | 9级 | 10级 |
|---|---|---|---|---|---|
| 专业能力 | 技术动手能力 | 4 | 4 | 4 | 4 |
| | 技术趋势 | 2 | 3 | 4 | 5 |
| | 产品趋势 | 2 | 3 | 4 | 5 |
| | 客户行业知识 | 3 | 3 | 4 | 4 |
| 业务管理 | 开发管理 | 3 | 4 | 5 | 5 |
| | 技术管理 | 2 | 3 | 4 | 5 |
| | 产品管理 | 2 | 3 | 4 | 5 |
| | 内部流程管理 | 3 | 4 | 4 | 4 |
| 综合商业知识 | 本企业业务 | 2 | 3 | 4 | 5 |
| | 市场洞察判断 | 3 | 3 | 4 | 5 |
| | 财务知识 | 2 | 3 | 3 | 4 |
| 团队管理 | 绩效管理 | 3 | 4 | 4 | 5 |
| | 人才管理 | 3 | 4 | 4 | 5 |
| | 组织设计 | 1 | 2 | 3 | 4 |
| 领导力 | 沟通能力 | 3 | 3 | 4 | 5 |
| | 分析判断能力 | 3 | 3 | 4 | 5 |
| | 决策能力 | 2 | 3 | 4 | 5 |
| | 凝聚力 | 3 | 3 | 4 | 5 |

注：技能要求1~5分，1分为概念级，5分为专家级。

技能管理的本质是供求平衡的问题，资深经理人为了要在一定资源预算之内交出业务结果，只能通过有效的计划和安排，让合适的技能在需要的时候出现。资源过剩会造成浪费成本、降低效率，资源不足会导致错失机会、员工不满。

由于技能管理需要一定的投入，要做得细致，不必一蹴而就。我对资深经理人的建议是从简入繁，但应该及早开始，熟悉它的原理起码可以帮助组织规划。

✓　计算技能需要（Skills Needs）

将岗位的所需技能画像包括要求的水平（Skills Levels）定义清楚，再分别乘上该时间段（年度、季度）的岗位预计数量，得出每种技能所需要的水平和各自数量。相似岗位的技能画像中有共性技能的部分，可以用作招聘和培训的共同需求。共性的部分越多，也代表这些岗位的人员有更大可能互相迁移。

✓　统计技能库存（Skills Inventory）

另外，将组织里的现有员工按照岗位技能画像的同样定义，分别进行技能水平评估，得出每个员工的个人技能画像，用作员工辅导之用；汇总之后形成整个组织的技能库存，代表技能的现有供应。

✓ 制订技能计划（Skills Plan）

将技能的需求和供应加以比较分析，找出技能的缺口，再根据重要性、紧急性等进行排优，有针对性地制订或强化招聘和培训计划，将岗位技能提升到所需水平。

上规模的企业尤其对高价值而大量的岗位/工种（例如高科技、咨询、会计服务等）重视，有些甚至会设置专门的技能经理（Skills Manager）加以管理。但是技能管理的概念很简单，任何资深经理人都可以先从某些部门或岗位入手。技能画像的颗粒度也可以因时制宜，一切从实用出发，切忌过度细化钻牛角尖，等到熟悉之后再决定如何加强。

资深经理人负责组织设计、建设、壮大、变更的全生命周期，目的是适应变化和获取市场机会。在经理人的职业生涯中，（高速）成长和变革是两个几乎从不缺席的主旋律，甚至出现不止一次。无论是什么原因带来这些变化，随之而来的都是巨大的管理挑战和机遇，将经理人放在聚光灯下，无限放大他们在别人眼中（尤其是上级）的能力和表现。

管理成长和变革无疑是资深经理人的进阶必修课，这部分内容将从下一章开始展开。

# 25　管理成长

## 🧊 有利润的增长（Profitable Growth）

不少人认为成长不需要"管理"，毕竟我国自改革开放起一路走来，是凭着"摸着石头过河"，成功勾画出波澜壮阔的历史画卷；而在互联网时代中，"野蛮生长"又是各大小民企"石上开花"、迅速发展壮大的座右铭。不过随着国家的经济和制度越发成熟，"野蛮生长"的机会越来越珍贵，当遇上时企业的把握能力变得尤为重要。

因判断错误、过于谨慎而与机会失之交臂，"起了个五更，赶了个晚集"（我的老东家经常被人诟病的地方）的企业固然大量存在，但谁曾想到，肆无忌惮地扩张也让不少曾经的明星企业如流星般瞬间消逝于无形。无论是"不管黑猫白猫，捉到老鼠就是好猫"，还是"得到机会便要一路狂奔"的这些想法，表面看来简单而直接、粗暴且高效，实际背后都有管理的身影，关键是如何拿捏。

对任何企业来说成长绝对是好事儿，能够遇上机会的一定要好好把握。它不但能以速度提供企业所需的"养分"（现金流、估值/市值等），也可以通过成长带来的规模，逾越过部分发展的"坑"（人才、管理等）。但是"一白遮三丑"，再快速的成长也只能暂时遮盖不完美，为企业赢得宝贵的时间去修复问题，却不能改变它们存在的事实。

尤其是近年来在资本市场的推动下，不少企业（特别是初创企业）盲目追求成长（甚至作假）以撑起企业估值（市值），从根本上忽略了商业的逐利本质。"收不到款"和没有合理利润的收入增长只能让企业一时风光，获得的估值最终会如泡沫一般破灭。管理长期市值的最佳手段，永远都是有利润的增长（Profitable Growth）。

管理咨询公司Mercer的两位高管亚德里安·斯莱沃斯基（Adrian J. Slywotzky）和大卫·莫里森（David J. Morrison）就曾经在《发现利润区》（*The Profit Zone*）一书中提出各类企业多达22种不同的利润来源。在追求成长和市场占有率之前，企业需要设计好最适合自己的盈利商业模式，然后加以建设和管理，就算是互联网时代站在"风口上会飞的猪"，也不是例外。

"出来混早晚要还"，漏洞充斥的管理会让企业的风险在高速成长下不断叠加，管理和成长的质量高低会决定后来要还的多少。资深经理人在制定成长策略时要心如明镜，在管理力度/颗粒度和成长速度与质量之间取得平衡，做出客观理性、哪怕是艰难的选择，千万不要采取"鸵鸟政策"。

有关管理（有利润的）成长的著作和理论非常多，这里只是一个皮毛的介绍，旨在将其基本概念和重要性介绍给读者。

## 🎁 选择细分市场机会

追求业务成长的第一步是选择最有利于企业发展的市场，放大成功的机会。从常识的角度看，有利的定义不外乎市场的吸引力（Market Attractiveness）和企业自身的竞争力

（Competitiveness）。吸引力包括所选市场的规模和潜力、准入门槛、需求匹配度，以及其他外部环境因素等的整体条件，条件越好吸引力越高。竞争力则是企业的所有能力（包括产品、营销、生产、技术、研发、价格、成本等）和市场中主要竞争对手综合比较后的结果，结果越好竞争力越强。

如下图所示，市场吸引力和竞争力都高的自然是企业首选，相反的则应该及早撤离或不投入。当市场机会落入图中黄色的部分时，企业需要更加谨慎选择，投入的优先级永远在绿色的市场机会之后。

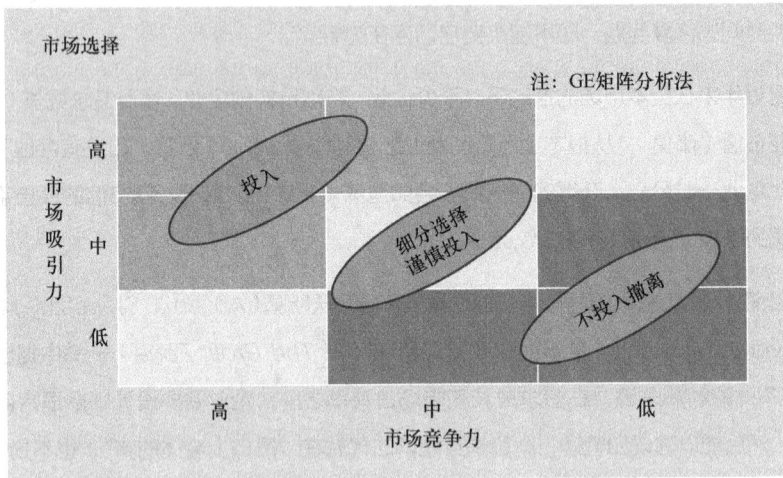

- 产品/服务和行业/区域市场细分（Segmentation）

  除了在现有市场中跑得更快、做得更好之外（除非现有市场已经有足够空间），企业要获取高成长，往往还需要考虑涉足新的市场。要在选择过程中将市场吸引力和竞争力分析做得更到位，精准的市场细分变得极其重要。

  相对于现有市场来说，新市场机会通常可以从两个维度来看。

  ✓ 企业将现有产品/服务推广到之前未涉足的行业/区域市场

    这是最常见的拓展路径，企业主要投入在市场、销售、供应链和售后等职能建设上，沿用现有产品/服务风险相对较低，且能分摊（尤其在制造业中）研发和生产的成本。要考虑的变数是为了满足新进行业/区域的需求差异所需做出的更改（本地化需求），以及该行业/区域的特殊外部环境所带来的影响和应对成本。

✓ 在企业现有活跃行业/区域市场（客户）中推广新的产品/服务

　　这通常发生在企业拥有强大占有率的行业/区域市场中，借助有力的市场覆盖能力和客户信任度，企业的销售成本和成功率得到有效的控制。投入的风险主要出现在新产品/服务的研发和生产上，所以跟现有产品接近（有共性）的、能尽量利用上现有的研发和生产能力的新产品/服务，通常是选择这类市场机会时的重要标准之一。

简单来说，企业开拓新市场最好能在产品/服务或行业/区域两个维度之间靠上一头，这样的做法相对稳妥，竞争力也能有一定保证。当然，这并不代表企业不能为一个全新的行业/区域市场开发全新的产品/服务，只要企业能确认市场吸引力大于所有承担的风险，而且有足够的竞争力。

- 成熟（Mature）和新兴（Emerging）市场

经常出现在成长讨论中的另一个维度是成熟和新兴市场。

顾名思义，成熟市场通常发展已经有一段时间，客户需求清晰稳定，价格和产品信息透明，竞争态势相对明朗，市场增速相对放缓。无论企业是现有玩家还是正在考虑进入的，成长的路径别无选择，只能直面竞争，通过打败友商去获得。

一般来说，现有领先者占有更多主导权，他们善于利用其优势继续扩大胜果，后来者要想获取高速成长，则要看准对手的弱点重点出击，或者善于把握稍纵即逝的市场变化所带来的机会（比如近年在个别行业中出现的国产化趋势，是本土企业打败外企领头羊的重要契机）。

在这样的环境中，要获得高成长并不容易，这时候企业要考虑依托于自身的能力去打败对手的可能性和代价高低，决定成长目标（速度）和策略。

而新兴市场尚未完全成型，就算表面分析显示市场潜在空间庞大，但同时风险也高；虽然没有明显的领先者，但同时市场渗透率也低，客户购买需求还不成熟。新兴市场通常会经过一段起始的挣扎，一旦价值被证明而供求衔接起来的话，将会进入高速发展的轨道。相反，如果价值不足，市场将会"胎死腹中"。

要分辨新兴市场是草木不生的沙漠还是静待被发现的新大陆，企业要依托于客观的洞察和分析能力。一旦认定机会，企业的最主要挑战并非来自竞争，而是如何快速说服早期客户并满足其需要，引导市场需求（甚至制定"游戏规则"）。速度是在新兴市场抢占先机、获取高成长的关键之一。

● 短、中、长期的市场

中国有句俗语"吃着嘴里的、看着碗里的、想着锅里的"，专门用来形容贪心的人。这句话虽然带有贬义，但是用在资深经理人身上则非常合适，尤其是对于市场机会的把握。

获取成长的机会有短、中、长期之分。短期机会是那些企业今天赖以养活自己的主要市场，不管日子过得是甜是苦，这部分的业务营收占据企业营收可观的比例，用"吃着嘴里的"来形容最为合适。

中期机会指目前规模还不至于"牵一发而动全身"，但在不久的将来便会是举足轻重的业务，企业需要紧紧地盯着，资深经理人"看着碗里的"无可厚非。

长期机会通常是企业刚刚起步甚至是还在筹划的业务，却拥有足够有吸引力的未来市场。虽然机会还未到火候，但是资深经理人需要未雨绸缪，提早"想着锅里的"，否则机会成熟时可能轮不到企业分一杯羹。

我的老东家分别以H1、H2和H3代表短、中和长期的市场（H是Horizon的缩写，是"水平线"的意思）（见下图）。以水平线来形容企业的成长机会和业务，是希望资深经理人能够提早开阔视野，提前制定合适的策略和进行投入。视乎每家企业所属行业和自身的情况，这3道水平线周期可长可短（以老东家为例子，H1、H2、H3泛指分别为1年、3年和5年或以上的时间段）。

管理企业的短、中、长期成长机会

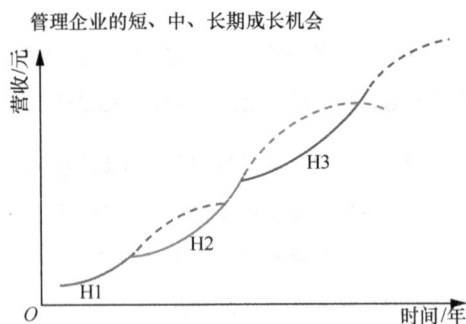

从成熟企业的财务角度来说，H1的特点是通常短期营收占比高，但是毛利率和增长率逐步下降（初创企业的H1有可能例外，视乎它进入的是什么市场）；H2目前占比不高，但是增长率较高，毛利率也不错，有望在中期来临时成为重要的营收来源；H3在今天来说

业务规模微不足道，甚至可以忽略不计，一般来说企业投入大于营收，但是一旦突破成功，潜力巨大，是企业长期的希望（当然风险也较高）。

成熟企业如果所有业务都集中在H1，哪怕今天的业务强劲，都可能因增长率和毛利率的下降导致后劲不继。相反，一家初创企业如果没有可以依赖的H1业务，往往等不到H3业务成熟的那一天。企业要想可持续发展，在任何时间内拥有合理而平衡的短、中、长期业务和机会（见下图），对于保持成长都会有帮助。

**H1、H2、H3业务和机会的常见组合**

以H1现有业务为基础的企业，加入H2/H3的业务之后在毛利率基本持平的情况下，整体营收增长率比H1要高

| | 营收占比 | 营收增长率 | 毛利率 |
|---|---|---|---|
| H1 | 60%~70% | <10% | 25%~30% |
| H2 | 20%~30% | 30%~40% | 40%~60% |
| H3 | 0%~10% | >100% | <10% |
| 企业整体 | 100% | 25%（大约） | 30%（大约） |

成熟企业不能只依赖于现有/成熟业务，初创企业也不能只通过"贩卖"未来机会为生。企业利用市场洞察和分析所得，以H1、H2和H3对所有现有与未来的业务和机会进行分类（见下图），能够帮助资深经理人看清情况，并且以不同的策略驱动不同的业务发展。

**3道水平线的市场机会分类**

10个市场机会分布在不同的产品/服务和行业/区域的维度上，其中：

• H1×3 (E1,E2,E3)
• H2×3 (M1,M2,M3)
• H3×4 (N1,N2,N3,N4)

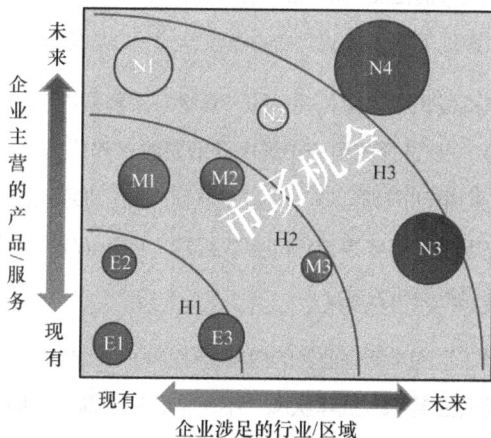

成长是所有企业都追求的目标，资深经理人需要掌握如何将业务和机会合理分类，通过出色的洞察和分析能力进行最佳选择，形成有利的组合，制定有效的策略，为企业提供高速而稳定的成长之余，将风险置于可控水平。

## 决定成长策略

保持高速成长谁都愿意，而跑得太慢固然可能与机会擦肩而过，但是如果因为跑得太快而导致失控，结果可能得不偿失。要做到在可控范围下跑得最快，考验资深经理人的战略思维和制定策略的能力。

前面提到成长来源的不同维度，企业需要根据自己的能力和"胃口"选择赛道和确定相关的策略与路径图。在制定具体策略时，企业要针对市场吸引力（机会、潜力、门槛、匹配度等）和竞争力（产品、生产、研发、销售、价格、市场占有率、财务状况、人才等），在知己知彼的情况下决定好成长的节奏。是依托于商业化能力还是产品技术创新？是重注于现有市场还是另辟蹊径？是先韬光养晦，争取H2、H3迅速雄起，还是在H1便全力冲刺，为H2、H3赢取宝贵的时间和金钱的资本？资深经理人都需要将市场细分、"新旧"结合和3道水平线的视野与平衡的思考融入策略之中。

成长的策略和手段不外乎"有机"和"非有机"两条路。

- 有机成长（Organic Growth）

有机成长指企业将现有的资源，通过直接投放到产生营收的业务中而获得的内生性成长，它的道理就像人类从食物中吸收养分和锻炼体魄而变得强壮一样，因而得名。

在有机成长中，企业投入的"食物"主要是内部的资源（人才、人力、设备、厂房、现金等），从选择的目标市场中获取营收"养分"。无论是现有市场的深耕，还是依托于现有能力推动市场延伸，通过发展新产品、加强营销、增加销售和研发人手、开设网点、扩充渠道和近年来流行的授权经营（Franchising）等手段以扩大经营与生产规模，都是常见的有机方式。

值得注意的是新兴业务的内部孵化（Incubation），虽然同为有机成长的一种方式，但是和现有业务的"成年状态"不一样，它更像一个呱呱坠地的新生儿，既吃不了肉也喝不了蛋白粉。企业需要以不同目标/期望、财务/业务指标和策略去栽培和培养，在不少的企业中，内部孵化的任务会交给独立的团队负责，直到"成年"。

- 非有机成长（Inorganic Growth）

非有机成长一般指企业通过将其他企业（法人）的营收纳入自身财务报表而获取的成长。当相关会计准则被满足时，一家企业能将另一家企业的营收合并到财务报表上，而当财务报表合法地"合而为一"时，提出一方的企业便能因此"获得"成长。

为了让被纳入的企业愿意放弃原本独立的报表和管治权，提出的一方往往需要通过资本（现金和股权）运作进行交换。这种将自己企业的资源投放到外部企业以获取营收成长所需的做法就是非有机成长。由于这种方式需要另一家企业的配合，它也经常被比作是两家企业的婚姻关系。常见的非有机成长的方式有以下3种。

✓ 合并和收购（Mergers and Acquisitions，M&A）

企业之间的合并与收购由来已久，资本市场的兴起将这种非有机的成长策略变成一门专业学问，各种M&A的分类、财务评估模型、非财务考量等也成了MBA热门课程。

虽然M&A的终极目标是（有利润的）成长，但是企业看上对方的往往是营收以外的，比如客户群、行业覆盖、解决方案、产品、研发、生产、供应链、运营、财务（现金流、资产价值、利润率、成本等）等的能力优势。M&A的本质是通过企业之间的能力和优势互补，产生协同效益（Synergy），去获取有利润的成长。（当然，有些以投机为目的的并购，还是有可能纯粹以资本交换营收成长，以达到短期利益。）

M&A表面上的好处是不需要经过漫长的内部能力培养，可快速补齐短板做大规模，但是与此同时它需要企业具备对M&A的专业管理能力，包括知道在并购前如何有效精准地发现、接触、评估和谈判以获取最佳条件，以及在并购后如何将外来企业的资产/能力有效地融合到企业之中。融合的复杂程度视乎M&A的方式，从简单的财务报表融合（投资性M&A，企业经营保持独立）到员工、产品、生产、研发等所有业务运营的全面融合（战略性M&A）。

✓ 合资（Joint Venture，JV）

JV是两家（或更多）企业为了进行深度合作而成立的一家新的独立企业，股权通常由两家企业按出资比例进行分配。在一般情况下股权占比高的企业会获得财务报表的并表权，将JV的营收（和相应的成本、费用和利润等）记录到大股东企业的报表中，从而获得成长。在我国的法律中 JV 的形式很多，在这里不一一赘述。

虽然 JV 是一个第三方独立法人，但是和 M&A 的本质一样，它也是希望通过企业之间的能力和优势互补去产生协同效益。如果 M&A 代表的是两家企业的全面融合，JV 则更多是在某一个领域上的重点合作（比如车企之间合作研发生产特定车型去打开某个市场）。我国的汽车行业，便是成功运用 JV 策略获取重大成长和发展的优秀例子。

JV 是否产生效益的关键在于两家企业在合作上的互补程度，以及彼此对长期合作的意愿和信任，因此双方在组成 JV 之前需要做出全面而专业的评估和谈判，以达成都能接受的条件。

从专业管理的角度看，JV 跟 M&A 有很多共同的思考方式和方法论，资深经理人都应该掌握基本知识。

✓ 股权投资

还有另一种非有机成长手段是通过将资金直接投入购买另一家企业的多数股权，以获得控股和合并财务数据的权力。

JV 和 M&A 不一样的地方，是被投资企业保持相对独立的运营，没有过多的融合。这种做法的好处是获取成长的速度较快，挑战是对被投企业的管理半径较长，因此更适合用于成熟且有稳定成长的被投企业身上（相对比较放心），或用作进入全新领域的"试金石"（自己管不了太多），比如风险投资或外部孵化。

近年流行的阿米巴式发展管理，不少是通过股权投资方式，将外部小企业（团队）纳入企业的整体管理。

不少规模企业设有独立的资本/投资部门去执行和操作各种非有机的融合，但是作为企业成长的重要一环，负责业务发展的资深经理人（甚至是 CEO）必须提出明确有力的业务策略，以主赞助人的身份和投资部门合作，带领企业其他部门（业务/运营/销售/市场、产品、生产、研发、HR、财务等）对每一个非有机成长项目负责。

无论是哪种非有机成长方式，都会涉及两家企业不同程度的融合，这里面可能产生多方面的（信任、利益分配、价值观、文化、流程制度、工作方式等）不协调。可想而知，融合顺利当然好，不顺利的话可能会对原企业造成排斥，影响可大可小。企业没有一定的自身经营和专业的管理能力，贸然进行大规模的非有机成长计划，是很危险的事情。

企业的成长策略，一般会以主营业务为重，其中又以有机为主，非有机为辅。另外，企业若想要发展第二个（全新）主营业务，由于本身没有经营上的经验和包袱，往往又会以非有机作为快速进入的先锋。制定适合企业的成长策略，以及进行经营合理的业务组合，是资深经理人的重要任务。

以前面给出的10个成长机会（见第261页图）作为例子，这家企业以下表所示的（宏观）有机和非有机策略勾勒出对未来的规划，并以此制订现阶段的行动计划，该计划在满足短期目标的同时，也可投入未来建设之中。

成长策略

| | H1 | H2 | H3 |
|---|---|---|---|
| 有机 | E1：现有市场增加销售网点、增加生产能力 | M1：基于现有市场对现有产品进行重大更新<br><br>M2：通过技术创新和研发扩大产品线和市场<br><br>M3：利用E2进行海外拓展 | N2：创新技术孵化成新兴业务<br><br>N4：基于N2实施新一轮扩展策略 |
| 非有机 | E2：现有市场现有产品调整<br><br>E3：新兴市场快速收购企业打入新行业 | | N1：并购现有市场的前3名竞争对手<br><br>N3：并购成熟技术企业，扩大市场 |

## 🎁 成长环境下的执行

在目标和策略被确定之后，执行成为获取成长的胜负手。执行的第一步是为选择的机会和策略保驾护航，将资源按优先级用在刀刃上，要敢于"断舍离"，拒绝对现有不作为业务的惯性投入，同时避免长线机会因不满足企业内部财务/考核要求而不能得到足够"养分"。除此之外，资深经理人在带领团队往前冲时，常常会碰到以下需要注意的问题。

● 接受成长的不确定性

企业高速成长的过程永远伴随着许多的不确定性，不曾涉足的领域固然充满未知数，就算是现有业务的深耕也会在新的拓展策略和强大竞争下，产生无数未曾遇见过的问题。

过去的成功经验虽然有一定参考作用，但在大多数情况下不足以应对高速成长的挑战，而且在超高强度的工作下团队也难以完全避免执行的质量瑕疵。

就算策略再清晰，资深经理人也需要学习如何在混乱无序中摸索，找到前进的方向和方法。"如果在一段时间内所做的事情跟过去一样的话，很大可能这不是一条成长之路"。我经常反省并告诫自己要愿意接受团队的创新意见，墨守成规不会发现新大陆，愿意坚持客观和富有逻辑的分析才会让成长变成可能。

- 利用竞争提高紧迫感

大多数习惯于在稳定安逸环境中运行的团队，在面对突如其来的成长机会时，会按照过去的节奏和方式缓步前进，尤其是在进入全新的领域时，很可能在开始时根本看不到竞争对手的身影，以为一切可以按部就班。

但是我可以保证，世上只有你想不到的机会，没有竞争对手看不到的市场。在你开始之前，竞争对手可能早已在路上；就算你是出发最早的那个，你也永远无法想象竞争对手的嗅觉有多灵敏，追赶的速度有多快。只要市场的吸引力足够，再好的技术创新或业务模式也只能留给你短暂的时间窗口。

优秀的资深经理人必须学会居安思危，就算没有明显的竞争威胁，也应该为自己设定假想的敌人，驱动团队快速行动。无论是团队在开始时不温不火无法适应变化带来的工作要求和强度，在拼搏过程中深陷于没完没了的细节之中感到烦厌，还是在遇到挫折时信心受损产生怀疑，资深经理人都需要利用竞争唤起和保持团队的紧迫感，以最快速度响应市场变化。

在如今竞争无比激烈的市场里，"常胜"铁军几乎不可能存在，"长胜"倒是有可能，能够延续多久很大程度上跟团队的紧迫感有关。

- 追求有质量的速度

在我的经验中，支持成长所需的人才、产品、技能、资金预算等资源永远不足，流程和管理规范永远赶不上执行的节奏。在这样的情况下不少经理人认为，速度和质量就是两个极端，彼此水火不容，要想快就不能要求完美，要完美就别想快起来。

的确，在追逐成长的路上速度永远比完美重要，如果要等到"万事俱备"或者按照流程办事，恐怕机会已经稍纵即逝，竞争早已超越身前。但是速度快不等于没有质量，否则漏洞过多反而会拖慢速度，就算眼前走了捷径、省了力气，时间久了问题积压增多，到后来要花上数倍精力解决，很可能会让团队举步维艰。读者可以试想一下，因一个草率的决定收购一家不合适的企业，到底伤害有多大。

既要避免因资源不足和内部流程影响执行速度，又要防止漏洞出现，是在成长中经理人必然遇到和必须驾驭的两难局面。在理想的情况下，资深经理人最好能够做到两全其美，兼顾速度与质量；实在有困难的话，起码要找到可以接受的平衡。

要做到这样，唯一的可能是经理人对决策的投入和影响有着客观清晰的分析，切忌"图一时之快"或"赌运气"；然后在速度、资源和管理颗粒度的决策标准上，还要设定"最低要求"和"最大容忍度"，提高决策成功率和降低风险。

- 敢于用新人

执行靠的是人，特别是在追求新的成长突破时，资深经理人要敢于用人，尤其是新人和外来人才（非原来团队）。这并不代表对旧人弃之不用，而是不要为了求稳而只用旧人。

经验告诉我，现有团队在心态上不一定喜欢改变，即使是成长。作为团队的既得利益者，驱动成长意味着他们要走出舒适圈，付出更多力气和承担更大风险。他们会跟过去比较，每每要先谈好"条件"才会表示决心。与此同时，成长往往意味着团队需要更多突破，过去的经验和方式很可能成为走向未来的束缚。

相比之下，上进意愿和学习能力比熟悉现有业务更为重要。这样的人也许经验不是最足（当然最理想是两者兼备），但激励起来肯定最容易。

我常常告诉我的团队，只有成长的企业能为员工个人事业发展带来足够机会。我在老东家服务的20多年中，中国区的业务和人数均增长百倍以上，为本土员工创造了数以千计的高级别岗位，让其他成熟地区的同事羡慕不已。

我为团队设立有野心的目标，告诉他们没有人知道"天花板"在哪里，拼尽全力"够着"高目标的90%，比起轻松完成低目标更让人尊敬。

我个人从未曾想过，初到内地工作时一名初出茅庐的小伙，在离开时会是老东家全球数十万员工中的300位资深管理者之一。虽然这个过程中我没少付出努力，但是没有庞大的市场成长机会支撑，我连做梦都不敢想象。

# 26 管理变革

## 变幻原是永恒

世上没有永远成长的市场，只有变幻莫测的环境（政治、政策、经济、科技、竞争等）。"人无千日好，花无百日红"，企业就算有再强的成长心态和能力，也有碰到瓶颈的时候，一不留神就会落后，甚至一蹶不振，一时失策很可能迷失方向，导致难以挽回。

在中西方企业发展的历史中，因短暂成功而心生骄傲招致灭亡，因错误策略引起一步错、步步错的故事比比皆是，没有哪一家企业敢说不曾犯错，不曾需要调整战略或执行（包括我曾服务的几家跨国企业）。变化是市场的唯一常态，企业作为"玩家"没有资格埋怨市场不公平，只能反思自己为什么意识不到或跟不上变化。

随着我国的经济体量越来越大，企业将迎来相对成熟的市场环境，"野蛮生长"的日子一去不返。在改革开放的"深水区"中，成熟企业要更精准寻找新的成长机会，新兴企业在获取高增长的路上更会不断碰壁和经常改变策略，它们都将不可避免地面对一次又一次的转型挑战。

从来没有只上不下的企业，关键是能否在跌下来之前做好准备，与其他成长机会"无缝衔接"；又或是在下来之后迅速反弹，减少成长曲线的波动。这两者都要求企业具备超强的危机意识和主动的求变能力，不然就会像"温水煮青蛙"般察觉不到威胁，等到发现时已经为时太晚。

主动转型说起来理所当然，但是现实中十分困难，真正能够（不断）做到的企业在西方中为数不多。我国企业在经历了改革开放的高速成长后，将在未来的一段时间里迎来严峻的"大考"。

任何资深经理人在一家企业（或行业）里待上足够长的时间，都会遇到业务转型的"机会"；被高薪挖掘（无论是初创还是成熟企业）的十有八九也是因为企业需要迎接新的挑战。我在老东家的漫长生涯中，就曾参加过多次的业务转型，其中包括总部发起的全球转型（从以硬件/大客户为主到多产品/多行业的复杂业务，以及为了强化软件和服务业务的一连串收购与转型）和大中华地区的本土转型。前者主要是配合全球战略改变（当时大中华地区业务正在上升期），后者更多是为强化地区业务的执行和策略。

以下是多年来我从这些管理转型（Managing Transformation）经历中总结出来的几条经验。

## 💎 危机意识驱动市场洞察

有驾照的人都知道（物理的）后视镜存在盲区，当邻线的车进入后视镜的盲区时，除非驾驶员主动回头，否则无法发现邻车的靠近。享受在高速公路上驰骋的人更需要加倍谨慎，因为上一秒还是后视镜中看似遥远的车，下一秒可能已经进入盲区，这时候如果驾驶员突然变道，很容易发生交通意外。

事实上绝大多数高速公路上发生的意外和驾驶员的技术能力无关，更多是粗心大意的结果。一望无际（车）的高速路上和风和日丽的日子，往往也是发生致命意外最频繁的地点和时间之一。在貌似最安全的时候，就算是经验丰富的"老司机"也可能在享受速度和天气的乐趣时保护意识下降，因而忘记看后视镜或对后车速度误判，最终引起悲剧。

在企业世界里类似的事情也经常发生，在快速成长的路上每当资深经理人沉浸于成功的愉悦时，往往也是危机意识最低的时候。在"后视镜"中错误判断竞争对手的距离、市场和外部环境分析出现"盲区"、对自身策略和能力的盲目乐观等，都和以上的致命交通意外如出一辙。

撇开外部因素，导致企业失败最危险的陷阱是成功，而经理人最致命的缺陷是骄傲和缺乏危机意识。

资深经理人就像"老司机"一样，就算轻车熟路也要用好"后视镜"，提前看清和分析市场形势，做出准确的预判；时刻保持防范之心，在危险来临前校正和调整，避免临时"变道"发生意外。

市场洞察需要客观而全面，对所有问题包括市场潜力、策略、执行、产品、竞争力、组织效率、技能等都一一覆盖。

对于潜在的危险信号，例如竞争对手的市场占有率突然提高/近来的动作频繁、企业自身销售的胜率每况愈下、客户的不满声音日渐增高、内部效率降低、部门之间的矛盾增加、市场商机逐步减少、不利的政策出台等多个方面的问题，资深经理人都不可掉以轻心，必须"眼观六路、耳听八方"，通过各种渠道和手段及时收集信息，甚至建立管理看板（Dashboard）随时跟踪。

提早发现个别问题并防患于未然，也许不需要大规模调整。若是判断需要转型，则必须及早进一步分析对现有业务的影响有多少，对影响的容忍度有多高/多久，方才决定目标和策略。主动转型虽然困难，但比起被动转型还是相对容易些，起码允许"变道"的时间更为充裕。

## 🔶 重人才的转型策略

一旦决定需要转型，无论主动与否，都是一项"大工程"。撇开具体的业务内容不谈，转型牵涉到现有业务（对于单纯的扩充或增加新业务/商业模式，在前面的"管理成长"一章中讨论过，不列入转型讨论），概括起来有两种情形。

- 战略性的收缩：主要是精简架构和聚焦。

- 战略性的调整：除了精简部分业务之外，扩充其他现有业务、新产品/市场，以及新商业模式等新的成长策略组合。

有别于一般的周期性（年度）组织和计划的调整，转型的改变幅度更大，其原因大都跟现有市场机会饱和或消失、业务经营不善（包括战略失误或应对外部环境变化）有关。

单纯的战略性收缩大都是经营不善的结果（业绩严重下滑、收入疲软、成本上升、毛利下降、费用高企、收支亏损等），更多是战略失误和业务效率严重滞后的表象。就算现有业务已经是一片"红海"的成熟市场，无论企业给出什么样的理由，企业在没有新的发展方向下收缩现有业务，十有八九是管理者束手无策和"没招"的表现。

这种被动转型往往被美其名曰"聚焦"，实际上更多是通过组织架构调整减员甚至卖掉不赚钱的业务，"止血"求生。但是事已至此，既然没有开源之道，如果节流和聚焦自己有竞争力的业务范围，能够找到一个可以稳定的环境（小而赚钱），也不失为一个生存之道。纵观中外企业，这样的例子并不算少，比如曾经叱咤风云的通信科技巨头摩托罗拉在卖掉众多业务之后，目前便专注于无线电的解决方案业务，偏安一方。

在这样的情况下，业务上没有重大改变，转型策略主要体现在组织精简、重新专注和加强执行上。被精简（包括出售）的要么是竞争力不足（打不过人家）和对短期有害（包括现金、收入、毛利等开源），又或是业务之间有重叠、效率低下（成本、费用等节流）的业务。

除了架构和人员上的改变之外，转型策略更要关心人的问题，尤其是留下来的员工，皆因在这样的环境下大多数好手都会心灰意冷为自己寻找新的出路。在这生死存亡之间，是否能扭转局面"留得青山在"，绝大部分依赖于人心是否还在。

当然，在可能的范围内如果企业对市场方向有足够洞察和资源的话，应该进行的是战略性调整，在精简之余指明未来方向，这样员工和外界（包括客户和投资者）才会觉得还有希望。所谓战略性的调整，是指企业在精简部分现有业务的同时，会对另一部分的现有业务进行"加码"扩充，还可能投入新的产品/市场和新的商业模式之中，为未来争取机会。

企业需要将通过精简节省下来（或出售得到）的资源投入新的业务中，如何排优先级，对不同机会配置有限的资源，再一次说明提前的市场洞察有多么重要（否则等同盲目赌博，风险极高）。

有关新市场和业务的选择在前面已经提过，决策的质量决定企业是否能在相对短的时间内"东山再起"。但是和战略性收缩一样，人的问题在这样的转型中一样占据绝对重要的位置。

企业要对新组织进行精心设计和员工评估，务求将有能力和有意愿的员工留下来，放在最合适的关键位置上。比起只有收缩的转型，战略性调整相对好一些，在老人离巢的同时我们往往会发现一些过往未被发现的好人才。但是人才策略不仅限于现有员工，新的业务往往需要新的技能和外来的好手，通往未来的清晰路径图，加上对应的人才画像和不懈的追逐，这些元素必不可少。

这个过程考验的是资深经理人的沟通能力，是否能动之以情、说之以理（和利）。在这雪中送炭的关头，愿意留下来和来投的人都一定要是好手，企业能给他们的一定要是力所能及的最好回报。

在我经验中转型策略的重中之重就是人才策略。

## 🎁 顽强坚定地执行

如果以"和平时代"来形容正常的企业运作，转型就像是"战时"，企业需要极其高效的执行才有成功的希望，一丝的犹豫和散漫都会导致失败。纵有清晰的目标和策略，计划不够周详、动员不够有力、员工不够齐心、纪律不够严明，这些执行常见的问题也能让转型"未开始便已经结束"。

● 分解目标，制订计划

转型成功与否一般以达成某类业务目标为"起点"，以证明企业在转型前的问题已被逆转。常见的目标有以下几个。

■ x年内达到季度/年度的收支平衡。

■ x年内重新回到季度/年度xx%以上的成长率。

■ x年内达到xx%的季度/年度的市场占有率。

■ x年内新业务开始季度/年度盈利。

■ x年内新业务对整体营收（或毛利、成长等）季度/年度贡献比例达到xx%。

这些目标无一例外都以"x年内"（也可以是"x季度内"）作为开始，用来提醒留给企业的时间有多少，提升团队的紧迫感。

在这些目标中我又特别加上"季度/年度"的时间衡量单位，资深经理人想想就能清楚感受到，要在某个季度里达成某个目标和在年度内完成的难度，是不可同日而语的。在转型中团队执行的持续性和一致性至关重要，不能像武侠小说中的六脉神剑，时有时无。

所谓"起点"，则是指这些目标的达成必须是稳定的，而不是昙花一现。某个季度达成目标可能只是偶发事件，连续数个季度（在业绩图上，2个季度的"点"可以连成"一条线"，3个季度以上的"点"逐步成为趋势）的完成才能证明转型初见成效，忽上忽下的业绩曲线代表有些事情做对了、有些还不足，需要在不断检讨和优化中前行。

资深经理人和团队的执行要有紧迫感，再加上持续性和一致性，才能将转型结果稳定下来，形成新的常态。

从这些目标例子可以清楚看到，转型是一个漫长的过程，但是又充满短期的不确定性，需要坚持的勇气和变通的灵活。就像在波涛汹涌的黑夜中航海，转型的团队很难看得清前路，千万不要让团队像无头苍蝇般各自为政，没有质量的速度只会让这艘船沉得更快。

但是太大和太长期的目标很容易让团队惴惴不安，资深经理人需要根据业务性质和策略，将大目标分解成清晰的小目标，然后制订个别计划逐一克服。每个计划都需要考虑周详、内容具体、结果可见、时间紧迫、责任分明。（这些在本书前面几章已有提及，这里只作提醒。）

要执行到位，责任落实到每个员工身上至为重要。将个人绩效与整体转型计划紧紧捆绑在一起，让激励和奖惩措施发挥转型结果最大化的推动作用，是转型计划的关键一环。资深经理人对激励政策和个人绩效计划（指标和内容）的设定，直接影响执行的成败。

除此以外，经常伴随转型的是新的业务内容和流程，员工就算是"临阵磨枪"也要学习新的知识和技能，资深经理人也不能以资源和时间紧张为理由"忘记"赋能的重要性，形式和方法可以从简，但必须在转型计划中充分考虑。（在老东家的服务转型中，为了不影响日常工作，我们曾连续6个月放弃周末休息时间，组织所有关键人员学习，名为"星期六大学"。）

- 启动转型，动员员工

每个人一定有过改变坏习惯的痛苦经历，抗拒改变不只是人类的天性，也是企业的惯性。再好的企业也会有既得利益者不愿放弃眼前的好处，坏的官僚文化更会自动扼杀任何尚在萌芽的新生事物。

在大多数的企业转型中，"我只是个打工的"和"对我有什么好处"等的观望态度，是大部分员工的"主流思想"。资深经理人在转型开始时要做的第一件事情，便是动员员工"选边站"，确保他们接受和认同转型，不认同的宁可放弃。"骑墙"观望的员工越多，失败的机会越高。

动员的对象首先是各级经理人和各个关键岗位上的员工（通常是一对一进行），他们是转型的先锋（Change Agents），需要带头认同转型，然后才能带动其他员工推行。如果这些先锋缺乏由上而下的领导力和坚定的态度，必然会让普通员工产生怀疑，抗拒转变。

除了在关键岗位放上最可靠的转型先锋之外，还需要其他所有员工追随和配合。资深经理人要做好大众动员，沟通的内容从心理建设入手，围绕6个"为什么"展开，解决员工内心的怀疑和犹豫，凝聚人心，加强信心，提高紧迫感和危机意识。

- 为什么要转型：分析企业内外的环境和原因，以及不改变的结局，帮助员工看清楚局势（避免"温水煮青蛙"），接受改变。

- 为什么"这次"会不一样：重温转型的"前世今生"，坦诚过去的不足，定下成功的前置条件，重拾员工信任，建立希望。

- 为什么转型能带来成功：分析市场/机会和优势（劣势）能力、定义目标、界定成功，帮助员工看到（清）未来，敢下决心。

- 为什么转型计划可行：关联目标、展示足够详细的计划；沙盘推演、让员工看到成功的可能，强化信心。

- 为什么员工要同心合作：指出互为依赖之处和各自为战的不足，合作互相补位是计划成功的唯一可能，将所有人的利益连成一气，齐心合力。

- 为什么员工应该认同并积极参与：替员工分析个人的好处（激励、发展等）和风险（绩效、压力等），在尊重员工的选择的同时，鼓励其做出最有利的选择，拥抱转型。

在讲清楚"为什么"之后，资深经理人要为员工勾画"做什么和如何做"的蓝图，提高透明度和清晰度，让员工清楚知道目标、策略、计划等，明白自己该做什么和如何分工合作、做出贡献。

这些内容和信息需要在各种场合不断被重复，时而全面、时而局部，但永远保持一致。除了自己之外，资深经理人还应该借助各个转型先锋的帮助，传达同一个"剧本"的不同细节；还可以适当借助企业内外的其他第三方专家，通过相对客观的视角强化转型的必要性。

- 组织氛围，严明纪律

动员永远无法做到完美，但是资深经理人对留下来的员工需要充分信任，通过执行表现和赏罚机制分辨高下。动员之后转型进入执行的"拼刺刀"阶段，这里有两个经验分享。

✓ 与团队"约法三章"

为了应对变革在一段时间内带来的冲击，资深经理人需要跟关键人员与团队一起决定和建立全新的组织氛围———一个要求上下一心、彼此认同的合适氛围。（有关组织氛围的讨论，参见第23章。）

一方面，无论过去的团队是多么和谐还是敌对，在这个生死攸关的时候团队上下都需要放下个人喜恶，对组织氛围尤其在自主度（降低）和灵活度（降低）上可能需要做出牺牲，在投入度和标准度上大幅加强。资深经理人还要重申绩效管理和激励制度的重要性，将绩效与结果挂钩，做到赏罚分明，最大程度提高组织氛围的奖励度。

另一方面，经理人也需要相应改变管理风格（参见第9章），以适应转型环境和团队能力的需要。在一般的情形下，强制型和领跑型的风格能推动提升短期执行的效率，权威型在混乱中能为团队引领未来方向，是变革中常用的管理风格（当然这并不排除民主型、辅导型、和谐型风格的使用）。

经过充分讨论和员工参与，有了以上的"约法三章"，行动才有机会变得更加敏捷，决定更能果断执行。

✓　总揽全局纪律执行

虽然转型的道路漫长，但是每一个短期目标的达成都足以影响成败。资深经理人在管理时需要快、准、狠，切忌三心二意，稍微迟疑便可能与成功失之交臂。

由于时间紧迫，到了真正执行时，团队不能只以平常的节奏做事，得付出双倍努力。为了保持团队的高度紧迫感，资深经理人必须纪律严明，要求员工说到做到；赏罚同样要做到分明及时，任何绩效奖惩都落到不同的员工身上，不能拖泥带水。

在这个磨人的过程中，员工很容易迷失方向，所以大小阶段性的里程碑都应该像航海中的灯塔般受到资深经理人的重视，在达成时不吝惜庆祝，在失败时及时检讨。这样才能积小胜为大胜，将成果从"点"变成"线"，再稳定为大势。

针对不同目标和策略，尤其是性质不同的执行，资深经理人需要双轨甚至多轨并行，分开管理监督，这一方面可确保专注，另一方面更便于适应不同业务的节奏，例如保持现有业务和拓展新业务所需的管理与培育之间差异甚大。

与此同时，资深经理人又需要对全盘转型计划进行跟踪，了解各个部分的进度，解决彼此之间在合作（有需要的化）和资源优先上产生的矛盾问题，及时提供帮助或调整。为此，不少资深经理人会设立转型办公室进行管理。

从设计到建设多功能组织，从管理成长到管理变革，企业内在和外在环境的复杂与变化不断带来挑战。除了时间、精力和意志的更大投入外，这些挑战也对资深经理人的能力提出更高的"新"要求，这将在本书的跋中简单带出，不作深入讨论。

资深经理人需要与时俱进的学习能力，以及愿意不断接受挑战磨炼的意志，才能做到进退有据、游刃有余，将经理人做成真正受社会和企业尊重的职业。

# 跋　欲穷千里目，更上一层楼

在写作期间的总结和思考是一个让我谦卑的学习过程，让我越发相信经理人是一个不断自我完善的职业旅程，同时也是一个需要和可以做到专业的工作。

在掌握了基本的管理之道和术（目标、事和人）的同时，你可以在学习加持不同职能（销售、研发、生产、财务……）的知识后，从部门到部门、从职能到职能、从企业到企业、从行业到行业横向转移。经理人的专业能力赋予你重要的资本，让你有机会遨游于缤纷的商业世界之中，领略企业管理的千变万化。

在职业发展的路途上，你还可以/应该努力往更复杂和重要的岗位发展，操持更大的"盘"。撇开经济回报，经理人的吸引人之处，正是不断"升级打怪"背后所带来的成功感和挫折提供的锻炼机会。

## 🎁 资深经理人的"新"要求

我经常被人问到的是，做了一辈子的管理工作，有什么能力是资深经理人身上最需要具备的？

除了个人诚信、上进、热情、韧性、抗压、勇气、尊严、情商、沟通、合作、逻辑、谋略……（这里可以列上几十项）这些良好基本素质之外，我从数十位接触/共事过的成功资深经理人（包括我服务过的CEO和老板）身上总结了4个方面的能力。他们的性格不同，有些激情张扬、有些冷静内敛；他们的风格各异，或雷厉风行、或冷眼旁观，却都丝毫不影响他们在业务治理和高绩效上的表现。

- 把握原则

  我见过的优秀经理人都有极强的原则性，从待人处世到战略战术，从风险规避到开疆拓土，都不会因为（企业或个人）利益或方便而背弃原则。当然，他们也是实用主义者，会想尽一切办法在原则和（达成）目标之间寻找灵活的空间。让我印象深刻的是，有很多次眼看就要动心，但他们始终能在最后时刻把持住，做出"痛苦"但是对的决策，又或是找到既可保持原则而又能达到目的的方法。

价值观、公平性、业务边界、管理规则、行为操守等为企业定义什么是"对"的事情，是经理人安身立命的重要原则。现代企业管理环境复杂和变化纷呈，未知和不知的往往比已知的更多，经理人唯有以不变应万变，用已知"对"的原则应对未知和不知的挑战，才不会轻易坠入迷网。

● 纵观全局

每次跟老东家总部CEO汇报时，我都会惊叹于他们对市场和我们（地区）业务的了解，他们能够在短时间之内（在飞机上阅读我们提交的背景材料）吸收并形成一个全面而立体的看法，着实让我佩服。

他们的问题总能戳中要害，仿佛他们就在我身后观察；但是给出的建议（很少给指令），往往是我没有想过的三步之外。有一次我问其中一位CEO时，他开玩笑地跟我说，"这就是我赖以为生的本领"。

能够快速形成这样的看法，是强大的纵观全局能力的表现，就像高手身上的"武器"可随时出鞘。它不但要求经理人具有足够高大的视野格局，更要有立体的战略思维。立体除了面广和纵深度之外，还有时间的维度。只有这样，资深经理人才能有效地布局操盘，从策略到组织都做到滴水不漏、密不透风，将财政和人才资源落实到执行之上。

为此，经理人需要学习对企业全盘理解（从外部市场到内部运作），综合商业、财务和运营知识，缺一不可，这样才有可能扩大自己的视野，形成纵观全局的可能。常常看到一些经理人总是以自己的"一亩三分地"为界，从自身的角度去看企业，这样的格局很难制成更有威力的"武器"。

● 左右互搏

我曾经问过几位服务过的CEO，短期和长期哪个更重要，如何确保两者都不被忽略。这是困扰很多资深经理人（包括我）的问题，我期待CEO给出一个"高级"的答案（凸显他们的身价），但是我得到的答案"平平无奇"。

"两个都重要，董事会找我就是要两者兼得，我跟你们一样每天都面临各种难题和选择，短期的业绩压力和长期的业务发展很多时候是矛盾的，特别是在资源和优先级上。我没有特别的招数，只是通过正常管理逻辑，有意识地去做好两者的平衡。"

的确，商业世界充满各种矛盾的目标，当我还是在一线时只关心眼前的事情，到自己成为资深经理人时才体会到从前老板的不易，一方面眼里要有"诗和远方"，另一方面要为今天的面包拼搏。这说起来好像违背管理学中关于需要选择与专注的"不二法门"，在现实中资深经理人要学会"一心二用"，能同时处理两件貌似矛盾但又都重要的事情——不光要在策略博弈中找到平衡，同时在执行上也要坚持"双管齐下"和按需切换注意力。

这种能够同时驾驭两个矛盾目标（例如长期和短期）的企业能力，在管理学中被称为"双元理论"（Ambidexterity Theory）。Ambidexterity直接翻译的意思是"两手都具有同样灵巧的能力"，这让我想起著名武侠小说《射雕英雄传》中老顽童周伯通自创的"左右互搏术"，唯一不同的是经理人的左右互搏，依靠的是超强的意志力、策略和执行力。

- 手冷心热

不要被某些人冷静的外表欺骗，无论是对企业发展还是个人的追求，越是优秀的经理人内心越是炙热。他们热爱所在的企业、团队员工、个人事业，热衷于把事情做好达成目标，讨厌失败。但是这不代表他们做事只凭一腔热血，就算情绪再激动、心里再着急他们也不会影响章法，仍可保持客观，在谈笑中做出正确判断和合理行动，给团队带来信心。

所谓手冷心热，指的是虽然内心充满热情（可以形之于色），但是始终保持头脑冷静，行事时双手稳定，进退有度。它要求经理人练就强大的韧性和抗压能力，在困难面前不会产生过度的心理负担和焦虑，导致判断失准，让团队无所适从。

就算是头脑再聪明、执行力再强的经理人，都无法避免环境变化和复杂带来的压力。在我心目中最完美的经理人，应当像著名电影《星际迷航》中热情外露的寇克舰长（Captain Kirk）和没有情绪的火星人斯波克（Spock）的综合体，能在浩瀚的宇宙中履险如夷。也许这样的人在现实中并不存在，但是我相信只要通过努力，资深经理人有可能做到手冷心热。

这4个方面16个字看似简单，但每一句背后都代表着大量脑力、心力、人力和意志力相互牵扯。在过去数十年间每当我观察到比我优秀的经理人如何举重若轻、收放自如时，心里总有说不出的羡慕和满满的危机感，推动我前行。

## 🔶 升级领导力

每逢谈到管理和经理人，总离不开领导力的重要性，坊间有大量相关的著作，自然轮不到我置喙，但是在老东家的那些年中，我曾学习（和被评估）过两个不同时期的领导力模型，让我终身受用。

这套领导力模型并不是纸上谈兵而已，后面有一套完整的360度测评工具，分别从你的同事、下属、上级和自己的角度评估10个方面的能力，再和其他资深经理人进行横向比较（数据库里当时有5000个资深经理人）。由于篇幅关系我仅把2.0版本列出，让读者略窥一二。

- 对未来的热忱（Passion for the Future）

- 战略性冒险能力（Strategic Risk Taking）

- 基于有效信息的判断力（Informed Judgment）

- 横向思维能力（Thinking Horizontally）

- 拥抱挑战能力（Embracing Challenges）

- 赢取信任能力（Earning Trust）

- 促进协同的影响力（Collaborative Influence）

- 成就"客户"的合伙能力（Client Partnering）

- 高绩效和成长的赋能力（Enabling Performance and Growth）

- 人才与团队发展能力（Developing People and Communities）

从这些简单描述可以看到，当提到热忱和冒险时重点是未来与战略意义（长期）；当谈到思维和判断时突出的是横向（宽度）与有效信息（深度和质量）；在谈到挑战和信任时强调需要拥抱与赢取（主动性）；在合作时以成就"客户"和促进协同为目的提出合伙与影响力；整套模型始终以高绩效、成长和人才团队作为领导力的目标与基石。

这一切都是围绕企业成功展开，包括目标、策略、执行，以及相关的人和事等，非常有针对性。和1.0版本比较，2.0版本将原本泛化的基本能力，跟企业成功做出更紧密的关联，使这套模型更具指向性和应用意义，为经理人提供更明确的能力发展方向。

## 🎁 学无止境

要把经理人做成终身职业，更上一层楼，要做到处变不惊、游刃有余，需要一辈子的学习和打磨。

我把2006年最后一次领导力的评估结果跟大家分享（见下图）。可以看到，即便当时我已经是老东家30多万员工中的核心经理人之一，在领导力的要求上我依然有极大的提升空间。

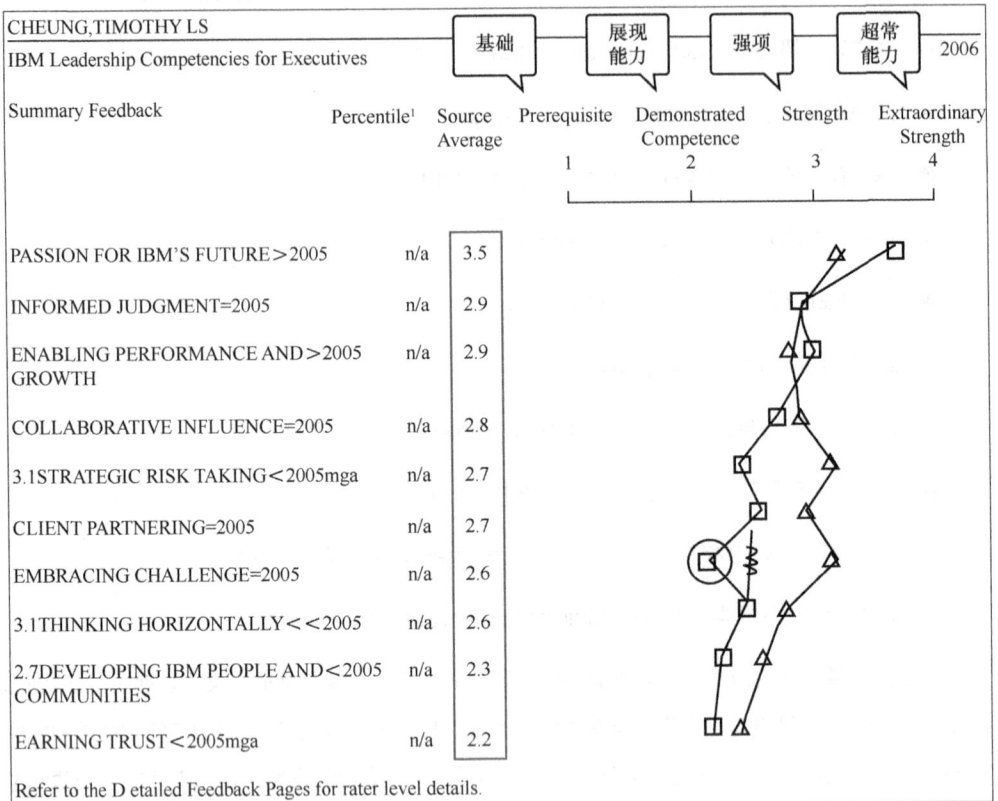

| CHEUNG,TIMOTHY LS<br>IBM Leadership Competencies for Executives | | 基础 | 展现能力 | 强项 | 超常能力 | 2006 |
|---|---|---|---|---|---|---|
| Summary Feedback | Percentile[1] | Source Average | Prerequisite<br>1 | Demonstrated Competence<br>2 | Strength<br>3 | Extraordinary Strength<br>4 |
| PASSION FOR IBM'S FUTURE＞2005 | n/a | 3.5 | | | | |
| INFORMED JUDGMENT=2005 | n/a | 2.9 | | | | |
| ENABLING PERFORMANCE AND＞2005 GROWTH | n/a | 2.9 | | | | |
| COLLABORATIVE INFLUENCE=2005 | n/a | 2.8 | | | | |
| 3.1STRATEGIC RISK TAKING＜2005mga | n/a | 2.7 | | | | |
| CLIENT PARTNERING=2005 | n/a | 2.7 | | | | |
| EMBRACING CHALLENGE=2005 | n/a | 2.6 | | | | |
| 3.1THINKING HORIZONTALLY＜＜2005 | n/a | 2.6 | | | | |
| 2.7DEVELOPING IBM PEOPLE AND＜2005 COMMUNITIES | n/a | 2.3 | | | | |
| EARNING TRUST＜2005mga | n/a | 2.2 | | | | |

Refer to the D etailed Feedback Pages for rater level details.

我庆幸做出写下这本书的决定，中间没有因各种借口半途而废。这个经验的总结帮助我重温了过去没有做好的地方和曾经因此失去过的进步机会，虽然于我这已经为时已晚，但希望后来者能从中得到一些帮助，比我少走一些弯路。

如果可以重来，我相信我能做得更好！

张烈生

写于2022年5月31日